003
학지컴인사이트총서

# 언택트 시대의

Advertising Creativity
in the Untact Era

## 광고

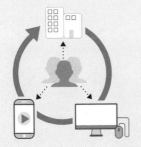

김병희 · 유승철 · 정세훈 · 김동후
한규훈 · 이성복 · 박선미 공저

## 크리에이티브

학지사

## 우후죽순처럼 자라나기를

"코로나 온 뒤에 땅이 더 굳어진다."

속담을 패러디한 말이다. "비 온 뒤에 땅이 굳어진다."는 우리 속담과 "폭풍 후에 고요함이 찾아온다(After a storm comes a calm)."는 영국 속담은 물론, "비가 내리고 땅이 굳어진다(雨降って地固まる, あめふってじかたまる)."는 일본 속담에서도 모두 액체(비)와 고체(땅)를 대비시켜 내일의 희망을 기원했다. 중국어에서 파생된 '우후지실(雨後地實)'이란 사자성어도 있다.

앞서의 표현들은 모두 비 온 뒤에 땅이 더 굳어진다는 의미를 공통적으로 담아냈다. 마치 언젠가 코로나19(COVID-19) 같은 재앙이 사람들 앞에 몰려올 것을 예상이나 했다는 듯이, 우리나라는 물론이거니와 동서양은 마론하고 옛날 옛저부터 이런 속담들이 있었다. 비가 현재의 어려움을 뜻한다면, 땅은 더 단단한 내일을 의미할 터다. 지금 우리 앞에는 코로나19가 장마철에 내리는 폭우처럼 다가왔지만 언젠가는 비가 그치고 무지개가 뜰 것이다.

비대면의 광풍이 지속되는 상황에서 우리를 둘러싼 모든 것이 지각변동을 일으키고 있다. 과거의 변화가 속도가 더해지는 변화였다면, 코로나19 이후에는 진행 방향의 변화나 패러다임의 변화를 의미한다. 코로나19는 사람들의 사고 체계와 행동 방식을 크게 뒤흔들었다. 우리 모두는 직장이나 학교에서 일상생활의 접점이 이전과는 다른 무엇으로 재편되고 있음을 실감했다. 산업현장에서뿐만 아니라 개인 단위에서도 무엇을 취하고 무엇을 버릴 것인지 결정해야 하는 고민의 강도가 심해졌다. 혼돈의 시간에는 발을 동동 구르며 속도의 경쟁을 걱정하기보다 잠시 멈추고 제 방향을 모색해 보는 것이 현명하다.

이런 변화의 폭풍 속에서 광고의 세부 영역에 특화된 광고학계와 광고업계의 전문가 일곱 명이 뭉쳤다. 이제 『언택트 시대의 광고 크리에이티브』라는 책을 세상에 내보낸다. 이 책에서는 광고에서 가장 중요한 핵심 가치인 '크리에이티브'로 진로를 돌려 혼돈 속에서 정진해 보자는 메시지를 전했다. 코로나가 바꿔 버린 언택트 시대의 광고 크리에이티브 현상을 분석하면서 흥미로운 최신 사례들을 세심하게 분석했다. 각 장의 내용을 간략히 소개하면 다음과 같다.

'01 언택트 환경에서 광고 크리에이티브의 지향점'(김병희)에서는 일상생활과 미디어 환경의 변화, 변화에 따른 마케팅 커뮤니케이션 방안, 광고업계에서 해야 할 것과 하지 말아야 할 것에 대해 살펴보았다. 또한 크리에이티브 조직이 나아갈 방향, 지향해야 할 크리에이티브 메시지, 광고의 미래를 열어 갈 방법을 다각도로 검토하면서, 어려워진 코로나19 시기에 오히려 광고 기획과 크리에이티브의 개혁을 감행할 새로운 접근법을 모색하는 통찰의 기간을 가져야 한다고 권고했다.

'02 언택트 시대와 크리에이티브 산업의 변화'(유승철)에서는 혁신 확성기로서의 광고 기능, '단순-종합-분화-융합'으로 진화하는 광고산업의 현 단계, 탈경계의 시대에 경계를 넘어서는 광고산업의 면모를 다각도로 분석했다. 나아가 광고주가 요구한 단기성과에 중심을 둔 방어적 책임이 책무성 1.0이라면, 광고인이 우리 사회를 움직이는 '크리에이티브 리더'라는 자긍심으로부터 책무성 2.0이 발현된다고 하면서 광고인들이 우리 사회의 전문가 집단으로 자리매김해야 한다고 주장했다.

'03 언택트 시대의 매체 이용과 광고 크리에이티브'(정세훈)에서는 사회적 정책과 매체 이용의 변화에 대해 살펴보고, 매체별 및 콘텐츠별 변화 양상은 물론 미디어를 이용하는 패턴의 변화 추이를 요일과 시간대에 따라 분석했다. 매체를 동시에 이용하는 상황에서 광고의 진정한 함의를 살펴보고, 언택트 시대에 광고 크리에이티브가 미디어 이용 차원에서 어떻게 전개되어야 하는지 현실적인 방안을 제시했다. 소비자가 속해 있는 사회적 네트워크도 중요하게 관찰해야 한다는 주장도 주목할 만하다.

'04 언택트 시대의 소비자 행동에 대한 이해'(김동후)에서는 언택트 문화와 소비자, 언택트 문화의 긍정적 요인, 언택트 환경에서 소비자의 심리와 행동이 어떻게 달라지고 있는지 살펴보고 그에 따른 낙관론과 부작용을 동시에 제시했다. 기술이 발전하는 중심에 사람이 있어야 한다는 전제하에 코로나19라는 특수한 상황에서 언택트 문화가 인간관계 자체의 단절이나 소외 문제를 야기할 수 있는 위험성도 충실히 살펴보았다. 부작용에 대한 해결책을 모색하기를 강조한 점도 인상적이다.

'05 언택트 시대의 콘텐츠 전략과 인사이트'(한규훈)에서는 제4차 산업혁명 시대에 비대면 상황을 이해하는 7가지 의미 지점을 살펴보았다. 콘텐츠 기획의 가이드라인, 콘텐츠를 평가하는 시야와 전망, 언택트 시대에 브랜드를 성공시키는 데 필요한 콘텐츠 전략의 수립 방안도 포괄적으로 살펴보았다. 코로나19가 종식되더라도 비대면의 생활 반경은 점점 확장될 것이다. 이런 상황에서 마케터와 크리에이터가 고려해야 할 콘텐츠 기획의 15가지 가이드라인을 제시한 점은 특히 인상적이다.

'06 지속가능한 발전 목표와 브랜드 액티비즘'(이성복)에서는 창의성(creativity)의 새로운 동향을 살펴보고, 지속가능한 발전 목표에 따라 달라지는 브랜드의 뉴노멀 문제를 검토했다. 국내 기업들의 지속가능한 발전 목표(SDGs) 경영을 비롯해 지속가능한 브랜드를 만드는 키워드 3가지는 흥미롭다. 코로나 시대에 필요한 크리에이티비티의 5가지 특징은 물론 지속가능한 브랜드를 만들 수 있는 실천 전략과 브랜드 액티비즘에 대한 설명은 창작자들이 귀담아들어야 할 값진 내용이다.

'07 언택트 시대에 필요한 광고인의 관점과 자세'(박선미)에서는 광고의 기능을 재정의하고, 광고인에게 진정성의 철학이 필요하다고 강조했다. 브랜드 팬덤을 만드는 크리에이터와 크리에이티브 통찰력도 중요할 수밖에 없다. 또한 세상의 움직임으로부터 광고가 배워야 할 것과 크리에이티브 자산 만들기에 대해 살펴보고, 광고인들이 언택트 시대의 주인공이 될 수 있다는 희망을 제시했다. 특히 크리에이터로서 광고업계에서 성공할 수 있는 현실적인 방안을 제시한 점도 흥미롭다.

과학으로서의 광고와 예술로서의 광고에 대한 논쟁은 100여 년이 넘는 현대 광고의 역사 속에서 갈등과 화해를 반복해 왔다. 과학과 예술을 포괄할 수 있는 개념이 바로 크리에이티브다. 광고는 마케팅의 도구를 넘어 사회문화적 표현이자 한 나라의 사회문화적 수준을 나타내는 척도다. 광고 본연의 지향점이란 무엇일까? 시장을 바꾸고 문화를 만드는 '의미 있는 다름(meaningful difference)'을 창조하는 것이 광고 본연의 지향점이다. 급변하는 환경일수록 '의미 있는 다름'을 창조하는 데 광고의 나아갈 길이 있다. 그래서 크리에이티브가 더 중요해질 수밖에 없다.

어려운 출판 여건에도 불구하고 책을 출판해 주신 학지사의 김진환 사장님과 최임배 부사장님, 그리고 어설픈 원고를 더 좋게 만들어 준 편집부의 김순호 이사님과 김영진 님께도 고맙다는 인사를 전한다. 필자들은 코로나19 시기를 살고 있지만, 코로나를 극복한 이후를 생각하며 집필에 임했다. 숱한 고민의 결과를 좋은 글로 풀어 써 주신 모든 필자께도 감사드린다.

'학지컴인사이트총서'의 세 번째 시리즈로 출판되는 이 책이 광고업계와 PR업계는 물론 마케팅 분야에서 일하는 실무자와 관련 분야를 전공하는 학생들에게도 '의미 있는 다름'을 제시하는 길라잡이로 다가가면 좋겠다. 언택트 시대의 광고 크리에이티브가 나아갈 방향을 제시했다는 점에서 이 책은 나름의 학술적 가치가 있으리라 생각한다. 나아가 이 책이 관련 업계의 실무자들에게 영감이 떠오르게 하는 아이디어의 방아쇠 역할을 해 주면 좋겠다.

비 온 뒤에 땅이 더 굳어지듯 코로나 온 뒤에 땅이 더 굳어지리라 믿는다. 더 단단히 굳어진 광고의 기반 위에서 놀라운 크리에이티브가 우후죽순(雨後竹筍)처럼 무럭무럭 자라나기를 바란다.

2021년 4월 1일
필자들을 대신하여 김병희, 유승철

학지컴인사이트총서 03

# 언택트 시대의
# 광고 크리에이티브

01
# 언택트 환경에서 광고 크리에이티브의 지향점

**김병희**(서원대학교 광고홍보학과 교수)

"내가 확실히 알고 있는 것은, 사람은 제각기 자신 속에 페스트를 지니고 있다는 것입니다. 왜냐하면 세상에서 그 누구도 그 피해를 입지 않는 사람은 없기 때문입니다. 그리고 늘 스스로를 살펴야지 자칫 방심하다가는 남의 얼굴에 입김을 뿜어서 병독을 옮겨 주고 맙니다." (김화영 역, 2011, 『페스트』, p. 329)

프랑스 작가인 알베르 카뮈의 소설 『페스트(La Peste)』(1947)에 나오는 한 대목이다. 이 소설은 공포와 죽음과 이별의 아픔 같은 절망적인 상황 속에서 재앙에 대처하는 인간 군상들의 생존 방식을 그려 냈다. 이 작품은 제2차 세계대전 시기를 경험했던 사람들에게 큰 공감을 얻었다. 비극의 수용돌이에서 현실을 직시하며 운명과 대결하는 인간의 의연한 모습을 형상화한 20세기 프랑스 문학의 걸작이다. 해안 도시인 '오랑'에서 원인을 알 수 없는 질병이 시작되어 거리의 쥐들이 곳곳에서 죽어가는 장면에서 소설이 시작된다.

정부는 이전에 창궐했던 페스트와 연관 짓기를 꺼려하며 처음에는 대수롭지 않게 대처하다가, 국민들 사이에서 확산의 징후가 나타나자 부랴부랴 페스트를 선포한다. 악의 근원인 페스트에 대처하기 위해 의사로서의 사명을 다하는 리유를 비롯해, 감염의 확산이라는 절망적인 상황에 대처하는 인간들의 행동양식이 돋보이는 작품이다. 이 소설의 내용은 놀랍게 코로나19(COVID-19) 사태로 모든 것이 달라진 우리 시대의 모습과 흡사하다. 우리는 지금 소설이 현실이 된 세계를 살아가고 있다. 질병에 대처하는 인간 심리와 사회적 현상을 사실적으로 묘사한 소설을 읽고, 감동만 하고 있기에는 현실의 비정상적인 위기감이 너무 무겁다. 이 장에서는 이런 현실에 특히 주목해 코로나19 이후의 광고 환경 변화와 크리에이티브 메시지의 지향점에 대해 톺아보고자 한다.

## 일상생활과 미디어 환경의 변화

코로나19 이후에 세상의 변화를 예측하기는 더 어려워졌다.

01 언택트 환경에서 광고 크리에이티브의 지향점

확실성은 사라지고 불확실성이 지배하고 있으며, 소비자들은 전대미문의 사회적 실험을 강요받고 있다(안희경, 2020). 광고 미디어의 환경도 오프라인 미디어의 이용이 감소하고 온라인 미디어의 이용이 증가한다거나 미디어 이용 패턴이 급변하는 현상은 이미 일상이 되었다. 미디어 이용량이 증가했지만 광고비는 늘지 않고 오히려 감소하는 상황은 기존의 이론으로는 설명하기 어렵다. 미디어 상황이 이러할진대 언택트(untact)[1] 시대에 광고 크리에이티브를 어떻게 전개해야 바람직할 것인지에 대한 방법을 찾기도 어렵다.

예수 그리스도의 탄생 이전인 BC(Before Christ)와 서기가 시작되는 그리스도의 해라는 뜻의 AD(Anno Domini, 라틴어)란 말이 있는데, 그에 견주어 코로나 이전(Before Corona)과 코로나 질병 이후(After Disease)라는 표현도 등장했다. 코로나19로 인한 사회적 거리두기가 계속됨에 따라 한국 사회 전체가 혼돈의 시기를 보내 왔고, 인간관계도 유동적으로 흐르고 있다. 유동적 현대에 이어 유동적 사랑(liquid love)의 개념을 제시한 지

---

1) 언택트(untact)는 『트렌드 코리아 2018』(김난도 외, 2017)에서 접촉의 의미인 콘택트(contact)에 부정을 뜻하는 언(un)을 붙여 만든 신조어이다. 영어에는 없는 콩글리시지만 언론에서 확산한 다음부터 보편적으로 사용되었다. 코로나19 이후, 영어의 '뉴노멀(new normal)'과 우리말의 '비대면'이 언택트와 혼용되어 왔으나, 비대면이 가장 정확한 표현일 것이다. 그러나 이 책에서는 개념화하기 쉬워 이미 보편적으로 쓰이고 있고 거의 일반명사로 정착한 '언택트'로 표현하고자 한다. 내용에 따라 '뉴노멀'과 '비대면'으로 서술하기도 할 것이다.

그문트 바우만(Zygmunt Bauman, 2013)은 현대인의 인간관계가 피로를 느낄 정도로 관계가 넘치는 것처럼 보이지만 실제로는 모든 유대 관계가 '사막화된 현대의 신기루'에 불과하다고 진단했다. 나아가 사람들이 온갖 최첨단 통신망을 이용해 소통하지만 그런 시도들은 모든 유대와 연대 그리고 관계가 사라진 '유동적 현대'에 고독을 퇴치하기 위한 애처로운 몸부림에 불과하다고 하며 현대 사회를 진단한 바 있었다. 코로나19 이후에 한국 사회에서도 관계와 유대가 더 느슨해지고 심지어 사라지려는 징후도 나타나고 있다.

변화의 중심에는 미디어 소비가 있다. 외부 활동의 기회가 줄어든 소비자들은 그 시간을 대체하기 위해 다양한 미디어에 주목했다. 넷플릭스와 유튜브로 대표되는 영상 미디어의 소비, 코로나19 관련 최신 정보를 취득하기 위한 정보 소비, 지루함과 한가함을 달래기 위한 엔터테인먼트 콘텐츠 소비 등 다양한 방식으로 미디어 콘텐츠를 소비했다. 특히 코로나19에 대한 최신 정보를 수집하는 것 외에 지루함을 달래고 우울한 기분을 전환하기 위해 재미있는 콘텐츠를 대량 소비했다. 이런 현상은 국내외를 막론하고 보편적인 현상이 되었다. 세계경제포럼에서 비주얼 캐피털리스트(visual capitalist)의 자료로 설명했듯이, 음악, 영화, 쇼, 흥미로운 동영상 시청에 빠지고 게임에 몰입하는 행동은 코로나19가 바꿔 놓은 일상생활의 불가피하고도 보편적인 선택이었다(Jones, 2020).

세대 간의 미디어 소비에 있어서 차별화 현상이 나타난 것은 특히 주목할 만하다. 코로나19 이후 세대 간 미디어 소비의 차이를 보여 주는 [그림 1-1]에서 알 수 있듯이, 세대별로 미디어 소비의 방식은 조금씩 다르게 형성되었다. Z세대는 음악을 듣는 시간이 더 늘어났지만, 밀레니얼과 X세대는 정보를 업데이

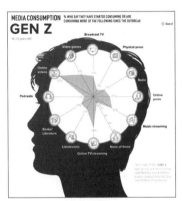
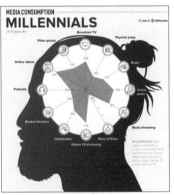
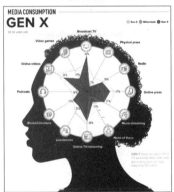
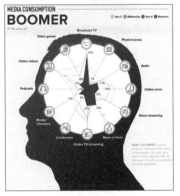

[그림 1-1] 코로나19 이후 세대 간 미디어 소비의 차이

출처: Jones (2020. 4. 7.).

트하는 비율이 더 증가했다. 경제 뉴스를 소비하는 비중이나 증가율도 세대별로 다른 양상을 나타냈다. 큰 차이는 아니더라도 이처럼 각 세대별로 선호하는 미디어 소비의 형태가 달라졌다는 사실에는 주목할 필요가 있다.

또한 확실한 정보를 얻기 위해 케이블 텔레비전이나 프리미엄 미디어로 다시 돌아오는 소비자들도 증가했다는 점도 특기할 만하다. 빠른 뉴스보다 신뢰할 만한 정보가 더 중요해진 것이다. 게임 앱을 더 많이 다운로드하고 더 많은 영화를 보며 소셜 미디어에 더 많은 시간을 쏟는다. 기존에 감소세를 이어 오던 TV와 신문 등 매스미디어 중심의 ATL(Above The Line)은 성장이 둔화되었고, 이벤트와 프로모션 등 BTL(Below The Line)은 사회적 거리두기의 영향으로 기획과 실행 자체가 힘들게 되었다. 이런 일상생활이 일시적이지 않고 영구적일 수 있다는 사실이 더 큰 문제다.

코로나19로 인한 감염예방 활동이 일상이 되자 사람들은 집에 머무는 시간이 늘었고 자연스럽게 미디어 이용률도 증가했다(Litsa, 2020). 코로나19 이후 광고비 지출은 크게 감소했는데, 2020년의 광고비는 2019년에 비해 유럽 전역에서 평균 9% 감소했고, 중국은 15%나 감소했다. 2008년의 금융 위기 때보다 더 심각한 수준으로 감소한 것이다. 광고산업에는 광고 지출이 국내총생산(GDP)의 증가나 감소에 영향을 받는다는 규칙이 있다. 지난 10년 동안 전 세계의 국내총생산이 매년 3~6%씩

01 언택트 환경에서 광고 크리에이티브의 지향점

증가함에 따라 광고 시장도 성장했다. 그러나 코로나19 이후의 광고 시장은 급격히 위축될 것으로 예상할 수 있다(Li & Hall, 2020).

국내 미디어 환경을 보면 유료방송의 주문형비디오(VOD)의 매출이 증가했지만 일시적인 현상에 그칠 가능성이 있고, OTT 서비스의 이용량이 늘어나고 콘텐츠 수급 측면에서 입지가 강화되면서 유료방송 시장을 잠식할 수 있다. 국내외 스포츠 중계가 위축됨에 따라 방송광고의 노출량이 감소할 가능성도 커졌다. 전반적인 TV 시청은 증가했지만, 지상파 방송이 아닌 종합편성채널과 보도채널의 시청률 증가가 더 높았다. 전통적으로 취약했던 제작 부문은 코로나19의 영향 때문에 투자 재원이 감소하고 수익도 불확실해질 것이다. 제작 방식이 감염병 예방 위주로 변화함에 따라 제작을 취소하거나 연기하는 사례도 늘었다. 그렇게 되면서 독립제작사나 프리랜스 제작 인력은 경제적 어려움에 직면했다(이재영, 곽동균, 황유선, 김경은, 2020).

코로나19 이후 일상생활의 변화를 나타내는 [그림 1-2]에서 알 수 있듯이, 코로나19가 시작된 이후에 10명 중 7명이 외부 활동을 자제하는 대신 실내에서 영상 콘텐츠를 시청하는 것으로 나타났다. 그리고 비대면과 비접촉을 지향하는 생활을 온라인에서 재구성하는 이른바 '온택트(ontact) 일상'도 확산되었다(나스미디어, 2020). 코로나19 사태가 장기화되자 국내외 경기가 크게 위축되었고, 자연스럽게 미디어 업계의 광고 매출도

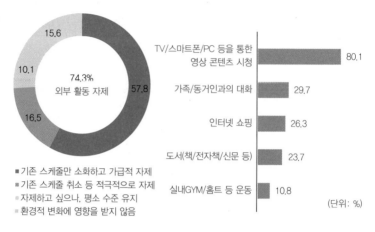

- 기존 스케줄만 소화하고 가급적 자제
- 기존 스케줄 취소 등 적극적으로 자제
- 자제하고 싶으나, 평소 수준 유지
- 환경적 변화에 영향을 받지 않음

[그림 1-2] 코로나19 이후 일상생활의 변화

출처: 나스미디어(2020).

계속 감소하는 추세를 나타냈다. 한영주(2020)는 코로나19가
일상화되는 상황에서 미디어 이용의 변화 추이를 다음과 같은
네 가지로 정리하였다.

　먼저, TV 시청 시간이 증가했다는 점이다. 글로벌 시장 조사
기관 이마케터(e-Marketer)에서 발표한 [그림 1-3]의 미국 TV
시청률의 변화 추이를 보면, 미국에서는 2020년 코로나19 상
황에서 2011년 이후 처음으로 모든 연령층에서 TV 시청자가
늘어났다. 미디어 전문가들은 이런 추세를 바탕으로 일일 평
균 시청 시간은 19분에서 2시간 46분으로 증가할 것으로 전
망했다. 우리나라에서도 TV 시청 시간이 늘어났는데, 닐슨
코리아의 TV 시청률 조사에서는 코로나19가 시작된 2020년

01 언택트 환경에서 광고 크리에이티브의 지향점

|        | 2019 | 2020 | 2021 | 2022 |
|--------|------|------|------|------|
| 0~11   | -1.5 | 2.0  | -4.1 | -1.4 |
| 12~17  | -2.2 | 2.0  | -4.9 | -1.5 |
| 18~24  | -4.0 | 2.8  | -4.9 | -1.9 |
| 25~34  | -3.2 | 4.3  | -3.1 | -1.6 |
| 35~44  | -3.8 | 3.1  | -4.2 | -1.9 |
| 45~54  | -4.4 | 2.0  | -5.6 | -2.9 |
| 55~64  | -2.2 | 1.8  | -3.8 | -3.3 |
| 65+    | 0.6  | 4.9  | -0.2 | 1.0  |
| Total  | -2.4 | 3.0  | -3.5 | -1.5 |

[그림 1-3] 미국 TV 시청률의 변화 추이(2019~2022)

출처: e-Marketer (2020. 5. 18.).

2월에는 2019년 2월에 비해 시청률이 8% 증가한 것으로 나타났다. 이는 2020년 1월의 시청률과 비교했을 때 13%나 증가한 수치였다.

그리고 광고 수익이 변화했다는 점이다. 국내외 TV 방송의 시청 시간이 늘어났는데도 광고 매출은 감소세를 나타냈다. 이 마케터는 미국에서 2020년 1분기의 TV 방송 광고 수익은 전년 대비 22.3~29.3%로 감소하고 최소 3분기까지 지속적인 하락세를 보일 것으로 전망했다(e-Marketer, 2020. 4. 6.). 국내 방송 광고의 매출도 경기 침체의 영향을 받아 방송광고주의 광고 수요가 급격히 감소했다. KOBACO는 2020년 이후 광고경기전망지수(KAI)가 대폭 하락할 것으로 예상했다(한영주, 2020).

반면에, 오티티(OTT) 서비스의 이용률은 증가했다는 점이다. OTT 서비스의 트래픽은 코로나19 이전에 비해 무려 44.4%나 늘어났고 매출액도 증가했다. 미국에서 OTT 서비스의 이용 시간은 넷플릭스, 유튜브, 훌루, 아마존 프라임 비디오를 주축으로 주간 시청 시간이 1,614억 분으로 집계되었는데, 이는 2019년의 698억 분에서 2배 이상 증가한 수치다. 특히 넷플릭스는 2020년 1분기의 누적 가입자 수가 1억 8,290만 명으로 2019년의 같은 기간에 비해 22.8%나 증가했는데, 그중에서 1,580만 명은 신규 구독자였다. 국내의 토종 OTT 서비스도 코로나19 이후부터 실시간 시청 시간, 실시간 채널 시청 횟수, 전체 시청 시간 그리고 순 방문자 수가 크게 증가했다.

마지막으로, 포스트 코로나를 예상하며 미디어 이용 행태가 변화했다는 점이다. 2020년 초반부터 코로나19가 확산되자 미디어 이용 행태가 변화했는데, 종합편성채널과 보도채널 위주의 TV 시청률은 물론 OTT 서비스를 이용하는 비율도 동시에 성장했다. 그러나 동일한 상황에서도 시청 목적은 달랐다. TV 시청은 코로나19에 대한 최신 정보를 습득하기 위해서, OTT 서비스는 실내에서의 여가나 오락을 위한 엔터테인먼트 소비 목적이 강했다. 코로나19가 종식되면 TV 시청은 다시 감소하겠지만 OTT 서비스 분야는 지속적으로 성장할 가능성이 높다(한영주, 2020).

이처럼 코로나19 이전과 이후를 비교해 볼 때 일상생활과 미디어 환경이 크게 달라졌다. 텔레비전과 신문 같은 기존의 ATL 미디어도 성장이 둔화되었고, 사회적 거리두기 때문에 이벤트와 판매촉진 같은 BTL 미디어 활동도 실행 자체가 어려워졌다. 미디어 환경이 달라짐에 따라 마케팅 활동도 둔화되었고, 이미 수립된 마케팅 전략도 자연스럽게 전면적으로 수정해야 한다. 예컨대, 기존의 대면 마케팅 방식이 아닌 비대면 마케팅 방식으로 전환하는 새로운 전략이 필요하게 되었다.

## 변화에 따른 마케팅 커뮤니케이션 방안

코로나19 이후 한국 사회에서는 '언택트(un+tact)'라는 말이 자주 쓰이고 있다. 『트렌드 코리아 2018』을 집필한 연구진들은 언택트가 확산되는 배경을 네 가지로 설명하였다. 즉, 지속되는 저성장 경제 상황에서 사람의 노동력보다 저렴한 기계를 선호하는 비용 절감, 스마트폰에 익숙해진 소비자들이 더 빠르고 더 쉬운 구매 방식을 원하는 즉각적 만족, 소비자의 정보력이 높아지면서 직접 얻은 정보를 매장 직원의 설명보다 더 신뢰하는 풍부한 정보, 과잉 연결에 따른 심리적 피로감으로 대면 접촉을 회피하는 대인관계 피로감이 그것이다. '언택트'의 개념에서 중요한 점은 사람과 사람 사이의 만남을 대체해 주는 기술이 생활 속에 확산되는 현상이다. 무인, 셀프, 기동화 같은 기술을 활용해 상황 적응적이고 개별화된 서비스를 제공하므로 단순한 비대면 기술과는 차이가 있다는 것이다(김난도 외, 2017).

마케팅의 미래는 위기 속에서 변화를 맞고 있다. 마케팅은 사람들에게 무엇을 해 줄 것인가를 고민하며 기업이 가진 서비스와 가치를 의미 있는 방식으로 전달해야 한다. 코로나19 이전까지 집에서 일하는 것은 대부분 불가능하다고 생각했지만 실제로는 가능했다. 창의적인 아이디어를 통해 새롭고 더 나은 방법이 있다는 사실을 확인했다. 마케팅 전략에도 수정이 필요하다. 특히 뉴노멀(new normal) 시대에는 제품과 서비스에 대해 적용하던 과거의 기준과 가치관으로는 마케팅 전쟁에 대응하기 어려우며, 기존의 기준이나 가치관을 철저히 바꿔 언택트 마케팅으로 전환해야 한다(김영찬, 2021).

코로나19는 우리의 일상생활을 크게 바꿔 놓았는데 새로운 표준이라는 '뉴노멀'이 보편화되었다. 비대면 활동이 일상이 된다면 재택근무가 보편화되고, 온라인 강의나 온라인 쇼핑은 더 활발해지고, 극장에 가지 않고 OTT 서비스를 이용해 영화를 볼 것이다. 집에 머무르고 사회적 거리가 멀어짐에 따라 소비자들의 소비 행동도 크게 변화했다. 소비자들은 소셜 미디어에 더 많은 시간을 보내고, 전자상거래에 대한 수요가 뉴노멀로 떠올랐다.

디지털 경험이 요구되고 고객 기반의 브랜드가 필요한 상황에서는 마케팅 커뮤니케이션의 다섯 가지 방안[2]이 중요해졌다 (Balis, 2020).

- 공감과 투명성 제공이다. 사람들이 취약하다고 느끼는 상황에서 공감은 매우 중요하다. 브랜드 메시지의 뉘앙스를 어느 때보다 섬세하게 구성해야 한다. 소비자의 어려움에 공감하고 그에 알맞은 서비스를 제공하는 것은 코로나19 시기의 마케팅 커뮤니케이션에서 가장 중요한 방안이다.
- 보다 기민한 방식의 미디어 활용이다. 상황 변화에 알맞게 창의적인 메시지를 기민하게 노출할 수 있도록 대응 모델을 신속히 구축해야 한다. 예컨대, 나이키는 2020년 들어 "세상을 위해 플레이하고 안에서 놀자(Play inside, play for the world)"라는 새 슬로건으로 발 빠르게 교체했다. 소비자가 이용하는 미디어 플랫폼의 혼합이 급변하기 때문에 광고 기획자는 미디어 믹스를 수정해야 한다. 기업들은 광고의 과다 노출을 방지하기 위해 면밀히 모니터링해야 한다.
- 브랜드를 착함과 연결하는 것이다. 소비자들은 선한 행동

---

2) 마케팅 커뮤니케이션의 5가지 방안에 대한 원문을 제시하면 다음과 같다(Balis, 2020). 공감과 투명성 제공(Present with empathy and transparency), 기민한 방식의 미디어 활용(Use media in more agile ways), 브랜드를 착함과 연결(Associate your brand with good), 트렌드의 추적과 시나리오 구축(Track trends and build scenarios), 그리고 배송에서 새로운 업무 방식의 채택(Adapt to new ways of working to keep delivering)이다.

을 하는 브랜드를 기억한다. 기부나 의료 인력에게 제품을 제공하고 긍정적인 메시지로 소구하는 좋은 콘텐츠는 브랜드 가치를 향상시킨다. 소비자들은 진정성(authenticity)을 중시하므로 마케팅 커뮤니케이션에서 브랜드의 평판 관리가 중요하다(김상훈, 박선미, 2019). 어도비(Adobe)는 교육 기관에서 그들의 크리에이티브 도구들을 바로 사용하도록 했고, 포드(Ford)와 제너럴 일렉트릭(GE)과 3M은 코로나19에 대응하기 위한 인공호흡기를 생산하기 위해 고용을 늘렸다. 이렇게 결정한 기업의 진정성을 소비자들이 모를 리 없다.

- 트렌드의 추적과 시나리오 구축이다. 소비자 행동을 추적하는 것은 마케터의 가장 중요한 일이다. 소비자들의 정서 및 소비 트렌드를 측정하여 메시지를 조절해야 한다. 소셜 미디어 플랫폼은 물론 커뮤니티 사이트, 전자상거래 제품 페이지들을 면밀히 관찰하고 기회를 찾아야 한다. 마케터는 빅데이터를 수집하고 분석함으로써 통찰력을 얻어야 하고, 신속하게 위기를 식별해야 하며, 재무 및 운영 부서와 긴밀히 협력해 위기가 지속되는 기간에 따라 다양한 시나리오와 잠재적 결과를 예측해야 한다.

- 배송 업무에 있어서 새로운 업무 방식의 채택이다. 채팅, 파일 공유, 회의 및 통화 기능 등을 원활하게 제공할 수 있어야 한다. 바이러스의 영향이 지속적일 것에 대비해 디지

털 방식으로 고객과 협력하고 소통할 수 있는 시스템을 갖추어야 한다. 공동 작업 기술을 배포하면 채팅, 파일 공유, 회의 및 통화 기능을 원활하게 제공할 수 있으므로 팀이 연결 상태를 유지하고 생산성을 유지할 수 있다. 팀의 사기를 높일 수 있는 가상의 행복한 시간(virtual happy hours)이 뉴노멀로 떠올랐다. 그러나 가장 주목해야 할 것은 주변 환경이 아니라 사람 자체이며, 변화에 제대로 대응하는 브랜드 마케팅 활동이다(Balis, 2020).

## 해야 할 것과 하지 말아야 할 것

사회적 거리두기가 계속되자 언택트 방식의 비대면 마케팅이 주목받고 있다. 기업에서는 대면을 최소화하는 비대면 위주의 마케팅 방안을 속속 내놓았다. ICT 기술을 바탕으로 전개하는 비대면 마케팅 활동은 소비자들의 불안감을 줄이는 동시에 편의성을 높이고 있다. 이런 상황에서 광고인들은 광고 크리에이티브의 문제를 어떻게 풀어 가야 할지 고민을 거듭할 것이다. 광고와 마케팅에 관한 사례에서 사람들은 민감하고 효과적으로 광고하는 방법에 대해 확신이 없다. 최근의 관련 자료를 다각도로 종합한 결과, 코로나19 이후에 광고 업무에서 '해야 할 것'은 다음과 같은 여섯 가지로 나타났다(Sheehan, 2020).

- 진정성 있는 유대 관계를 구축하는 데 치중해야 한다. 코로나19 이후에 광고주와 소비자와의 유대 관계를 더욱 긴밀하게 구축하려면 진정성 있는 업무 수행이 중요하다. 그리고 진정성 있는 메시지를 전달해야 한다. 브랜드 메시지가 상황에 적응하지 않으면 소비자는 실망감을 느낄 수 있으므로, 유동적인 상황에 신속히 대응하며 소비자들과 진정성 있는 유대 관계를 구축해야 한다. 광고주는 자사의 브랜드 가치를 구현하는 광고회사를 신뢰하며, 소비자들은 광고에서 브랜드의 진정한 가치를 발견하기를 기대한다(Sheehan, 2020). 광고 관리의 첩경은 진정성 있는 업무 수행이다.

- 감정 반응을 분석한 정보를 제공하는 데 치중해야 한다. 부정적 감정이 계속 확산되는 코로나19 환경에서는 긍정적 감정을 유발하는 행복한 광고 메시지가 중요해졌다. 소비자의 2%만이 브랜드 광고를 일시적으로 중지해야 한다고 응답했고, 소비자의 21%는 광고에 코로나19에 대한 정보가 포함되어야 한다고 응답했다. 그리고 소비자의 49%는 따뜻한 분위기나 행복한 감정을 유발하는 광고를 기대했다(Litsa, 2020). 코로나19에 대한 정보가 포함된 광고라도 긍정적인 내용으로 풀어내는 광고를 소비자들이 좋아하기 때문이었다.

- 크리에이티브 소재를 자주 점검하는 데 치중해야 한다. 모

든 브랜드는 시장의 요구를 충족시키기 위해 창의적인 메시지를 민첩하게 업데이트해야 한다. 코로나19 이후에는 같은 메시지를 오랫동안 사용하면 피로감이 누적될 수 있다. 따라서 카피나 비주얼을 민첩하게 업데이트해서 소비자들의 기대에 부응해야 한다. 크리에이티브 소재의 점검 목록은 광고가 전문적으로 만들어졌는지, 소비자들에게 선한 영향을 미치는지, 광고 크리에이티브가 안전, 예방, 건강, 또는 서비스에 유용한 정보를 제공하는지 등이었다. 광고가 소비자들에게 선한 영향을 미치는지 최소한 2주에 한번씩 점검해야 하며(Litsa, 2020), 사람들이 기대하는 내용을 크리에이티브에 신속히 반영해야 한다.

• 구체적인 세분화 전략을 수립하는 데 치중해야 한다. 세분화 전략은 코로나19 이전에도 중요했지만, 잠재 고객이 광범위해진 코로나19 시기에는 소비자의 비대면 소비 행동을 면밀히 모니터링해야 한다. 잠재 고객이 광범위한 경우 소비자 행동을 더 세분화하여 메시지를 전달하는 방법을 고려해야 한다. 웹 분석을 면밀히 모니터링하고, 메시징 및 방문 페이지를 분석하고, 소셜 미디어와 스트리밍 이용 행동의 변화는 물론 라이프스타일의 변화에 대한 빅데이터 분석을 실시함으로써 코로나19 이전보다 더 촘촘한 세분화를 시도해야 한다.

• 미디어 채널의 가치를 평가하는 데 치중해야 한다. 코로

나19 이후에 보편화된 재택근무는 미디어의 소비 방식에 결정적인 영향을 미쳤다. 소비자 행동이 변화함에 따라 1,000명 당 광고비(CPM)가 5~10% 정도 감소한 동시에 광고 시간대를 구매할 수 있는 기회도 늘어났다(Sheehan, 2020). 따라서 소비자가 시간을 쓰는 미디어 채널의 참가치를 평가해야 한다.

• 신뢰도가 높은 프리미엄 옵션을 선택하는 데 치중해야 한다. 코로나19 시기에는 신뢰할 만한 미디어 채널을 광고주에게 권고하면 불확실성이 어느 정도 해소된다. 프리미엄 채널의 동영상 광고는 보통의 광고 인벤토리에 비해 20~50%나 신뢰할 만하기 때문에(Sheehan, 2020), 소비자들의 신뢰도가 높은 미디어 채널의 프리미엄 옵션을 선택하려고 노력해야 한다.

코로나19 이후에 광고 업무에서 '하지 말아야 할 것' 세 가지는 다음과 같다.

• 콘텐츠의 소비 행동을 임의로 가정하면 안 된다. 잠재 고객들이 보유하고 있는 미디어를 통해 코로나19 이전과 같은 방식으로 콘텐츠를 소비한다고 가정한다면 낭패를 보기 쉽다. 코로나19 이후에는 미디어 이용 패턴이 파격적으로 변했다. 따라서 미디어 이용 추세에서 표준 미디어 패

턴의 변화를 평가하고 분석한 다음, 잠재 고객의 변화된 콘텐츠 소비 행동에 알맞게 미디어 전략을 수립해야 한다.

- 광고 게재 위치를 맹목적으로 제한하면 안 된다. 여러 광고주들은 코로나19 관련 뉴스 전후에 자사의 광고가 노출되는 것을 꺼리지만, 코로나19 관련 뉴스의 근처에 광고가 게재되어도 소비자들에게 부정적인 영향을 미치지 않는다는 연구 결과도 있다(Sheehan, 2020). 따라서 광고 게재 위치를 맹목적으로 제한하지 말고 소비자들과 연결할 수 있도록 유연하게 판단해야 한다.

- 공황 상태를 유발하는 내용을 공유하면 안 된다. 영국광고표준위원회는 코로나19 공포를 조장하는 마스크 광고를 금지하기도 했다. 광고 내용이 소비자들에게 무서운 메시지로 다가가거나 공황 상태를 유발할 수도 있는데, 이런 내용을 동료들과 공유할 경우에는 광고 활동에서 부정적인 영향을 미치게 된다. 광고 크리에이티브가 너무 민감한지, 광고가 사용자에게 공황이나 두려움을 유발하는지를 검토해야 한다. 좋은 내용만 공유하기에도 광고 업무가 바쁘기 때문이다.

# 크리에이티브 조직이 나아갈 방향

코로나19로 인해 광고회사의 크리에이티브 조직은 기존의 구조를 재평가할 시점에 이르렀다. 시장이 변화하고 경쟁이 심화되는 환경에서 창의적인 조직의 필요성에 대한 요구를 가중시키고 있기 때문이다. 예측 불가능한 상황 속에서도 광고 크리에이티브는 중요하다. 페이스북의 안토니오 루치오(Antonio Lucio) 최고마케팅책임자(CMO)와 마크 달시(Mark D'Arcy) 최고 크리에이티브책임자(CCO)는 칸라이언즈(Cannes Lions)의 온라인 축제인 '라이언즈 라이브(Lions Live)' 영상 회의에 출연해, 코로나19 이후에 새롭게 깨달았다는 통찰력을 전 세계인들과 공유했다(김수경, 2020). 그 내용을 소개하면 다음과 같은 네 가지이다.

- 목적이 확실한 일관된 전략을 실행해야 한다. 위기 상황에서 기업과 브랜드의 목적이 그 어느 때보다 중요해졌다. 소비자들의 일상생활에 감정적으로 연결하고 공감할 수 있는 메시지가 중요하다. 기업이 어떤 입장만 발표하는 것으로는 충분하지 않고, 소비자들이 실제로 행동할 수 있는 구체적인 메시지를 제시해야 한다. 소비자들이 기업 활동을 모두 지켜보고 있으니, 브랜드는 소비자들과 연결되어

야 하고 창의적인 아이디어로 소비자들의 공감을 유발해
야 한다.

• 어떤 상황에서도 창의성을 우선순위에 둬야 한다. 페이스
북의 메신저 룸(Messenger Rooms)은 최대 50명까지 그룹
채팅을 할 수 있는 화상회의 시스템인데, 코로나19 이후
재택근무를 하는 사람이 늘면서 많은 주목을 받았다. 서로
만나지 못한 사람들끼리 사이버 공간에서 만나 아이디어
를 교환하며 자연스럽게 사람들이 소셜 미디어를 사용할
수 있도록 돕는다.

• 창의적인 관리 체계를 유지해야 한다. 위기 상황에서는 창
의성이 더 많이 필요하다. 더 훌륭한 작업을 위해 광고주
와 광고회사 모두가 더 깊은 동반 관계를 유지하면서 하나
의 팀으로 일할 필요가 있다.

• 차분히 미래를 설계해야 한다. 디지털 시대에는 다양성과
포용성을 강화해야 하므로 복잡한 업무일수록 창의적인
해결책이 필요하다. 광고주와 광고회사는 소비자들이 듣
고 싶은 방식으로 커뮤니케이션 하는 방법을 찾아야 한다.
소비자들의 이야기에 더 귀를 기울이고 그들의 경험에 더
집중해야 한다. 기업의 마케팅 활동은 브랜드와 비즈니스,
커뮤니티를 구축하는 동시에 세계를 더 나은 곳으로 만들
수 있도록 좋은 영향을 미치는 것이기 때문이다(김수경,
2020).

광고와 마케팅 커뮤니케이션의 미래는 위기 속에서 변화를 맞고 있다. 마케팅은 사람들에게 무엇을 해 줄 것인가를 고민하며 기업이 가진 서비스와 가치를 의미 있는 방식으로 전달해야 한다. 코로나19 전까지 집에서 일하는 것은 대부분 불가능하다고 생각했지만 실제로는 가능했다. 국내외 기업에서도 창의적인 아이디어를 통해 새롭고 더 나은 방법이 있다는 사실을 확인했다. 코로나19는 비즈니스 운영 방식을 변화시키고 있다. 광고와 마케팅 커뮤니케이션 활동에서 기존의 조직을 창의적으로 탈바꿈시키면 미래에 번창할 가능성이 매우 높다(DiResta, Williford, Cohen, & Genn, 2020).

## 지향해야 할 크리에이티브 메시지

디지털 기반의 비대면 경제와 문화가 뉴노멀로 자리 잡으면, 소비자들이 선호하는 크리에이티브 방향도 달라질 수밖에 없다. 이런 상황에서 하이네켄 맥주의 글로벌 마케팅 이사인 소렌 헤이(Soren Hagh)와 브랜드 관리 책임자인 젤루카 디 톤도(Gianluca Di Tondo)가 2015년 칸라이언즈(Cannes Lions)에서 발표한 '크리에이티브 사다리'는 깊은 통찰력과 영감을 제공했다. 그들의 핵심 고민은 주관적일 수 있는 광고 창의성을 많은 사람들이 공감할 수 있도록 창의성을 향상시키는 프로그램을 개발하는데 있었다. 제1단계부터 제10단계로 이루어진 크리에이티브 사다리는 〈표 1-1〉과 같다(은현주, 2020).

〈표 1-1〉 하이네켄이 제시한 크리에이티브 사다리

| 단계 | 아이디어의 수준 |
|------|------------------|
| 10 | 전설적인(legendary) 아이디어 |
| 9 | 문화 현상이 된(cultural phenomenon) 아이디어 |
| 8 | 확산되는(contagious) 아이디어 |
| 7 | 획기적인(groundbreaking) 아이디어 |
| 6 | 신선한(fresh) 아이디어 |
| 5 | 낼 수 있는(ownable) 아이디어 |
| 4 | 상투적인(cliché) 아이디어 |
| 3 | 혼란스러운(confusing) 아이디어 |
| 2 | 강탈한(hijacked) 아이디어 |
| 1 | 해로운(destructive) 아이디어 |

크리에이티브 사다리의 제1단계는 해로운 아이디어로, 소비자들이 광고를 보고 나서 광고 브랜드를 더 싫어하게 만들 뿐이다. 제2단계는 강탈한 아이디어로, 다른 광고나 콘텐츠의 아이디어를 교묘하게 모방하거나 훔쳐 온 것이다. 제3단계는 혼란스러운 아이디어로, 너무 많은 내용을 전달해서 소비자들이 이해하기 어렵게 하는 것이다. 제4단계는 상투적인 아이디어로, 너무나 뻔한 내용을 진부한 방법으로 표현한 것이다. 제5단계는 낼 수 있는 아이디어로, 누구나 낼 수 있는 평균 이상의 아

이디어다. 제6단계는 신선한 아이디어로, 상당한 수준에서 창의성을 발휘한 결과물이다. 제7단계는 획기적인 아이디어로, 보통 사람들은 생각해내기 어려운 정도의 놀라운 상상력이다. 제8단계는 확산되는 아이디어로, 마치 전염병이 퍼지듯 사람들 사이에서 널리 알려지는 것이다. 제9단계는 문화 현상이 된 아이디어로, 광고 메시지가 대중문화 현상을 창출하는 것이다. 제10단계는 전설적인 아이디어로, 세월이 흘러도 잊히지 않고 영향력이 지속되는 아이디어다.

크리에이티브 사다리는 브랜드 마케팅과 영업 담당자를 대상으로 그들이 생각하고 결정한 아이디어에 대해 서로 질문한 다음, 10가지 사다리 단계를 기준으로 아이디어를 평가하게 한 프로그램이다. 아이디어 발상에 따른 창의성의 수준을 10단계로 구분해 하이네켄만의 크리에이티브 평가 준거를 마련했다는 점에 중요한 가치가 있다. 이렇게 하면 내부적으로도 창의성의 수준에 대한 오해와 실수를 줄일 수 있고, 타사의 광고 캠페인을 연구하고 비교할 때도 중요한 평가 지침이 될 수 있다. 하이네켄에서는 제4단계인 '상투적인 아이디어'를 가장 위험하게 평가하며, 제7단계인 '획기적인 아이디어' 이상의 수준을 지향했다.

이상에서 코로나19 이후 일상생활과 미디어 환경의 변화, 마케팅 커뮤니케이션 방안, 해야 할 것과 하지 말아야 할 것, 크리에이티브 조직이 나아갈 방향, 그리고 크리에이티브 사다리에 대한 논의를 종합적으로 바탕으로 하여 코로나19 이후에 보편화된 '뉴노멀' 시대에 크리에이티브 메시지의 나아갈 방향을 모색해 보면 다음과 같다.

첫째, 에고(ego) 충족을 강조하던 데서 벗어나 에코(eco) 문제를 환기하는 생태 지향적 메시지가 중요하다. 기존의 광고에서는 소비자의 동기 유발을 비롯해 자아의 욕구 충족을 강조했다면, 코로나19 이후에는 생태학(ecology)이나 에코 마케팅의 차원에서 메시지 전략을 고려해야 한다. 예컨대, 스웨덴 맥도날드에서는 '맥하이브(McHive)' 캠페인(2019)을 전개하면서 자아를 강조하던 기존의 스타일에서 벗어나 생태 지향적인 메시지를 강조했다. "세상에서 가장 작은 맥도날드를 소개합니다"라는 카피로 생태 문제의 중요성을 환기한 것이다.

맥도날드 매장은 사람이 한 명도 들어갈 수 없을 정도로 작았다. 오로지 야생벌을 위한 맥도날드 가게였기 때문이다. 맥도날드는 벌집을 만드는 데서 나아가 야생벌 보호 자금을 마련하기 위해 경매를 진행하기도 했다. 맥도날드는 [그림 1-4]와 같은 캠페인에서 만약 벌이 사라진다면 생물의 연쇄 종말이 일어날 수 있다는 경고 메시지를 전달하는 데 성공했다. 이 캠페인은 사람들에게 생태계 보호의 중요성을 환기했으며, 맥도날드는 식량 위기를 이겨 내는데 앞장서는 기업이라는 평판을 얻었다. 이와 같은 생태 지향적 크리에이티브가 코로나19 이후에는 더욱 중요해질 수밖에 없다.

[그림 1-4] 스웨덴 맥도날드 '맥하이브' 캠페인(2019)

둘째, 창의성(creativity)의 중시를 넘어서 창의주성(creotaxis)을 지향하는 메시지가 중요하다. 주성(走性, taxis)이란 유기체가 외부 자극에 따라 일정한 방향으로 움직이며 끌리는 성질을 의미한다. 자연과학 분야에서는 공기에 의한 자극인 공기주성(aerotaxis)이나 화학 작용에 의한 자극인 화학주성(chemotaxis) 같은 여러 가지의 주성이 있다. 광고에서도 창조를 뜻하는 '크레오(creō)'에 끌림을 의미하는 '택시스(taxis, 走性)'를 더하면

01 언택트 환경에서 광고 크리에이티브의 지향점

'크레오택시스(creotaxis)'라는 합성어가 만들어지는데, 창의성의 수준에 따라 수용자의 마음이 끌리거나 회피하는 경향을 '창의주성(創意走性)'이라고 명명할 수 있다(Kim, 2012).

코로나19 이후에도 창의성은 기본이지만 여기에 더해 '창의주성'을 지향하는 메시지가 더 환영받을 가능성이 높다. 수많은 광고들이 넘치는 상황에서 소비자들이 좋아하고 마음이 끌리는 지점에 관련되는 각종 빅데이터 자료를 종합적으로 분석한 다음, 소비자들의 끌림 지점을 겨냥하는 메시지 전략을 구사해야 한다. 창의성이 제품이나 브랜드에서 출발하는 관점이라면, 창의주성은 소비자의 끌림에서 출발하는 관점이다. 소비자들은 창의적인 결과물을 만났을 때 자극을 주는 쪽으로 관심을 기울이는 양성(+) 주성에 반응하기도 하고, 결과물이 기대에 못 미치면 자극과 반대쪽으로 회피하는 음성(−) 주성을 나타내기도 할 것이다(김병희, 2014).

셋째, 고형적(solid) 권고에서 벗어나 유동적(liquid) 스밈을 지향하는 메시지가 중요하다. 코로나19 이후에 사람과의 관계는 점점 더 부서지기 쉬운 존재로 변하게 되었다. 폴란드 출신의 영국 사회학자인 지그문트 바우만은 '유동적 현대(liquid modernity)'라는 개념을 제시하며 현대인의 불안정한 삶의 양식을 설명했다. 바우만은 현대인들이 피로를 느낄 정도로 관계가 넘치는 것처럼 보이지만 실제로는 모든 유대 관계가 사실은 사막화된 현대의 신기루에 불과하다고 했다. 그는 21세기의 인간은 생산자-소비자라는 패러다임에서 벗어나 인간 자체가 상품이 되었다고 진단했다(지그문트 바우만, 2013; Bauman, 2000).

그동안의 광고 표현에서는 광고 타깃을 설정하고 소비자 혜택을 찾아내 콘셉트를 도출하고 메시지를 만드는 고정적이고 고형적인 권고에 치중했다. 그러나 코로나19 이후에는 언제 어디에서 효과가 나타날지 모르는 접점의 맥락을 고려해 액체처럼 어디로든 흘러갈 수 있는 크리에이티브에 치중할 필요가 있다. 기존의 고형적 접근방법이 닫힌 구조라고 한다면, 유동적 스밈은 열린 구조를 지향하며 광고 메시지가 접점에서 실시간으로 흐르도록 설계하는 접근방법이다. 바우만이 글로벌화와 개체화를 동시에 감당하며 자신의 상품 가치를 부단히 재생산해야 하는 현대인의 고단한 삶을 통찰했듯이, 유동하며 흐르는 광고 메시지가 개체화된 사람들의 마음을 움직일 가능성이 높다.

넷째, 느슨한(loose) 유지에서 벗어나 기민한(agile) 변모를 지향하는 메시지가 중요하다. 기존에는 어떤 광고를 하려면 미디어에 3개월 이상 청약을 해서 브랜드 메시지를 노출하는 방식이었다. 그리고 핵심 메시지 하나를 정해서 가급적 장기간에 걸쳐 사용해야 통합적 마케팅 커뮤니케이션(IMC) 활동에 적합하다고 알려져 있었다. 그러나 코로나19 이후의 위기 상황에서는 보다 기민한 방식의 미디어 활용이 중요해졌고, 필요할 경우에는 과감하게 메시지를 바꿀 필요도 있다. 코로나19 시기를 고려하여 위기 상황에 알맞게 메시지를 기민하게 바꾸는 대응 메시지 전략을 수립하는 문제도 더더욱 중요해졌다(Balis, 2020).

코로나19로 인해 사회적 거리두기가 시작되자 기업에서는 브랜드 로고의 변형 작업을 기민하게 시도했다. 브랜드 로고 비틀기의 서막은 슬로베니아의 광고회사인 AV스튜디오의 크리에이티브 디렉터 주어 토블잔(Jure Tovrljan)이 열었다. 그는 사회적 거리두기에 대한 싸구려 콘텐츠가 소셜 미디어에 넘친다고 하면서 브랜드의 로고를 개조해 드리블(Dribbble) 공유 사이트에 업로드했다. 새로운 로고에 모두들 집에 머물기를 바란다는 메시지를 담았다. 광고주의 허락을 받지는 않았지만 바뀐 로고에 사람들은 열광했다. 나이키의 슬로건인 "Just do it"은 코로나19 시기에 걸맞게 "Just don't do it"으로 잠시 바꿨다. 나이키는 코로나19 시기에 적합한 메시지를 개발해 상황 변화에 기민하게 대응했다. "세상을 위해 플레이하고 안에서 놀자(Play inside, play for the world)"라는 캠페인(2020)은 느슨한 유지 전략을 버리고 기민한 변화를 지향한 전략적 판단의 산물이었다.

토블잔은 자신의 표현 방법이 긍정적 모창법(模創法, spoofy way)이라고 설명했는데, 어떤 콘텐츠를 동시대의 트렌드에 걸맞게 비틀어 표현하는 기법이다(Diaz, 2020). 놀림이나 조롱의 뜻으로 쓰이는 스푸프(spoof)는 패러디나 성대모사를 의미했다. 사람을 즐겁게 하는 성대모사를 생각해 보면 로고의 변형이 코로나19에 지친 사람들을 왜 즐겁게 만들었는지 이해할 수 있겠다. 토블잔의 작업이 브랜드 정체성을 훼손한다며 비판하는 사람도 일부 있었지만 결국에는 호평하는 사람들이 훨씬 더 많았다.

토블잔이 시안으로 제시했던 참신한 아이디어는 순식간에 들불처럼 퍼져 나갔다. 급기야 여러 기업에서도 브랜드 로고를 일시적으로 바꾸며 사회적 거리두기 캠페인에 동참했다. 기업들은 기존의 브랜드 로고 사이의 간격을 띄우거나 슬로건을 바꾸며 사회적 거리두기를 독려하고 나섰다. 스타벅스 로고에는 사이렌 요정이 마스크를 쓴 채 등장했다. 그리스 신화에서 아름다운 목소리로 뱃사람을 유혹해 바다에 빠뜨리던 '사이렌' 인어 요정이 보호 마스크를 착용한 것이다. 미국프로농구(NBA)의 로고에 등장하는 제리 웨스트(Jerry West)의 실루엣은 농구공을 들고 뛰는 모습에서 노트북 앞에 비스듬히 누워 있는 모습으로 바뀌었다.

올림픽의 원래 로고에는 5개의 원이 서로 겹쳐져 있지만, 새 로고에서는 원들이 각각 떨어져 나와 사회적 거리를 유지했다. 마스터카드의 원래 로고에는 빨강과 노랑의 원이 붙어 있지만, 새 로고에서는 2개의 원이 안전거리를 유지하며 서로 떨어져 있다. 코로나19와 이름이 똑같아 곤욕을 치렀던 코로나맥주의 새 로고에서는 원래의 스타일은 유지하고, 브랜드 이름이 있던 자리에 "새 이름을 지어 주세요(Need new name)"라는 카피를 새로 넣었다. 이밖에도 링크트인(LinkedIn)은 '링크트아웃(LinkedOut)'으로, US오픈(US Open)은 'US클로즈드(US Closed)'로 바뀌었다.

코카콜라는 뉴욕의 타임스스퀘어 옥외광고판에서 알파벳 사이에 여백을 두고 글자 간 간격을 넓게 띄운 로고를 선보였다. 로고 아래에는 "떨어져 있는 것이 단합을 유지하는 최선의 방법(Staying apart is the best way to stay united)"이라는 카피를 새로 덧붙였다. 브라질 맥도날드에서는 '엠(M)' 자 모양의 아치형 로고 사이에 간격을 넓힌 옥외광고와 소셜 미디어 광고를 선보였다. 인도 맥도날드에서도 '엠(M)' 자를 상징하는 황금색 아치가 서로 떨어져 있는 로고를 소셜 미디어에 올렸다. 아우디는 4개의 원이 고리로 연결된 로고를 띄우고, 그 아래에 "거리를 유지합시다(Keep distance)"라는 카피를 덧붙였다. 폭스바겐도 원래의 브랜드 로고에서는 위아래로 붙어 있던 '브이(V)' 자와 '더블유(W)' 자를 떼어 놓았다.

국내에서도 야놀자를 비롯한 여러 기업에서 변형된 로고를 선보였다. 야놀자는 기존 로고의 '야(ya)'와 '놀자(nolja)' 사이에 2미터의 사회적 거리 유지를 표시한 변형 로고를 선보였다. 기존의 로고에 "다음에"라는 카피를 넣어 "야, 다음에, 놀자"로 읽히도록 재치 있게 표현함으로써 사회적 거리두기를 독려했다. 카카오도 포털 서비스 '다음(Daum)'의 로고에서 글자 사이의 간격을 넓히고 그 아래에 "우리 다음에 보자"라는 카피를 추

master   card.

[그림 1-5] 모창법을 활용해 변형시킨 브랜드 로고

01 언택트 환경에서 광고 크리에이티브의 지향점

가했다. 카카오톡도 시작화면에서 마스크를 쓴 라이언 캐릭터를 선보이며 사회적 거리두기 캠페인을 전개했다. 그밖에도 여러 기업에서 로고를 변형시켜 사회적 거리두기 캠페인을 전개했다. 로고 비틀기가 기업의 브랜드 정체성을 훼손할 가능성이 있는데도 기업에서 이런 시도를 하는 이유는 사회적 거리두기에 동참하려는 목적도 있겠지만, 코로나19로 인해 광고 마케팅 활동이 위축된 상황에서 소비자들의 관심을 끌고 재미를 유발하려는 의도가 더 컸다.

다섯째, 애매한(ambiguous) 상징 제시에서 벗어나 분명한(obvious) 내용을 전달하는 메시지가 중요하다. 애매한 광고 표현도 소비자의 인지와 감정에 어떠한 영향을 미치는 것으로 알려져 있지만, 코로나19 이후에는 분명한 메시지를 전달하는 광고가 효과가 더 높다. [그림 1-6]에 제시한 LG전자의 휘센 씽큐 에어컨 광고 '걱정 없이 깨끗한 바람' 편(2020)을 보자. 이 광고는 아이가 집에 들어오자 바람이 많이 분다며 엄마가 씻으라고 하자, 아이가 엄마에게 왜 바람 나오는 에어컨은 씻지 않느냐며 질문하는 장면으로 시작된다. 이 광고에서는 바람이 지나가는 길을 청정하게 관리한다는 분명한 내용을 일관되게 전달했다.

코로나19 이후에는 애매한 상징적 표현보다 명백한 창의성(obvious creativity)으로 접근하는 광고가 더 효과적이며 장기적으로 브랜드 자산을 구축하는 데 기여할 것이다 캠페인에서는

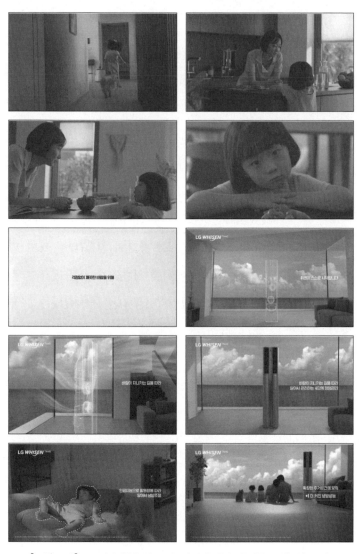

[그림 1-6] LG전자 휘센 씽큐 광고 '걱정 없이 깨끗한 바람' 편(2020)

01 언택트 환경에서 광고 크리에이티브의 지향점

말하기보다 보여 주기가 중요하며, 명백한 창의성으로 무장한 광고는 브랜드 활동에 장기적으로 기여할 것이다(Harrington, 2020). 사람들이 지쳐 있는 코로나19 시기에 무거운 판매 메시지나 우회적인 메시지는 주목을 끌기 어렵다. 세상이 점차 정상으로 돌아온다고 해도 많은 사람은 정신적 외상을 겪을 수 있으며, 여전히 마음을 닫을 가능성이 높다. 따라서 내용을 분명하게 전달하는 아이디어를 바탕으로 소비자들이 쉽게 이해할 수 있는 메시지를 전달하도록 해야 한다.

여섯째, 상품(product) 위주에서 벗어나 인간 중심(human-centric)을 지향하는 메시지가 중요하다. 기존의 광고 크리에이티브에서는 대체로 브랜드 가치를 강조하거나 상품 위주(product-centric)의 메시지를 부각시켰다. 그러나 코로나19 이후에는 상품 위주의 메시지를 일방적으로 전달하는 것만으로는 불충분하다. 사람들이 봉쇄(격리) 피로(lockdown fatigue) 때문에 지쳐 가는 상황에서(Harrington, 2020), 광고에서 그들을 위로하고 격려하는 메시지를 전달한다면 소비자들은 광고 메시지에 더 집중할 것이다. 결국 코로나19 이후에는 인간 중심의 크리에이티브가 사람들에게 더 많은 공감을 유발하고 정서적 만족감을 제공할 것이다. 다시 생각해 보게 하는(think again) 메시지가 중요하다. 사람들은 무언가를 배울 수 있고 자신을 향상시킬 수 있는 의미 있는 광고 콘텐츠를 기대한다. 무거운 판매 메시지나 도발적인 메시지는 일시적이므로 그 어느 때보다 창의성을 발휘해야 한다.

코로나19의 감염예방을 주제로 한 우리나라의 TV 공익광고의 의미작용 체계를 분석한 연구에서는 공익광고의 언어적 요소가 설득하고자 하는 주제를 대부분 이끌고 있으며, 위협소구보다 감성소구 유형을 채택한 것으로 분석되었다. 그리고 국민건강과 공익적 가치를 해결하기 위해 친구 사이와 가족 사이의 정서적 표현을 통해 국민의 건강을 위한 행동변화를 요구하고 있었는데, 이런 경향은 '인간 중심'을 지향하는 메시지의 전형이다(정홍균, 2020). 위기 상황에도 불구하고 유통 경로가 급상승하거나 급변하는 기업의 광고에서는 인간 중심을 지향하는 메시지가 특히 더 필요하다(Taylor, 2020).

[그림 1-7] 현대자동차 미국 법인 광고 '예측 불가능' 편(2020)

01 언택트 환경에서 광고 크리에이티브의 지향점

현대자동차 미국 법인의 광고 '예측 불가능(Unpredictable)' 편(2020)에서는([그림 1-7] 참조) 코로나19 때문에 고통받는 사람들을 위해 6개월 동안의 지불금을 충당하겠다며 인간 중심적 요소에 초점을 맞춘 메시지를 전달했다. 홀로 보내는 시간이 늘어난 사람들은 무엇인가 배울 수 있고 자신의 삶에 도움을 주는 광고 메시지를 기대할 것이다. 현대자동차 광고에서는 판매 촉진을 하지 않고 사람을 향한 도움의 손길을 촉진함으로써 인간 중심의 메시지를 전달하는 데 성공했다.

## 광고의 미래를 열어가기

이 글에서는 코로나19 이후의 광고 환경 변화와 크리에이티브 메시지의 지향점에 대해 종설적 맥락에서 살펴보았다. 코로나19 이후 일상생활과 미디어 환경의 변화, 마케팅 커뮤니케이션 방안, 해야 할 것과 하지 말아야 할 것, 크리에이티브 조직이 나아갈 방향, 그리고 하이네켄이 제시한 크리에이티브 사다리, 코로나19 이후에 크리에이티브 메시지의 나아갈 방향에 대해 문헌고찰을 통해 살펴보았다. 광고계는 분명 불확실성의 시대를 겪고 있지만 객관적인 현실 인식을 바탕으로 내일을 준비할 필요가 있다.

광고 환경의 변화와 소비자 행동의 변화에 기민하게 대응하며 크리에이티브 메시지를 적시에 적재적소에 노출하는 것이 가장 중요한 도전이 될 것이다. 이 글에서는 에고 충족을 강조하던 데서 벗어나 에코 문제를 환기하는 생태 지향적 메시지를, 창의성의 중시를 넘어서 창의주성을 지향하는 메시지를, 고형적 권고에서 벗어나 유동적 스밈을 지향하는 메시지를, 느슨한 유지에서 벗어나 기민한 변모를 지향하는 메시지를, 애매한 상징 제시에서 벗어나 분명한 내용을 전달하는 메시지를, 상품 위주에서 벗어나 인간 중심을 지향하는 메시지를 코로나19 이후에 추구해야 할 크리에이티브 메시지의 여섯 가지 지향점으로 적시했다. 이를 간략히 정리하면 〈표 1-2〉와 같다.

〈표 1-2〉 코로나19 전후로 변화된 크리에이티브 메시지의 지향점

| 코로나19 이전 | 코로나19 이후 |
| --- | --- |
| 에고(ego) 충족 강조 | 에코(eco) 문제 환기 |
| 창의성(creativity) 중시 | 창의주성(creotaxis) 지향 |
| 고형적(solid) 권고 | 유동적(liquid) 스밈 |
| 느슨한(loose) 유지 | 기민한(agile) 변모 |
| 애매한(ambiguous) 상징 | 분명한(obvious) 내용 |
| 상품(product) 위주 | 인간(human) 중심 |

뉴노멀 생활이 일상화되면서 기업은 현재의 생존을 우선시하는 마케팅 커뮤니케이션 활동을 전개하고 있지만, 앞으로는 새로운 브랜드 구축 방법을 찾아야 한다. 소비자들의 미디어

이용 행태의 변화와 소비 습관의 변화는 마케팅 전략을 다시 생각하게 할 것이다. 미디어의 주도권도 OTT(Over-the-Top) 제공 업체로 급속히 이동했다. 대형 미디어 회사들은 코로나19 이후 OTT 서비스에 대한 투자를 늘렸는데, 코로나19 시기에 D2C 콘텐츠에 대한 소비자들의 선호도를 가속화하는 추세도 계속될 것이다.

코로나19로 인해 현재와 미래의 광고 및 마케팅 캠페인에 대한 개념을 재정립하는 것이 중요해졌다. 미래는 시장 변화, 경쟁의 심화, 창의적이고 공격적인 마케팅 관행에 대한 요구를 가중시킨다. 이러한 변화는 광고 비즈니스의 운영 방식은 물론 브랜드와 고객의 기반을 유지하고 성장시키는 방식을 바꾸게 될 것이다. 문제의 핵심은 기업에서 전개하는 광고와 마케팅 캠페인 그리고 판촉 활동이 기업의 미래에 결정적인 영향을 미칠 정도로 중요해졌다는 사실이다(DiResta, Williford, Cohen, & Genn, 2020). 뉴노멀 시대에 소비자의 삶이 이전처럼 되돌아가기 어렵다는 전제하에 온택트(ontact) 마케팅 커뮤니케이션 활동을 시도해야 한다.

하지만 코로나19의 위기가 계속되는 상황에서 앞으로 우리가 사는 세상이 어떤 모습으로 변하게 될지 예측하기가 더 어려워졌다. 지금은 전대미문의 사회적 실험이 진행되고 있는 중이다. 유발 하라리(Yuval Noah Harari) 교수는 코로나19로 인해 역사의 정상적인 법칙이 중단되고 단기간에 불가능이 평범함으로 자리 잡았다며, 인류가 '역사적인 웜홀(wormhole, 서로 다른 두 시공간을 잇는 우주 공간의 지름길)'[3]에 들어섰다고 진단했다(안희경, 2020).

유발 하라리의 진단을 광고 환경에 적용해 보면 디스토피아가 도래해 광고와 마케팅 환경이 크게 위축될 수 있다는 예측이 가능하다. 코로나19 이후에는 그 전에 비해 광고 기획과 크리에이티브 발상에 있어 더욱 조심스럽게 접근해야 한다는 시사점을 얻을 수 있다. 하지만 다른 한편으로는 코로나19로 인해 어려워진 시기에 광고 기획과 크리에이티브의 개혁을 감행할 수 있는 새로운 접근법을 모색하는 시간을 가져야 한다는 통찰에 이르게 된다.

코로나19가 시작되기 직전인 2019년에 칸라이언즈는 세 가지 핵심어를 도출해냈다. 광고 전문가들은 접근성, 전자상거래, 브랜드 액티비즘이 가장 중요하다고 생각했다. 장애와 인종 및 성 차별을 넘어서는 제품이 환영받는다는 접근성

---

3) '웜홀'이란 서로 다른 두 시공간을 잇는 구멍이나 통로로 우주 공간의 지름길을 뜻한다. 물리학자 킵 손(Kip Thorne)은 "사과를 관통하는 벌레구멍(wormhole)으로 반대편까지 더 빨리 갈 수 있다."고 비유하며 웜홀 이론을 주장했다. 우주 공간에서 블랙홀과 화이트홀을 연결하는 통로이자 시공간의 다른 지점을 연결하는 고차원적인 구멍이다. 강한 중력 때문에 좁은 공간이 심하게 구부러져 빛이 빠져나오지 못하는 곳이 블랙홀이라면, 에너지를 다 소모해 쪼그라든 별이 엄청난 중력으로 주변의 빛까지 빨아들일 때의 이동 통로가 웜홀이다. 두 공간을 도화지처럼 구부렸을 때 가까워진 지점을 파이프로 연결하는 것이라고 생각하면 쉽다. 킵 손은 웜홀의 한쪽 입구를 빠르게 이동시켰다가 다시 돌아오게 하면 시간의 지연 현상이 발생하는데, 이를 활용하면 시간여행이 가능하다고 했다(네이버 지식백과, 2020).

01 언택트 환경에서 광고 크리에이티브의 지향점

(access), 상품을 구매하는 소비자의 플랫폼에서 언제 어디서든 구매할 수 있는 전자상거래(e-commerce), 기업이 사회공헌 활동을 통해 헌신해야 소비자의 마음을 얻는다는 브랜드 액티비즘(brand activism)이 그 세 가지다(이성복, 2020). 기업이 사회공헌 활동에 참여하는 브랜드 액티비즘, 비대면의 전자상거래, 차별 없이 함께 나누는 접근성이 기업과 브랜드의 지속가능한 발전을 위해 더 중요해질 수밖에 없다.

코로나19 백신을 맞고 항체를 만든 몸이 더 면역력이 강하게 되는 것처럼 광고산업도 위기에 대응하는 변화의 백신을 맞고 슬기롭게 적응할 때 생존과 번영이 가능하다. 위기(危機)는 기회의 다른 측면일 수 있다. 예컨대, 시간 날 때마다 어디서나 클립으로 영상을 보는 스낵 문화(snack culture)가 주목받을 뉴노멀 시대에는 전통적인 광고 개념을 넘어 광고가 독립 콘텐츠로 확실히 자리 잡을 절호의 기회가 될 수도 있다. 광고업계는 분명 일찍이 없었던 불확실성의 시대를 경험하고 있지만 이 시기를 모색과 충전의 시기로 활용해야 한다. 스트리밍, 가상현실(VR), 증강현실(AR), 혼합현실(MR) 같은 광고 기술이 갈수록 중요해지는 현상은 소비자 행동에 대한 새로운 접근 방법이 필요하다는 근거이다(Litsa, 2020).

전자상거래가 그 어느 때보다 중요해진 상황에서 광고인들 앞에 높인 가장 중요한 도전 과제는 소비자 행동과 광고의 변화에 적응하는 일이다. 앞에서 제시한 코로나19 이후의 크리에이티브 메시지의 여섯 가지 지향점을 바탕으로 우리나라 광고 인들이 광고 기획과 크리에이티브의 문제를 도전적으로 해결 해 나가야 한다. 나아가 유튜브, 틱톡(Tik Tok), 퀴비(Quibi) 같 은 광고 수익 모델의 동영상 플랫폼에서 자주 나타나는 것처럼 짧아야 보는 짧은 형태(short form)의 콘텐츠에 적합한 크리에 이티브 메시지를 발굴하는 것도 시급한 과제로 떠올랐다. 광고 업계와 광고학계의 전문가들이 이 글에서 제시한 시사점을 바 탕으로 코로나19 이후의 광고 크리에이티브 문제를 슬기롭게 풀어 가기를 기대한다.

유승철(이화여자대학교 커뮤니케이션·미디어학부 교수)

전면적인 비대면 사회관계로 묘사할 수 있는 비대면 2.0의 시대가 도래했다. 그에 따라 전면적인 디지털 매개형의 사회관계로 생활 패러다임의 전환이 가속화되고 있다. 새로운 형태의 디지털 행동과 매개된 관계들이 나타나면서 광고산업의 지평뿐 아니라 소비자 개개인의 삶도 크게 바뀌고 있다. 우리 모두는 예전에 경험하지 못한 새로운 세상을 살아가고 있는 것이다.

광고는 국경과 인종을 넘나드는 자본주의 시스템의 역동적 흐름을 만들면서 사회를 이루는 구성 인자들을 움직이는 데 결정적인 역할을 해 왔다. 코로나19가 가져온 전면적 비대면 환경에서 그 역할은 더 중대해질 것이다. 이 장에서는 '비대면

2.0'이라는 시대적 패러다임 전환 가운데서 광고산업이 직면한 도전과 변화의 방향성을 다양한 관련 사례와 함께 살펴보고자 한다.

## 광고산업과 혁신 확성기로서의 광고

광고는 산업을 반영하기도 하고 또 산업의 변화를 끌어내기도 한다. 광고산업만큼 기술적 변화에 영향을 받고 한편으로 기술의 변화를 선도하는 산업도 드물다. 광고의 기원이자 미래의 모습이라고 불리는 옥외광고(outdoor advertising)의 예를 들어 보자. 과거 고속도로 옥외광고의 변화는 자동차 내연기관의 성능 향상을 그대로 반영해 왔다. 엔진 성능이 향상되고 차량이 속도를 높여 갈수록 옥외광고의 크기는 더 커지고, 반면에 광고물의 설치 간격은 더 늘어났다. 운전자가 필요 없는 자율주행차량이 성큼 현실로 다가온 가까운 미래, 도로와 차량이 실시간 소통하는 시점에 옥외광고의 디지털화된 모습은 어떠할까?

최근에는 신기술 확산에서 광고의 역할이 그 어느 때보다도 중요해지고 있다. 무수한 스타트업들이 개인 투자자 유치를 위해 경쟁하는 킥스타터(Kickstarter)와 같은 개방형 크라우드 펀딩(crowd funding) 플랫폼에서 투자자의 선택을 움직이는 결정

적 근거는 다름이 아니라 주주관계(Investor Relation: IR)를 위해
제작된 동영상 광고다. 소셜 미디어를 중심으로 유통되는 스타
트업 상품 소개 멀티미디어 콘텐츠가 가지는 크라우드 펀딩 모
금의 영향력은 막대하다(Cha, 2017).

광고는 '혁신의 확성기'다. 변화하는 산업과 기술에 흥분하
며 혁신을 노래하고 소리를 높여 또 다른 혁신을 불러온다. 전
면적, 절대적 비대면이 선포된 2020년 이후 전 산업은 강제적
으로 혁신 중이다. 광고산업도 볼륨을 높이며 시장을 움직이기
시작했다. 이 장에서는 광고산업의 역사를 산업의 특징 면에서
요약하고 비대면 혁신 속에서 향후 어떻게 변화할지를 이야기
하고자 한다. 그럼 광고가 노래하고 있는 또 앞으로 노래할 이
야기를 한번 들어보자.

## 광고산업의 진화, '단순 – 종합 – 분화 – 융합'으로

### 광고산업의 태동기 그리고 종합의 시대

거시적인 관점에서 광고산업의 발전사를 요약하면 단순에서
종합으로 분화에서 또 융합으로 이어지는 시대별 큰 흐름으로
정리할 수 있다. 1841년 미국 필라델피아의 '볼니 파머(Volney
Palmer)'에 의해서 시작된 '광고회사(advertising agency)'라는 새

로운 형태의 서비스 산업은 초창기에는 신문의 광고 면을 광고
주에게 중개 판매하는 단순한 '매체면 판매(selling ad space) 대
행' 기능에만 국한되었다. 1869년 광고회사인 'N. W. Ayer &
Son[1]'이 설립되면서 비로소 슬로건 제작 및 광고기획의 기능
까지 포함하는 소위 통합 서비스를 제공하는 현대적인 개념의
광고회사가 시작된다.[2]

　글로벌 광고회사인 매캔에릭슨(McCann Erickson)도 1902년
뉴욕에 오피스를 열면서 근대적 광고의 태동기를 함께했다.
1906년 라디오 미디어를 통한 전파 매체 광고가 처음으로 출연
하고, 1941년 흑백 TV 광고가 시작되면서 광고회사는 매스미디
어의 폭발적 성장 가운데서 동반 성장하게 된다. 제1, 2차 세계
대전을 겪어 내고 1980년대 초까지 이어지는 세계적인 산업부
흥의 시대 속 광고회사는 '미디어, 제작, 마케팅 서비스'라는 소
위 '광고의 3대 기능'을 모두 포괄한 종합광고회사를 지향하면서
이벤트, PR, 각종 판촉까지도 포함하는 소위 마케팅 커뮤니케이
션의 모든 채널을 보유한 거대 커뮤니케이션 기업으로 발전해
간다. 1970년에 시작된 영국 계열의 글로벌 광고회사인 사치앤
사치(Saatchi & Saatchi)와 같은 종합광고회사가 대표적인 사례다.

---

1) N. W. Ayer & Son은 드비어스(De Beers)나 미 육군(US Army), 몰튼 소금(Morton's
　Salt) 등의 대형 광고주들을 대상으로 세계적인 마케팅 캠페인을 선보인 종합대행사
　로 2002년 퍼블리시스 그룹에 합병되었다.
2) 1786년 영국 런던에서 윌리엄 테일러(William Taylor)가 설립한 종합광고회사를 현
　대적 종합광고회사의 최초라고 보는 견해도 있다.

　　　　　02 언택트 시대와 크리에이티브 산업의 변화

[그림 2-1] 1970년 사치앤사치의 창업을 전하는 『캠페인』 지와
임신한 남자 캠페인

## 광고산업 분화의 시대

국제 무역이 크게 늘어가고 광고회사의 세계화가 급격히 전
개된 1980년대를 관통해 광고 채널로서 디지털 미디어가 발아
하는 1990년대를 맞이하면서 광고회사는 다수 기능을 하나의
우산 아래에 두려는 '종합의 시대'를 지나 직무별 세부 분업화와
특수 직무를 전문사에 외주(third party outsourcing)를 주는 '분화
의 시대'를 맞이하게 된다. 실제 분화의 시대의 종합광고회사는
일종의 지휘부(control tower)로서 제작물, 기획안, 매체기획 및
구매의 질적 관리(quality control: QC) 기능에 중점을 두었다.

이런 '분화의 시대'의 주요 혜택으로 광고회사는 규모의 경제
와 높은 효율성을 갖출 수 있게 되었고, 이미 글로벌 경쟁체계
에 접어든 국제 마케팅 환경에 능동적으로 대응할 수 있는 역

량을 갖추게 된 셈이다. 반면, 고도의 '분화'가 가져온 관리 중심의 회사 운영은 광고회사의 독립적 생존력을 급격히 저하시키는 주요 원인이 되었고 대신에 기획, 제작, 매체에 이르는 수많은 외주 전문사들은 역량을 빠르게 키워갈 수 있었다. 한편, 1980~1990년대에 폭발적으로 늘어난 글로벌 및 로컬 경영 컨설팅 서비스 회사들은 마케팅 컨설팅 부분을 강화하면서 광고회사에 위협적인 경쟁자로 등장했다.

한국의 경우도 1997년 외환위기 IMF사태 이후 글로벌 스탠더드와 구조조정의 폭풍 속에서 외국계 컨설팅 회사들이 득세하면서 기존 광고회사들이 차지하고 있던 마케팅 컨설팅 영역의 경쟁이 심화되었다. 다음으로, 광고회사 출신의 마케팅 담당자들을 보유한 광고주 스스로가 컨트롤 타워의 역할을 자처하면서 마케팅, 광고, 홍보 부서를 강화하는 것도 역시 광고회사에 또 다른 위기로 다가왔다. 종합광고회사의 대행 서비스를 거치지 않고도 양질의 광고를 집행할 대안들이 나타난 셈이다.

## 광고산업 융합의 시대

앞에서 언급한 '분화의 시대'가 가져온 위기들을 겪어 내며 광고회사들은 영역특화에서 활로를 찾기 시작했다. 특히 중소 대행사들은 좁고 날카로운 포지셔닝을 통해 차별화 전략을 추구했고, 대형 광고회사는 분사 또는 사내회사 운영을 통해 회사에 강점을 더하려고 노력했다. 한편, 2000년대에 접어들면서 디지털 미디어는 대중매체의 역량을 위협하기 시작했고, 이런 시대적 변화에 맞춰 '디지털 광고회사'들이 등장하기 시작했다.

실례로 우리가 잘 알고 있는 디지털 마케팅 전문 광고회사인 디지타스(Digitas)와 같은 디지털 광고회사들이 등장한 것도 2006년 무렵이다. 또 기존 광고회사들이 발견하지 못했던 틈새시장을 노리는 대행사들도 성장하기 시작했는데, 2001년 옴니콤 그룹(Omnicom Group)에 인수되면서 글로벌 역량을 갖춘 인테거 그룹(The Integer Group)의 경우 매장과 쇼퍼 마케팅(retail and shopper marketing)을 중심으로 대행사의 기업역량을 특화하면서 주목을 받았다.

전체적인 시장경제의 규모와 맞게 동반 성장해 온 종합광고회사들이 위협을 실감하고 그들의 양적 성장에 심각한 문제를 느낀 것은 2010년 초로 거슬러 올라간다. 2000년대 무렵부터 시작된 광고회사 특화를 위한 노력의 연장선에서 2010년 무렵부터는 광고회사들은 소위 자사의 브랜딩에 적극적으로 투자

[그림 2-2] 디지타스 로고와 쇼퍼 마케팅에 집중하고 있는
인테거 그룹의 웹사이트

하거나 과거에는 단순 외주처로 간주하던 소규모의 크리에이티브 전문 대행사 또는 디지털 전문 대행사들을 과감하게 인수 또는 그룹사 내 소규모 독립사 형식으로 론칭하면서 내실 다지기에 힘쓰기 시작했다.

과거의 인수합병이 단기간의 수익률 제고를 위한 경제적 측면이 강했다면 이제는 새로운 분야의 전문 강소기업들을 더해서 시너지를 만드는 데 초점을 둔다는 점에서 '융합(convergence)'의 시대에 접어들게 된다. 2013년 '프로젝트 월드와이드(Project Worldwide)'는 '사치앤사치X(Saatchi & Saatchi X)'의 전 CEO를 영입하면서 그룹사 내에 '숍톨로지(Shoptology)'라는 쇼퍼 마케팅회사를 설립했다. 2012년에는 이미 체험 마케팅 회사인 '모티브(Motive)'와 소셜 미디어 마케팅 전문사인 '어피니티브(Affinitive)'를 인수하기도 했다.

요약하면, 2010년 이후 대행사들은 이제 특화된 팔다리들을 다수 보유하면서 규모와 질을 겸비한 마케팅 커뮤니케이션 그룹으로 변화를 시도한 것이다. '융합의 시대'에 광고회사의 역할은 전문성과 정체성을 그대로 가져가면서도 이종 분야와 상승적인 협업을 도모한다는 데 있다. 그런 의미에서 광고회사는 자사와 비교적 독립적인 기능을 지니는 자매사 설립을 통해 종합과 분업의 장점을 동시에 얻고자 했다. 오길비(Ogilvy)의 전략기획 서비스 및 컨설팅 기능을 가지는 '오길비 레드(OgilvyRED)', TBWA의 광고주 컨설팅 기능을 돕는 '디스트럽션

[그림 2-3] 오길비 레드와 디스트럽션 웍스

웍스(Disruption Works)' 등이 대표적인 사례다.

2010년 이후 2010년대 중반까지는 광고회사의 정체성 발견을 위한 분투의 시기라고 할 수 있다. 산업의 경계가 모호해지고 광고산업에서 경쟁의 프레임이 복잡해지면서 지난 100년 동안 대중매체 광고를 중심으로 체질을 갖춰 간 전통적 광고회사들은 근본적인 정체성 혼란에 마주했다. 앞서 언급한 '단순-종합-분화-융합'이라는 광고산업의 변화는 2020년 비대면 패러다임 이후 우리가 마주하고 있는 광고산업에 큰 시사점을 전해 준다. 1990년대 광고회사의 기능적 분화와 외주 중심의 회사 운영은 단기적으로 재무적 성장에 도움이 되었지만, 장기적으로는 전문영역에서의 역량저하라는 부정적인 결과를 초래했다.

유연하고 창의적인 광고회사의 독특함이 관리와 경영과학을 강조하는 와중에 상당한 부분 사라져 버린 것이다. 실제로 미국 기준으로 1984년 광고회사-광고주 관계의 지속기간은 평균 7.2년이었지만 2013년에는 2.5년에 불과했다(Bedford

Group 조사 결과). 한국의 경우 조사된 바는 없지만, 경쟁적인 시장환경을 고려할 때 더 단기간일 것으로 추정할 수 있다. 대기업 계열의 인하우스 대행사(in-house agency)가 광고비 매출의 상당수를 차지하고 있는 국내의 경우 특장점을 갖춘 독립대행사 성장이 더 어려웠고 이런 취약한 광고 대행사로서의 정체성은 더 심각한 위기를 초래했다.

광고회사의 수는 급격히 증가했지만, 광고주로서는 누구와 일을 해도 유사할 만큼 회사별로 별다른 차별점을 발견하지 못했음을 의미한다. 2010년 중반 이후 광고회사의 전문성 약화 속에서 소위 애드테크(Ad-Tech)라고 불리는 디지털 광고 기술 회사들이 대거 등장했다. 또 액센츄어(Accenture)나 PwC, IBM, 딜로이트(Deloitte) 같은 글로벌 컨설팅사들이 광고 마케팅 대

[그림 2-4] 광고주-대행사의 비즈니스 존속 기간 평균
출처: Bedford Group.

02 언택트 시대와 크리에이티브 산업의 변화

행업의 새로운 강자로 자리매김했다.

실제로 세계 10대 광고회사들 가운데 5개 기업이 모두 컨설팅 회사가 포진하고 있는 것은 2017년 이후부터 줄곧 일어나고 있는 현상이다. 경영 컨설팅이라는 비즈니스적 강점과 광고주와의 긴밀한 네트워크를 무기로 다양한 군소 광고 및 디지털 전문사들을 인수해 대형 광고주를 획득했다. 실제로 '액센츄어'는 2019년 한 해 동안만 5개의 유명 광고회사를 인수·합병했으며, 다른 컨설팅 회사들의 움직임도 유사하다.

2010년대 후반으로 접어들면서 광고산업에서 세력을 확대하고 있는 사업자들은 흥미롭게도 디지털 커뮤니케이션 사업자들이다. 우리가 익히 알고 있는 구글(Google), 페이스북(Facebook), 아마존(Amazon)과 같은 글로벌 온라인 플랫폼 광고 사업자 외에도 통신 네트워크 사업자라고 분류되는 북미의

[그림 2-5] 세계 10대 광고회사 순위, 컨설팅사의 등장에 떨고 있는
광고인들을 묘사한 AdAge의 삽화

출처: IBM 2018년 보고서, AdAge.com.

AT&T, 버라이존(Verizon), 컴캐스트(Comcast)가 각자 인수합병을 통해 광고회사를 설립하고 네트워크 사업과의 상승효과를 통해 광고주를 유치하기 시작했다. 기존의 망 공급을 통한 수수료, 소비자 데이터 판매를 통한 추가수익을 넘어 직접적으로 광고주 영입을 시작한 것이다.

2018년에 설립된 AT&T 계열의 잔드르(Xandr), 2017년에 설립된 버라이존 계열의 버라이존 미디어(Verizon Media), 2014년 컴캐스트 계열로 인수−합병된 프리휠(FreeWheel)이 대표적인 사례다. 이런 움직임은 북미뿐만 아니라 다른 국가들에서도 유사하게 일어나고 있다. 2019년 국내 SKT가 디지털 광고 전문기업 인크로스를 인수한 것이나, KT가 2008년 나스미디어 인수 그리고 2016년 플레이디 인수 등의 행보는 북미의 움직임과 유사하다.

이런 전면적인 예측불허의 경쟁 가운데서 글로벌 대형 광고회사들은 '책무성 최우선(accountability-first)'을 외치며 생존을 위한 사투를 벌이고 있다. 옴니콤 그룹은 초대형 글로벌 광

[그림 2-6] 북미의 대표적인 네트워크 사업자가 설립한 광고회사들

02 언택트 시대와 크리에이티브 산업의 변화

고주인 맥도날드(McDonald)를 위해 전담 광고회사(agency of record: AOR)인 위아언리미티드(We Are Unlimited)를 신규 설립해 밀착 서비스를 진행했지만, 이 관계도 2019년에 정리될 정도로 광고산업에서 광고주 수주 경쟁은 극화되었다.

또 다른 글로벌 광고 네트워크인 퍼블리시스 그룹(Publicis Groupe)은 2018년 CCO(Chief Client Officer: 최고 광고주 경영자) 제도를 시행하면서 기업 경영의 핵심에는 광고주가 있다고 선포하기도 했다. '고객이 왕'이라는 상투적인 문구를 세계적인 기업조차 간판으로 걸 정도의 절박한 상황인 것이다. 글로벌 선두 광고회사의 변화가 이 정도일 때 여타 군소 대행사들이 직면한 상황은 더욱 경쟁적일 것이라고 가늠할 수 있다.

[그림 2-7] 위아언리미티드(We Are Unlimited),
퍼블리시스 그룹의 경영철학

## 탈경계의 시대,
## 경계를 넘어 결과를 만드는 광고산업

앞서 현대 광고의 초창기에서 현재까지의 흐름을 산업적인 입장에서 살펴보았다. 비대면 2.0 환경에서 전 산업은 각자의 모습을 재정의하는 중이다. 특히 미디어와 관련성이 적은 산업이 일정 부분 미디어화되고 있다는 점에 주목해야 한다. 사회의 다양한 제도와 문화영역에 걸쳐 미디어의 영향력이 막대해졌다(박홍원, 2018). 정치와 언론뿐 아니라 소비를 포함한 일상 전반까지 미디어를 제외하고 이야기하기 힘들 정도다. 이러한 사회적 변화 그리고 전 산업의 미디어화를 지칭해 미디어타이제이션(mediatization: 미디어화)이라고 할 정도다.

탈경계의 시대, 전기차를 만드는 기업이 게임회사와 경쟁하기도 하고 온라인 상거래 서비스 회사가 갑자기 콘텐츠 제작 및 유통회사로 등장했다. 실제로 혁신기업의 대명사로 불리는 테슬라(Tesla)는 차 안에서 즐길 수 있는 비디오게임을 다수 출시하면서 차량 인포테인먼트 시스템(In-Vehicle Infotainment: IVI)의 폭발적 성장을 예고했다. 레벨 4 이상 수준의 차량 자율주행 기술과 가상/증강현실(VR/AR)이 완전히 결합하고 예약을 통해 빌려서 사용하는 차량이 모빌리티의 대세가 될 가까운 미래에는 자동차는 현재의 PC방과 유사한 역할을 할지도 모른다. 그때라면 고속도로의 옥외광고가 광고산업에 주는 의미는 완전히 달라질 것이다.

또한 대표적인 국내 온라인 상거래 플랫폼인 쿠팡(Coupang)은 온라인 스트리밍 동영상 서비스(over-the-top: OTT) '쿠팡플레이'와 개방형으로 누구나 쇼호스트가 될 수 있는 라이브 커머스인 '쿠팡 라이브'를 출시하는 등 산업의 경계를 넘는 탈경계의 도전이 이어졌다. 만물의 미디어화가 속도를 더하는 가운데 누구나 실시간 판매를 만들어 내는 라이브 광고인이 될 수 있는 플랫폼이 늘어가고 있는 셈이다. 이런 탈경계 시대에 광고산업은 어떻게 변화할 것인가?

프랑스의 소설가 뒤마(Alexandre Dumas)의 작품 『삼총사(Les Trois Mousquetaires)』에는 "하나를 위한 모두, 모두를 위한 하나(All for one, One for all)"라는 구호가 있다. 비대면 2.0 시대, 광고산업의 성장을 위해서는 바로 'All for one, One for all'이 되어야 한다. 각자 개별적으로 흩어져 있는 산업의 요소와 적극적으로 결합해 큰 공명을 만들어야 한다. 비대면 2.0 환경에서

[그림 2-8] 테슬라 차량에서 즐길 수 있는 비디오게임인 폴리토피아와 쿠팡플레이

콘텐츠 소비와 상거래 환경이 급속도로 바뀌고 경쟁의 구도도 예측하기 힘든 마케팅 커뮤니케이션 비즈니스에서 광고산업이 생존하려면 독특한 전문성이라는 '깊이'뿐 아니라 IT, 리테일, 제조업에 이르는 이종 분야와의 탈경계적인 결합을 통해 외연을 확장해야 한다. 실제로 여러 광고회사들이 전통적 광고의 개념에서 벗어나 경계를 넘는 시도로 훌륭한 결과를 만들어 냈다. 이 변화를 스토리, 데이터, 선한 크리에이티브라는 세 가지 흐름으로 보면 다음과 같다.

## 스토리를 금전으로: 트랜스미디어 스토리텔링 그리고 콘텐츠 머니타이제이션

트랜스미디어 스토리텔링 전문가인 헨리 젠킨스(Henry Jenkins) MIT 대학 교수는 그의 저서인 『융합문화(Convergence Culture)』(2008)에서 '참여적 문화(participatory culture)'는 단지 기술적인 수준에 따라 완성되는 것이 아니라 바로 콘텐츠 소비자의 손으로 직접 완성된다고 주장하였다. 같은 저서에서 '횡단', '초월'이라는 의미로 사용되는 trans와 media를 합성해 만든 '트랜스미디어 스토리텔링(Transmedia Storytelling)'은 매체라는 도구의 제약을 초월해 이야기 경험(story experience)으로 가공된 콘텐츠가 되어 여러 플랫폼과 형태로 전달되는 것을 의미한다.

수많은 멀티미디어를 동시에 이용하는 복수 스크린 시대를 살아가고 있는 현대 소비자는 광고를 포함한 마케팅 메시지들을 콘텐츠 또는 스토리로 간주하고 보다 선택적으로 접하고 있으므로 광고회사가 목표 소비자와 커뮤니케이션하는 방법도 대폭 변화를 요구받고 있는 것이다. 트랜스미디어 스토리텔링 환경에서는 광고주가 마케팅 투자비용에 대한 타당한 근거를 마련하기가 매우 까다로운데, 그 이유는 다수 매체가 스토리를 중심으로 복잡하게 상호작용하기 때문이다.

이제 우리는 "공유되지 않으면 존재하지 않는다"라는 명제가 실감이 나는 시대에 살고 있다. 트위터의 최근 통계에 의하면 미국인의 1/5이 트위터를 사용하고 있으며, 2020년 기준 5억 개의 트위터 포스트가 매일 신규 작성되고 있다고 한다. 한 조사에 의하면 소비자의 입을 통해 거론된 정보(customer-initiated content)가 기업의 입을 통해 거론된 정보 (firm-initiated content)에 비교할 때 약 26.7배의 판매 효과가 있다고 한다.

결국 광고는 강력한 스토리를 담은 광고를 통해 소비자의 자발적 커뮤니케이션을 촉발해야 한다는 결론을 내릴 수 있다. 2016년 BBDO가 스니커즈(Snickers) 광고주를 위해 편의점(7 Eleven)과 협업한 프로젝트는 주목할 만하다. 실시간 소셜 미디어 분석을 통해 배고픔이나 부정적인 트윗이 특정 지역에 증가할 경우 그 지역의 편의점에서 판매되는 스니커즈의 가격을 실시간 인하하는 캠페인(hungry-algorithm: Hungerithm)이다.

[그림 2-9] 트위터 실시간 분석을 활용한 Hungerithm 프로젝트

소비자들의 사회적 참여 지향성이 높아지고 소비자가 직접 브랜드에 행사하는 영향력은 참여적 문화와 트랜스미디어 환경에서 더더욱 커졌다. 2020년 코로나19가 시작한 '비대면의 전면화'는 이런 흐름을 보다 가속할 것으로 예상할 수 있다. 브랜드 스토리의 수용자를 넘어 이제 참여자로 승격한 소비자들은 직접 콘텐츠 크리에이터로서 아이디어를 공유하고 있으며, 인플루언서(influencer)가 아니라고 하더라도 본인의 의견을 과감하게 콘텐츠로 표현하고 있다.

트랜스미디어와 참여적 문화가 성숙해진 지금 '통합 브랜드 커뮤니케이션(Integrated Brand Communication: IBC)'을 통해 소비자의 의견을 한 방향으로 흐르게 한다는 것은 교과서적 이상이 되었다. 이제 창발적으로 발생하는 소비자 의견의 다양성을 존중하고 의견들을 한곳으로 모아 가기보다 브랜드의 철학을 행동으로 옮기고 소비자의 참여를 촉구하는 접근을 취하는 것이 타당하다.

[그림 2-10] 온라인 음악 서비스인 스포티파이를 듣는 소비자의 재미있는
행동을 옥외광고 캠페인으로 진행해 큰 공감과 매출 성과를 거둔
2018년 스포티파이 캠페인

　나이키의 2018년 캠페인은 거센 반향을 일으켜 심지어 소셜
미디어를 통해서 나이키 신발을 불태우는 운동이 일어나고 대
통령까지 비난의 목소리를 높이는 등 강렬한 정서적인 반응이
있었지만, 역설적으로 수많은 지지자를 열광적인 팬으로 만들
어 냈음을 기억해야 한다. 극단적으로 싫어하는 사람들과 또
극단적으로 좋아하는 사람들의 다양한 의견을 인정하고 이런
큰 간극 속에서 나이키의 브랜드 정신(Just Do It)을 재정비하면
서 브랜드의 본원적 의미와 가치를 커뮤니케이션할 수 있었다.
　이제는 광고에 대한 반복적 노출이라는 주의경제(attention
economy)에서 수용자들의 정서적 경험을 창출하는 정서경제
(emotion economy)로 방향 전환을 맞이했다. 트랜스미디어 시
대의 광고는 '브랜드 스토리텔러(brand story teller)'를 넘어 적극
적인 '브랜드 스토리 메이커(brand story maker)'로서 과감한 선
택을 할 수 있는 용기와 적극성이 요구된다.

Donald J. Trump @
@realDonaldTrump

Just like the NFL, whose ratings have gone
WAY DOWN, Nike is getting absolutely killed
with anger and boycotts. I wonder if they had
any idea that it would be this way? As far as
the NFL is concerned, I just find it hard to
watch, and always will, until they stand for
the FLAG!

9:29 AM · 5 Sep 2018

[그림 2-11] 불타는 나이키 운동화와 트럼프 대통령의 트윗

비대면 환경 이전에는 이커머스(e-commerce)를 오프라인 상
거래의 대안적인 채널로 사용했다면, 이제는 이커머스 비대면
거래가 오프라인에 선행하는 시대가 도래했다. 비대면 환경에
서 소비자는 그 어느 때보다 조급하다. 소비자가 조급해진 것
에 가장 큰 동인이 된 것은 스마트 모바일 기기의 중독적 활용
이다. 이 조급함을 만족하게 하려고 온라인 상거래 기업들은
일일배송(one day shipping), 새벽배송과 총알배송 등의 자극적
인 문구를 쓰면서 출혈 경쟁을 거듭했다. 모바일을 통한 제품/
서비스 구매에 의사결정 속도가 그 어느 때보다 빨라졌고 구매
혼선을 줄이려는 또는 인지적 노력을 최소화하려는 경향은 늘
어가고 있다. 그래서 구매 시점에 따라붙는 디지털 광고의 힘
은 제품력만큼이나 절대적이다.

구매 시점의 광고 콘텐츠에 대한 반응은 바로 즉각적인 매출
로 연결된다는 점에 주목해야 한다. 과거 광고 반응이 위계적
반응으로 광고목표의 최종 지향점인 구매로 연결되었다면, 모
바일 기반 상거래 플랫폼에 능통해진 요즘 즉각 반응은 더더욱

02 언택트 시대와 크리에이티브 산업의 변화

늘어나고 있다. 이제는 커뮤니케이션 자체가 커머스로 연결되는 '커머스 커뮤니케이션'이 정착된 것이고, 광고의 역할도 과거에 브랜드 인지도를 만들어 내거나 태도를 변용시키는 조금 먼발치의 역할을 넘어서 보다 실체적이고 즉각적인 반응을 이끄는 방향으로 바뀌고 있다. 이 점은 최근 흥행하고 있는 라이브 커머스의 성장과도 같은 맥락에 있다. 이런 변화 속에서 광고산업 역시 장기적 관점의 브랜드 자산 창출을 위한 역할뿐 아니라 실제 매출 성과를 만들어 낼 수 있는 콘텐츠 전문성까지 키워 가야 할 것이다.

## 데이터 크리에이티브, 수준 높은 데이터와 광고의 결합

비대면 패러다임 이전부터 광고/마케팅을 포함한 사회 전반 영역에서 화두로 부상한 '빅데이터(big data)'는 얼핏 소비자 분석에 집중한 딱딱한 과학으로 느껴질 수 있지만, 광고의 역사적 딜레마인 '과학으로서의 광고와 예술로서의 광고라는 갈등'을 상승적 관계로 바꿔 가고 있다. 구체적으로 광고회사들은 데이터를 기반으로 직접적이고 단순한 판매촉진에 힘쓰는 것뿐 아니라 더욱 영리하고 예술적인 방법으로 소비자들에게 다가갈 수 있는 창의적인 방법까지 고민하기 시작한 것이다.

다시 말하면, 이런 변화는 과학으로서 크리에이티브, 즉 '데이터 중심 크리에이티브(data centric creative)'라는 미래 광고회사의 비전을 제안했다. 이벤트, 프로모션, 전시, 홍보, 소비자조사, 데이터 마이닝 등 광고 연관 직능들이 별도의 전문사로 독립화하고 광고주의 마케팅 능력이 대행사를 능가하고 있는 요즈음 종합광고행사들의 위상이 전과 같지 않다. 이런 위기 상황을 크리에이티브와 데이터라는 양축을 결합할 수 있는 능력을 지닌 특화된 대행사들은 기회의 시장으로 만들어 가고 있다.

광고산업에서 빅데이터의 광풍은 비대면 2.0 시대에 더 중요한 의제가 될 것으로 보인다. 실례로 과거 전단지 광고(direct mail)를 주로 다루던 비주류 콘퍼런스로 폄하되던 '미국 다이렉트 마케팅 콘퍼런스(Direct Marketing Association Conference: DMAC)'는 현재 미국에서 가장 주목받는 콘퍼런스로 성장에 성장을 거듭했다. 이런 변화에 맞춰 심화하는 시장경쟁에서 경쟁

[그림 2-12] 날씨에 자동 반응해 도브(Dove)의 관련 상품
광고 카피를 제공하는 캠페인

02 언택트 시대와 크리에이티브 산업의 변화

우위를 찾고자 2010년 중반 이후 글로벌 광고회사와 PR회사들이 '데이터 중심(data centric) 광고 전문가 집단'으로 자사를 재포지셔닝했다.

구체적으로 2018년 6월 인터퍼블릭 그룹(The Interpublic Group of Companies: 이하 IPG)은 빅데이터 부문 강화를 위해 세계적인 소비자 데이터 리더인 액시엄(Acxiom)의 마케팅 디비전인 AMS(Acxiom Marketing Solutions)를 2.3억 달러에 인수했다. 1,800명의 데이터 과학자와 테크 엔지니어들이 근무하는 대규모 기업인 AMS 인수에 따라 IPG의 행보도 기존 광고회사의 사업 모델과는 사뭇 달라질 것이다. 2016년에는 이미 덴츠(Dentsu Aegis Network)가 세계적인 빅데이터 기업인 머클(Merkle)을 인수하기도 했다. 2013년에는 이미 하바스 미디어 그룹(Havas Media)이 코그니티브 매치(Cognitive Match)와 협업을 통해 소비자 데이터를 기반으로 목표 소비자에 가장 최적화된 온라인 광고를 맞춤 게재하는 크리에이티브 최적화(Creative Optimization) 솔루션을 제안한 바 있다.

다양한 크리에이티브 대안을 미리 만들어 두고 소비자의 프로파일에 맞게 가장 타당한 광고 메시지를 최적 시간에 노출하려는 의도다. 앞에서 언급한 글로벌 대행사들의 공통점은 자사의 크리에이티브 또는 미디어라는 전문성을 살리면서 데이터 전문사와 협업 또는 합병을 통해 데이터 분석력이라는 추가적인 경쟁력을 더하려고 노력했다는 점이다. 글로벌 선두 대행사

[그림 2-13] AMS의 로고와 AMS가 제공하고 있는 광고주 마케팅 대시보드

들의 움직임은 광고를 제작하고 집행하는 피상적인 마케팅 커뮤니케이션의 관습에서 벗어나 소비자와 프로그램 콘텐츠에 더욱 깊이 개입해서 데이터 분석을 기반으로 광고 효과를 극대화할 뿐 아니라 새로운 비즈니스를 만들어 가려는 광고회사들의 노력을 반영했다.

앞서 언급한 것처럼 빅데이터가 광고산업을 들뜨게 하고 있지만 아쉽게도 산업에 큰 변화를 일으키지는 못했다. 그 이유는 코로나19 이후 경기 침체의 영향도 있겠지만 대행사들이 변화의 시대에 맞는 성장모델을 찾지 못하고 있기 때문이다. 광고주가 이미 대량의 데이터를 소유하고 있고 그에 맞는 앞선 분석력을 갖추고 있는 현실에 대행사들이 어떻게 경쟁력을 갖출 수 있을지는 여전히 큰 숙제로 남아 있다. 광고와 마케팅 영역에서 빅데이터의 가장 큰 문제점은 단순히 대량의 소비자 자료를 수집하고 분석하기에 급급한 나머지 실제 분석 결과를 통해 걸맞은 크리에이티브를 만들어 내지 못했다는 점이다.

다시 말해서, 형식적으로는 빅데이터로 무장하고 있지만 광

02 언택트 시대와 크리에이티브 산업의 변화

고 산출 결과물은 과거와 다르지 않다. 2019년 칸광고제 수상작(CREATIVE DATA LIONS)인 '아프리카로 돌아가라(Go Back to Africa)' 캠페인은 소셜 미디어에 있는 흑인에 대한 인종차별적인 메시지를 인공지능을 활용해 역설적으로 아프리카 관광 촉진용 메시지로 전환시킨 혁신적인 창의력으로 주목받은 바 있다. 이처럼 대량의 데이터를 어떻게 창의적인 결과로 변환시킬지를 고민하는 것이 광고회사에게 새로운 과제로 주어진 것이다.

빅데이터가 단순히 대행사의 마케팅 표어에 그치지 않기 위해서는 빅데이터에 걸맞은 '빅 크리에이티브(Big Creative)'를 만들어 내는 '데이터 크리에이티브' 전문사로 발돋움해야 하며 전문성 제고를 통한 체질개선이 필수적이다. 정보량이 폭발적으로 증가하는 빅데이터 시대에 데이터와 크리에이티브는 뗄 수 없는 운명적인 관계를 맺고 있고 크리에이티브 조직으로 발전해 온 광고회사가 주도적으로 캠페인을 운영해야 할 필요는 더

[그림 2-14] 인종차별적 소셜 메시지를 아프리카 관광 촉진 광고로 활용한 데이터 크리에이티브 캠페인(Go Back to Africa, FCB/SIX)

욱 절실해졌다. 현시점은 광고회사에게 빛나는 기회의 시간이
다. 광고회사는 과학이 예술로 꽃피우는 '데이터 크리에이티
브' 시대에 걸맞은 창조 조직으로 정비해야 한다.

## 선한 크리에이티브, 브랜드 액티비즘 시대의 광고

광고산업에서 또 다른 변화의 흐름은 '선한 크리에이티브'에
대한 사회적 요구가 커졌다는 점이다. 이러한 흐름은 기업의
투명경영과 사회적 책임을 다하는 '착한 기업'에 대한 요구에
기반을 둔다. 기업의 지속가능한 생존을 위해 ESG(환경·사회
책임·지배구조)가 강조되고 있다. 이미 ESG 관련 금융투자가
활발하게 이루어지고 있으며, 2020년 전 지구적인 재앙 이후
기업의 사회적 가치 준수와 책임은 그 어느 때보다 강조되고
있다. 실제로 전통 에너지 기업의 주가는 부진했지만, 테슬라
(Tesla)를 비롯한 친환경 기업의 주가는 급등했다. 소셜 미디어
를 통한 쌍방향 소통의 활성화로 악덕 기업에 대한 소비자들의
'불매운동' 등 응징이 빈번해지고 기업의 대표자가 초래한 위기
(owner risk)로 인한 기업 주가 폭락이 이어지면서 ESG를 갖춘
기업의 성공 확률은 더욱 높아질 것이다.

이런 배경에서 현대(자본주의) 세계의 소비문화의 핵심을 담
당해 온 브랜드에게 요구되는 역할이 최근 들어서 크게 변화했
다. 우리가 마케팅(marketing)하는 유무형의 상징물인 브랜드

(brand)가 우리 삶의 곳곳에서 목소리를 높이는 것이다. 커뮤니케이션을 통해 브랜드의 정체성(brand identity)을 소비자가 공감하도록 만들어 간다는 브랜딩의 근간은 여전하다. 하지만 이제 소비자는 브랜드가 일종의 '가상(virtual)의 인격체'로서 브랜드의 가치(value)와 목적(mission)을 소비자의 마음속에 표상하는 것을 넘어 '실제와 같은(real-like) 인격체'가 되어 각종 사회적 이슈에 대해 적극적으로 참여하기를 기대한다. 이런 현상을 '브랜드 액티비즘(Brand Activism)'이라고 부르는데, "사회적, 정치적, 경제적, 또는 환경적 개선을 통한 사회의 긍정적 변화를 만드는 브랜드의 노력"이라고 정의할 수 있다(Sarkar & Kotler, 2018).

과거에도 브랜드의 사회적 기여에 대한 요구는 있었는데 '기업의 사회적 책임(Corporate Social Responsibility: CSR)', 사회적인 이슈(cause)를 기업의 마케팅 활동에 이용하는 '코즈 마케팅

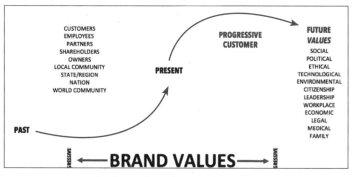

[그림 2-15] 브랜드 액티비즘의 성장

(cause marketing)' 등 유사 개념들이 꾸준히 활용되고 있다. 그렇다면 브랜드 액티비즘은 어떻게 다른가? 필립 코틀러(Philip Kotler)와 공저자의 저서 『브랜드 액티비즘(Brand Activism: From Purpose to Action)』에 따르면 코즈 마케팅이 마케팅에서 시작해서 사회로 나아갔다면, 브랜드 액티비즘은 역설적으로 사회에서 출발해서 마케팅으로 나아간다.

소비자가 단순히 브랜드 소비주체인 고객(customer), 주주(shareholder), 이해관계자(stakeholder) 역할을 하는 것을 넘어 브랜드 시민(brand citizen)으로 진화하면서 브랜드 가치에서 사회 문제 참여의 중요성을 강조하고 있는 것이다. 브랜드 액티비즘의 종류를 유형화하면 크게 여섯 가지 영역으로 나뉘는데, 경영(business), 정치(political), 환경(environmental), 경제(economic), 법(legal), 사회(social)가 바로 그것이다. 예컨대, 성평등(gender)이나 LGBT 관련 이슈라면 사회적 브랜드 액티비즘으로, 최소임금이나 부의 분배에 대한 문제라면 경제 액티비즘으로 구분할 수 있다.

브랜드 액티비즘이 늘어 가고 또 유행처럼 번져 가고 있다. 이런 변화는 우선 소비자 심리 및 행동의 변화에 기인한다. 과거의 브랜드는 기능적 가치 경쟁력과 외부인에 대한 소비자 자기 표현의 상징이 될 수 있다면 그로서 충분했다. '노(NO)답의 시대: 답이 없는 시대'라고 불리는 요즘 시대를 살아가고 있는 소비자들의 가치 추구 방향은 보다 내부를 향하기 시작했다.

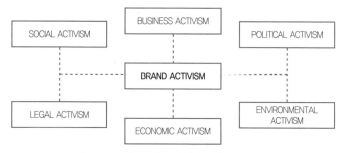

[그림 2-16] **브랜드 액티비즘의 주요 영역**

수년 전부터 유행처럼 번져 온 '인문학과 고전의 부활'이나 '역사 엔터테인먼트의 산업화'는 이런 심리적 변화를 반영한 현상이다.

이처럼 소비자가 본인의 근본 가치(core value)에 대한 고민이 깊어지고 있는데, 고민에 대한 하나의 해결책으로 '의미 있는 브랜드 소유'를 선택한 것이다. 현대 소비자는 때로는 극단적으로 가격에 민감한 반응을 보이기도 하지만 또 반대 극단에서는 가격에 무심한 채로 브랜드가 추구하는 철학을 기꺼이 구매한다. 코로나19와 같은 불가항력의 사태 때, 정치사회적 불안감, 장기적 세계 경제 침체, 세대를 관통하는 물질주의의 팽배 등 우리 개인이 대적하기 힘든 사회 변화 속에서 소비자들이 자신의 무게중심을 잡으려는 노력이 바로 소비자들 자신을 근본으로 향하게 만드는 동인이 되고 있다.

브랜드 액티비즘의 다른 성장요인은 바로 기업들의 변화에 있다. 최근에 비영리 소식들은 그 양과 질적 면에서 꾸준히 성

[그림 2-17] 2015년 버거킹이 출시한 LGBT평등을 위한 버거
(The Proud Whopper)

장하고 있으며 그 성장세는 영리기업의 성장세를 뛰어넘을 정
도다. 최근의 흐름을 보면 비영리 조직의 영리 활동 증가와 영
리기업의 비영리 활동 비중이 증대가 함께 일어나고 있다. 이
런 변화 속에서 영리기업의 사회적 참여가 한층 늘어났고 이제
영리와 비영리의 구분이 모호할 정도이며, 소비자 또한 그 구
분에 의미를 두지 않기 시작했다. 주식시장의 반응도 역시 기
업의 경영성과 지표 이상으로 기업의 철학과 스토리에 따라 변
화할 정도다.

이제 기업 단위의 사회적 참여가 아니라 브랜드 단위에서 독
립적인 사회적 참여가 요구된다는 점도 주목할 만하다. 상징
적 인격체이자 가치 전달자인 브랜드가 소비자에게 더욱 직접
적인 의미로 다가오기 때문이다. 세계적인 투자자 워런 버핏
(Warren Edward Buffett)은 그의 자서전 『눈덩이(Snowball)』에

02 언택트 시대와 크리에이티브 산업의 변화

[그림 2-18] 2020년 재생 에너지로 생산한 버드와이저를 주제로 한 광고 캠페인
출처: Revolt London.

서 복리효과를 설명하기 위해 자본을 증가시키는 것은 눈사람을 만드는 것과 같다고 설명하였다. 처음 눈덩이를 만들기는 힘들지만 일단 덩이가 형성되면 쉽고 빠르게 불어난다는 것이다. 브랜드 액티비즘도 유사하다. 소비자에게 느껴질 만큼 '덕을 쌓는 것(conducting good deeds)'은 힘들고 가시적인 효과도 없어 보이지만 종국에는 그 효과가 복리로 불어나면서 브랜드와 기업을 부유하게 만드는 것이다.

리바이스(Levi's)의 유럽지역 브랜드 인게이지먼트 매니저인 로드리 에반스(Rhodri Evans)는 브랜드 액티비즘의 성공요소로 청렴성(Integrity), 독창성(originality), 진정성(authenticity), 용기(bravery)라는 네 요소를 뽑았다. 소비자는 미사여구와 아름다

[그림 2-19] '저스트 두 잇(Just do it)' 30주년을 기념한 2018년 나이키 광고
(TV 및 옥외광고)

운 장식으로 빛나는 브랜드가 아니라 사회의 정의 실현을 위해 소리를 내며 또 행동하는 브랜드에 박수를 보냈다.

미국프로풋볼(NFL) 쿼터백으로 경찰의 흑인 과잉 진압이 논란이 된 2016년, 애국가 제창을 거부하고 무릎을 꿇는 퍼포먼스를 시작한 인물인 콜린 캐퍼닉(Colin Kaepernick)이 출연한 나이키의 2018년 광고 카피처럼 브랜드 역시 "모든 것을 희생할지라도 때로는 무언가를 믿어야 한다(Believe in something, even if it means sacrificing everything)". 브랜드 액티비즘 광고의 대명사가 된 이 광고를 제작한 대행사(Wieden+Kennedy)는 2019년 칸라이언즈에서 올해의 대행사로 선발되기도 했다.

## 광고산업과 책무성 2.0

2020년 코로나19 발발 이후 광고산업은 과거와는 사뭇 다른 불연속적인 변화를 겪어 나가고 있다. 분명 감염병은 사라질

02 언택트 시대와 크리에이티브 산업의 변화

것이다. 하지만 예전으로 온전히 돌아갈 수는 없다. 이 장에서 언급한 것처럼 포스트 코로나는 광고산업에 새로운 시대정신을 요구했다. 광고는 크게는 퍼포먼스 목표(performance goal) 광고와 브랜딩 목표(branding goal) 광고로 구분된다. 흔히 퍼포먼스가 '과학적 측면의 광고'라면 브랜딩은 '예술적 측면의 광고'라고 쉽게 이해할 수 있다. 굳이 광고의 과학자로 불리는 로저 리브스(Rosser Reeves)와 광고의 예술인으로 여겨지는 빌 번벅(Bill Bernbach)의 전설적인 광고전쟁을 언급하지 않더라도, 과학으로서 또 예술로서 광고의 경쟁은 여전히 현재 진행형이다.

1900년대 초반에 근대적인 광고가 시작된 이래 과학과 예술이 엎치락뒤치락하며 광고산업을 이끌어 가다가 이제는 퍼포먼스를 지상목표로 한 과학적 광고의 시대를 살아가고 있다. 강제적이고 전면적인 비대면으로 온라인이 오프라인을 상당 부분 잠식해버린 이 시대에 디지털 광고가 만들어 내는 성과에 더욱 집착하는 것은 일면 자연스럽다. 광고주가 요청한 단기적 광고 성과에 대한 성과 책무성(accountability)의 가중된 압박 속에서 광고인은 숨을 가쁘게 내쉬며 달리고 있다. 이런 단기적 광고 효과 그리고 퍼포먼스 마케팅의 한계는 대형 브랜드일수록 더 커지고 있으며, 최근에는 광고 어뷰징(ad abusing)을 통한 성과지표 맞추기가 늘어나면서 브랜드 안전(brand safety)에 대한 요구가 거세어질 정도로 강제로 만들어진 퍼포먼스에 대한 회의감 또한 가득하다.

사람이 유일한 재산이던 광고산업에서 언젠가부터 자동화 프로그램과 예측모델이 주인공이 되고 광고인은 주변부로 내몰리고 있다는 씁쓸한 기분을 피할 수 없다. 더욱 빠르고 정확한 서비스에 대한 소비자의 요구와 비용 효율 제고를 위한 총체적 자동화라는 시대의 도도한 흐름 속에서 '스마트함'으로 중무장한 기계의 승리를 목도하는 느낌이다. 하지만 때때로 디지털 기술이 여전히 영리하지 않음을 발견하고는 우리는 안도의 한숨을 쉰다. 광고산업에서 기계가 압승하기 힘든 것은 광고의 대상이 여전히 예측 불허의 소비자이기 때문이다. 광고인에게 소비자가 늘 어렵지만, 한편으로 어려워서 다행이다. 안도하기 이전에 질문 하나를 던져본다. 과연 우리 광고인이 광고업의 주인으로서 제 기능을 했는가? 우리는 광고가 사회를 반영하는 거울(mirror)의 기능을 넘어서 세상을 바꾸는 역할(mover)을 하는데 얼마나 이바지했는지를 고심해야 한다.

이제 각종 지표가 만들어 내는 숫자 장난에서 잠시 벗어나서 광고인에게 브랜드와 사회를 함께 성찰해야 할 시점이다. 이런 성찰은 아쉽게도 인공지능이 대신해 줄 수도 없고 실시간에 이뤄질 수도 없다. 물론 광고인이 비대면 사회의 새로운 도전들을 적극적으로 배워야 할 것은 분명하지만 우리의 본질인 '브랜드 목소리와 행동을 만들어 낸다'라는 소명에 더욱 충실해야 할 것이다. 앞서 이야기한 책무성 1.0이 광고주가 요구한 단기성과에 중심을 둔 방어적인 책임이라면, 책무성 2.0(accountability

02 언택트 시대와 크리에이티브 산업의 변화

2.0)은 바로 광고인이 우리 사회를 움직이는 '크리에이티브 리더'라는 자긍심으로부터 발현된 적극적인 것이라야 한다. 광고인은 창의적인 콘텐츠로 소비자의 삶과 사회에 생동감과 혁신을 불러오는 전문가로서의 책무를 잊지 말아야 한다. 광고회사는 '광고의 본원적 가치'를 되돌아보고 브랜드의 현재와 과거 그리고 미래를 함께 조망할 수 있는 '가치를 발견하고 성장시키는 전문가 집단'으로 자리매김해야 할 것이다.

[그림 2-20] 트위터가 코로나로 2020년을 마감하면서 사용자가
남긴 트윗을 옥외광고 캠페인으로 제작한 사례

정세훈(고려대학교 미디어학부 교수)

　최근 코로나19의 확산으로 인한 비대면 시대에 전반적인 매체 이용이 증가하였을 뿐만 아니라 꾸준히 매체 동시 이용 행위도 전반적으로 증가했다. 매체의 동시 이용이란 미디어 이용자들이 여러 매체를 동시에 이용하는 행위를 뜻하며, 단일 매체 이용과 다른 새로운 형태의 미디어 이용 행위라고 할 수 있다. 예를 들어, TV를 보면서 스마트폰을 동시에 사용하는 등의 매체 동시 이용 행위가 꾸준히 증가하는 경향은 다양한 미디어 이용 조사 자료들을 통해 확인되고 있다.

　이러한 변화가 광고 크리에이티브와 관련해 갖는 함의는 무엇이고 어떤 전략을 써야 할 것인가? 이 장에서는 미디어 이용 패턴의 변화와 이러한 변화에 따른 광고 크리에이티브 전략에 대해 살펴보고자 한다. 보다 구체적으로 매체별 및 콘텐츠별 이용 시간의 변화, 시간대별 및 요일별 매체 이용의 변화, 그리고 여러 매체의 동시 이용 패턴 등 매체 이용의 전반적인 변화가 광고 매체와 크리에이티브 전략에 미치는 의미를 살펴볼 것이다.

## 사회적 정책과 매체 이용

2020년 초 코로나19의 확산으로 인해 전반적으로 비대면 활동이 증가했다. 특히 사회적 거리두기 2단계부터는 외출과 모임을 자제할 것이 권고되고, 100명 이상의 집합이 금지되며, 식당에서는 21시 이후 포장과 배달만 허용하는 조치가 취해진다. 사회적 거리두기 2.5단계부터는 가급적 집에 머무르도록 권고되고, 50명 이상의 집합이 금지되며, 다중이용시설은 21시 이후 운영이 전면 중단된다. 사회적 거리두기 3단계에서는 원칙적으로 집에 머무르며 타인과의 접촉을 최소화할 것이 권고되고, 필수시설 외 모든 다중이용시설 운영이 전면 중단된다.

이처럼 감염병의 확산을 막기 위한 조치로 인해 식음료 업소 및 체육시설 등을 비롯한 다중이용시설은 심각한 타격을 입게 되었다. 하지만 사람들이 집에 머무르는 시간이 증가하면서 매체 이용 시간은 오히려 증가하게 되었다. 특히 사회적 거리두기 2단계 이상부터는 21시 이후에 다중이용시설 이용에 제한이 있기 때문에 대부분 귀가하여 집에 머무르는 시간이 증가하면서 우리의 일상생활에 많은 영향을 미치게 되었다.

코로나19의 확산으로 인한 사회적 거리두기 정책은 매체 이용에 구체적으로 어떠한 영향을 미쳤을까? 2020년 상반기의 닐슨 미디어 리포트([그림 3-1])에 따르면, 코로나19 확진자가 급증하며 사회적 거리두기 캠페인이 시작된 2월에서 3월 동안 TV 시청률이 급격하게 증가하면서 2019년 비슷한 시기에 비해 큰 차이를 보인다. 이후 코로나19 확진자가 감소하면서 사회적 거리두기가 약화된 5월 이후에는 TV 시청률이 다시 감소하여 2019년 비슷한 시기와 유사한 수준으로 나타났다.

이처럼 사회적 거리두기 정책으로 인해 재택근무 및 원격 수업 등 일상생활 패턴의 변화는 매체 이용과 직접적으로 관련되어 있으며, 이러한 매체 이용 패턴의 변화는 각 매체별 광고비

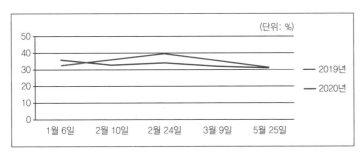

[그림 3-1] 2019~2020년 TV 시청률 추이

출처: 닐슨미디어코리아(2020), p. 11.

사회적 정책과 매체 이용

와 밀접하게 관련되어 있다는 점에서 광고업계에 중요한 함의가 있을 뿐만 아니라, 각 매체별 광고 크리에이티브 전략 수립에 미치는 영향이 크다. 예를 들어, 특정 매체 이용이 증가함으로써 광고비도 그에 맞춰 증가하는 경향성을 보일 수 있고, 또한 특정 매체 이용자에 따라 광고 크리에이티브 전략 수립이 필요하다.

## 매체별 및 콘텐츠별 변화

코로나19의 확산 이전부터 최근 수년간 매체 이용 행태가 변화해 왔다. 이러한 매체 이용의 변화는 인쇄매체 이용 시간의 감소와 TV 이용 시간의 정체, 그리고 모바일 및 PC 인터넷 이용 시간의 증가로 압축할 수 있다.

2019년 정보통신정책연구원 한국미디어패널조사([그림 3-2])에 따르면, 인쇄매체 이용 시간은 6년 동안 거의 절반 수준으로 감소하고, TV와 PC 매체 이용 시간은 정체된 반면, 모바일 이용 시간은 급증한 것으로 나타났다. 다시 말해, 신문과 잡지와 같은 매체 광고에 노출되는 시간은 점점 감소하고, TV 광고 노출 시간은 정체된 반면, 모바일 광고에 노출되는 시간은 점차 증가하는 경향성을 보이고 있다.

그런데 최근 코로나19의 확산 및 비대면 활동의 증가로 인해

03 언택트 시대의 매체 이용과 광고 크리에이티브

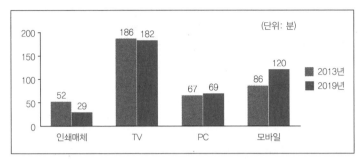

**[그림 3-2] 매체별 평균 이용 시간 변화**

출처: 정보통신정책연구원(2019), p. 34.

집에 머무는 시간이 증가하면서 인쇄매체 이용 시간의 감소세가 둔화되고 TV 이용 시간이 일시적으로 증가할 가능성이 있다. 물론 인쇄매체 및 TV 이용 시간이 급격히 증가하는 경향이 나타나기는 어렵겠지만, 지난 수년간의 감소세가 완만해지거나 멈추게 될 가능성이 있다.

이러한 인쇄매체, TV 그리고 PC와 모바일 매체별 이용 시간의 변화는 광고비와 직결되어 있기 때문에 중요하다. 인쇄매체와 TV 이용 시간의 감소는 인쇄매체와 TV 광고비의 정체 및 감소로 이어진 반면, 모바일 매체 이용 시간의 증가는 모바일 광고비의 급증으로 이어졌다. 하지만 비대면 활동의 증가로 인쇄매체 및 TV 이용 시간이 감소세를 멈추거나 일시적으로 반등할 경우, 광고비 집행 역시 그러한 미디어 이용 행태에 영향을 받을 수밖에 없다.

지난 수년간 매체별 이용 시간만 변화한 것이 아니고 콘텐츠 이용 시간도 변화해 왔는데, PC를 이용한 동영상 시청은 꾸준히 감소한 반면 모바일을 이용한 동영상 시청은 꾸준히 증가하는 양상을 보이고 있다. 다시 말해, 과거에는 고정형 PC를 통해 동영상을 주로 시청하였던 반면, 최근에는 이동형 모바일 매체를 통해 동영상을 주로 시청하는 것으로 나타나고 있다.

2019년 정보통신정책연구원 한국미디어패널조사([그림 3-3])에 따르면, 2013년에는 PC 매체를 이용한 동영상 시청이 모바일보다 많은 반면, 2019년에는 모바일을 이용한 동영상 시청이 PC보다 많은 것으로 나타났다. 그리고 이러한 변화는 PC 매체와 모바일 인터넷 매체 광고비에 시사하는 바가 크다.

그런데 최근 코로나19의 확산 및 비대면 활동의 증가로 인해 집에 머무는 시간이 증가하면서 이러한 경향이 일시적으로 변화할 가능성이 있다. 공공장소나 대중교통을 이용할 경우에

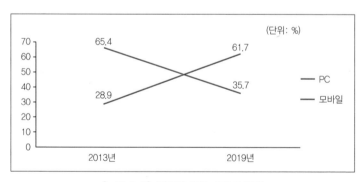

[그림 3-3] **동영상 시청 매체의 변화**
출처: 정보통신정책연구원(2019), p. 19.

03 언택트 시대의 매체 이용과 광고 크리에이티브

는 모바일과 같은 이동형 인터넷을 사용할 수밖에 없지만 집에서는 PC와 모바일 중에서 선택 가능하다. 선택할 수 있는 상황이라면 화면 크기가 작은 모바일보다 화면 크기가 큰 PC 매체를 선호할 수도 있다. 따라서 비대면 활동의 증가로 PC 이용이 감소세를 멈추거나 일시적으로 반등할 경우, 광고비 집행 역시 그러한 매체 이용 행태에 영향을 받을 수밖에 없다.

이러한 동영상 콘텐츠 이용은 세대별로 차이를 보이기도 한다. 연령대가 낮을수록 온라인 동영상을 많이 이용하는 반면, 연령대가 높을수록 TV를 많이 이용하는 경향이 있다. 2019년 정보통신정책연구원 한국미디어패널조사([그림 3-4])에 따르면, 60대 이상 베이비 붐 세대에서는 TV를 압도적으로 많이 이용하는 반면, 20대 이하 Z세대에서는 인터넷 동영상(예: 유튜브)을 더 많이 이용하는 것으로 나타났다.

이러한 세대별 매체 이용 차이는 세대별 맞춤형 광고 크리에

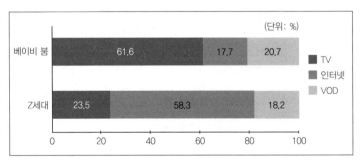

[그림 3-4] **연령별 동영상 시청 매체**
출처: 정보통신정책연구원(2019), p. 19.

이티브 전략이 필요함을 시사한다. TV 광고의 경우에는 중장년층을 포함한 보다 일반적인 광고 전략을 활용하는 것이 적합한 반면, 인터넷 광고의 경우에는 젊은 세대에게 소구할 수 있는 크리에이티브 전략(예: 유머 및 오락)을 활용하는 것이 적합할 것이다.

온라인 콘텐츠 이용의 변화는 동영상뿐만 아니라 소셜 미디어 및 SNS 이용을 통해서도 확인할 수 있다. 2019년 정보통신정책연구원 한국미디어패널조사([그림 3-5])에 따르면, 페이스북과 카카오스토리 이용은 감소 추세인 반면, 인스타그램 이용이 급증하고 있음을 알 수 있다.

이러한 소셜 미디어 및 SNS 이용 변화의 특징은 텍스트가 상대적으로 많은 형태의 페이스북이나 카카오스토리에 비해 텍스트가 상대적으로 적고 이미지가 많은 인스타그램 이용의 증

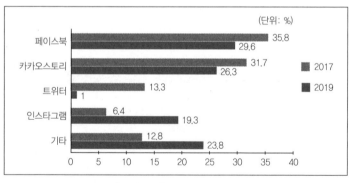

[그림 3-5] SNS 이용 변화

출처: 정보통신정책연구원(2019), p. 23.

03 언택트 시대의 매체 이용과 광고 크리에이티브

가로 압축된다. 그리고 이러한 변화가 광고에 가진 함의는 텍스트 위주의 크리에이티브 전략뿐만 아니라 영상 이미지 기반의 크리에이티브 전략이 필요할 수 있음을 시사한다.

이러한 소셜 미디어 및 SNS 이용의 변화는 세대별 특징과 밀접하게 관련되어 있다. 2019년 정보통신정책연구원 한국미디어패널조사([그림 3-6])에 따르면, 연령대가 높을수록 카카오스토리나 네이버밴드를 주로 이용하는 반면, 연령대가 낮을수록 페이스북과 인스타그램 이용이 상대적으로 높은 것으로 나타났다.

최근 인스타그램 이용이 급증하고 있고 특히 젊은 세대에서 인스타그램을 많이 이용했다는 점을 살펴보면, 인터넷 광고의 경우 SNS 플랫폼에 따라 세대별 맞춤형 광고 크리에이티브 전략이 필요함을 시사한다. 예를 들어, 상대적으로 연령대가 높

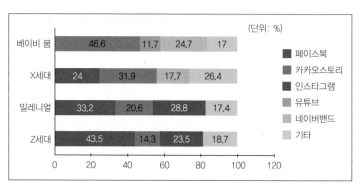

[그림 3-6] 연령별 SNS 이용 서비스

출처: 정보통신정책연구원(2019), p. 23.

은 베이비 붐 세대가 주로 이용하는 카카오스토리나 네이버밴드와 같은 SNS와 달리, 상대적으로 연령대가 낮은 X세대 이후 특히 밀레니얼과 Z세대가 많이 이용하는 페이스북과 인스타그램과 같은 SNS의 경우 젊은 세대에게 소구할 수 있는 크리에이티브 전략(예: 유머 및 오락)을 활용하여 구전과 공유를 증대시킬 수 있는 전략이 필요할 것이다.

## 요일별 및 시간대별 매체 이용 패턴의 변화

미디어 이용자들이 어떤 매체를 이용하는가를 결정짓는 요인에는 여러 가지가 있지만, 그중에서 가장 중요한 요인은 시간과 공간이라고 해도 과언이 아니다. 다시 말해, 어떤 시간대에 어떤 공간에 있는지에 따라 매체 이용 패턴이 달라질 수 있다. 예를 들어, 직장과 학교에서 생활하는 시간이 많은 주중과 자택에서 생활하는 시간이 많은 주말에 따라 차이가 있을 수 있다. 2020년 나스미디어 데이터([그림 3-7])에 따르면, 인터넷을 PC로 접속하는 비율이 주중에 상대적으로 많은 반면, 인터넷을 모바일 기기로 접속하는 비율은 주말에 상대적으로 많다.

주중과 주말의 차이뿐만 아니라 하루의 시간대에 따라서도 미디어 이용의 차이가 크다. 예를 들어, 아침 또는 저녁 시간대에는 대부분 집에 있으면서 TV 매체 이용 시간이 증가하게 되

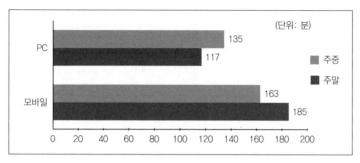

[그림 3-7] **주중/주말별 인터넷 이용 매체**
출처: 나스미디어(2020), p. 11.

는 반면, 낮 시간대에는 많은 사람이 직장이나 학교에 가거나 외출하여 TV 이용 시간은 감소하고 인터넷 매체 이용 시간이 증가하는 패턴이 나타나게 된다.

2019년 정보통신정책연구원 한국미디어패널조사의 시간대별 매체 이용 데이터([그림 3-8])를 살펴보면, 인터넷 매체는 아침 시간대(6~8시)에 점차 증가하다가 점심 시간대(12~13시)에

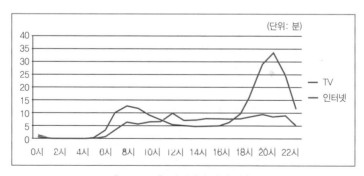

[그림 3-8] **시간대별 매체 이용**
출처: 정보통신정책연구원(2019), p. 261.

요일별 및 시간대별 매체 이용 패턴의 변화

정점에 이른 후 야간에 다소 감소하는 반면, TV 매체는 저녁 시간대(21~22시)에 정점을 보인다.

이러한 시간대별 매체 이용이 광고에 가지는 함의는 무엇일까? 시간대별로 매체 이용이 다르다는 데이터는 그에 맞춘 방송 편성과 광고비가 결정된다는 것을 의미한다. 시간대별로 TV 매체와 인터넷 매체 이용이 다를 뿐만 아니라, 인터넷 매체를 이용하는 기기가 달라진다는 점도 흥미롭다.

인터넷 매체를 이용하는 기기로서 고정형 PC와 이동형 모바일 기기가 있다. 2020년 나스미디어 데이터([그림 3-9])에 따르면, PC 인터넷 이용 비율은 10~16시 낮 시간대에 상대적으로 높은 반면, 모바일 인터넷 이용 비율은 오전 6~8시에 상대적으로 높고 18시 이후 저녁 시간에 상대적으로 높다. 또 한 가지

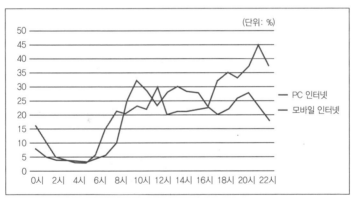

[그림 3-9] **시간대별 인터넷 이용 매체**

출처: 나스미디어(2020), p. 12.

03 언택트 시대의 매체 이용과 광고 크리에이티브

홍미로운 사실은 낮 시간대에 모바일 인터넷 이용 비율이 PC 인터넷 이용 비율을 추월하는 때는 12시 점심 시간대라는 점이다.

이러한 데이터는 매체 이용자들이 주로 PC는 직장 또는 학교 등에서 사용하고 모바일 기기는 집 또는 외부 이동 중에 사용한다는 점을 의미한다. 그렇다면 이러한 매체 이용 패턴이 가지는 함의는 무엇일까? 일차적으로 오전 10시부터 오후 16시까지는 주로 PC 기기를 통해 인터넷을 많이 이용하므로 PC 인터넷에 기반한 광고 집행이 필요한 반면, 저녁 18시 이후에는 모바일 인터넷에 기반한 광고 집행이 필요함을 시사한다. 뿐만 아니라 PC는 모바일 기기보다 화면의 크기가 더 큰데, PC와 같은 큰 화면에서 집행되는 광고의 크리에이티브 요소와 모바일 기기와 같은 작은 화면에서 집행되는 광고의 크리에이티브 요소가 달라질 수 있다.

일반적으로 TV 매체 이용 시간은 늦은 저녁(21~22시)에 정점을 보이지만, 최근 사회적 거리두기와 재택근무의 증가로 인해 집에 머무는 시간이 증가함으로써 TV 매체 이용 시간의 정점이 달라질 수 있다. 2020년 상반기 닐슨 미디어 리포트([그림 3-10])에 따르면, 오전에서 낮 시간대에 특히 TV 이용 시간이 증가했음을 알 수 있다.

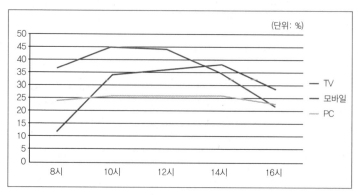

**[그림 3-10]** 시간대별 매체 이용 시간 전년 동월(3~4월) 대비 증가 비율
출처: 닐슨미디어코리아(2020), p. 72.

## 매체 동시 이용과 광고의 함의

　최근 미디어 이용자들은 단일 매체만 이용하기보다 여러 매체를 동시에 이용하는 경향이 많은데 이를 일컬어 매체 동시 이용 또는 멀티태스킹이라고 한다. 2017년 정보통신정책연구원 보고서(KISDI STAT Report; [그림 3-11])에 따르면, PC 기기 이용 시 멀티태스킹을 가장 많이 하고, 그다음으로 모바일 기기, TV 매체 그리고 인쇄매체 순으로 멀티태스킹을 많이 하는 것으로 나타났다.

　매체 동시 이용 및 멀티태스킹은 광고에 중요한 의미가 있다. 일반적으로 광고주들은 매체 이용자들이 자신의 광고 메시지에 주목해 줄 것을 기대한다. 하지만 인쇄매체나 TV 그리고 인

03 언택트 시대의 매체 이용과 광고 크리에이티브

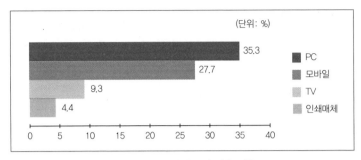

(단위: %)

35.3 ■ PC
27.7 ■ 모바일
9.3 TV
4.4 ■ 인쇄매체

0  5  10  15  20  25  30  35  40

[그림 3-11] 매체 동시 이용 비율

출처: 정보통신정책연구원(2017), p. 2.

터넷을 이용하면서 다른 일을 하거나 다른 매체를 동시에 이용
할 경우 광고 메시지에 대한 주목도가 감소하는 것은 당연하다.

또한 매체 동시 이용 및 미디어 멀티태스킹은 소비자들의 광
고 정보 처리를 방해하여 광고 효과의 감소로도 이어질 수 있
는데, 이는 제한용량 모형 등과 같은 인지적 정보처리 모형을
통해 설명될 수 있다(Jeong & Hwang, 2016). 제한용량 모형 등
과 같은 인지적 정보처리 모형에 따르면, 인간의 인지적 자원
은 무한하기보다 유한하다. 따라서 인간이 가지고 있는 제한된
인지적 자원을 넘어서는 양의 정보가 미디어에서 주어질 경우,
사람들은 이 모든 정보를 동시에 처리할 수 없기 때문에 정보
손실로 이어지게 되는 것이다. 단일 매체를 통해 광고를 보는
경우에 비해 광고를 보면서 동시에 타 매체를 이용하는 경우,
더 많은 정보들이 처리되어야 하기 때문에 인지 과부하를 경험
할 수 있고, 이는 광고 효과의 감소로 이어질 수 있다.

매체 동시 이용의 증가가 광고 전략에 지니는 함의는 무엇일까?

첫째, 광고 메시지 난이도를 적절히 조정해야 할 필요성이 있음을 시사한다. 멀티태스킹을 하지 않는 상황에서는 인지적 자원이 풍부한 상황이기 때문에 복잡한 메시지도 처리 가능하지만, 멀티태스킹 상황에서는 하나의 메시지를 처리하는 데 있어 가용한 인지적 자원이 줄어들기 때문에 메시지가 복잡해지면 정보 처리를 제대로 하지 못할 수 있다. 따라서 광고 크리에이티브 관점에서 매체 동시 이용의 증가는 광고 크리에이티브가 간결해야 함을 의미한다.

둘째, 이러한 매체 동시 이용 및 멀티태스킹의 증가는 통합적 마케팅 커뮤니케이션(IMC)의 중요성이 더 커질 수 있음을 시사한다. 통합적 마케팅 커뮤니케이션은 광고, 판매촉진, PR 등 다양한 커뮤니케이션 수단들의 전략적인 역할을 비교/검토하여, 최대의 커뮤니케이션 효과를 거둘 수 있도록 이들을 통합하는 총괄적인 계획의 수립과정이다(안광호, 이유재, 유창조, 2011). 통합적 마케팅 커뮤니케이션은 강력하고 통일된 브랜드 이미지 형성을 위해 각 마케팅 커뮤니케이션 도구들에 대한 조정 및 통합이 필요한데, 이는 매체 동시 이용 및 멀티태스킹 상황에서 더욱더 유용할 수 있다.

매체 동시 이용 상황에서는 광고 메시지에 대한 관심과 주의가 감소하기 때문에 각 마케팅 커뮤니케이션 메시지끼리의 통합이 이루어지지 않을 경우 동일한 캠페인 메시지임을 인지하지 못할 가능성이 높고, 따라서 캠페인의 효과가 감소할 가능성이 높다. 따라서 캠페인 효과의 극대화를 위해서는 통합적 마케팅 커뮤니케이션이 필요하다. 예를 들어, TV로 본 광고를 배너광고로 보았을 때 두 광고가 동일한 브랜드의 동일한 광고인 것을 쉽게 인지할 수 있게 메시지 크리에이티브의 조정과 통합이 필요하다.

셋째, 매체 동시 이용의 증가는 광고 크리에이티브 전략뿐만 아니라 매체 전략 차원에서도 함의를 가질 수 있는데, 이는 매체 동시 이용의 증가가 반복광고의 효과 증가(wear-in)와 효과 감소(wear-out)에 영향을 미칠 수 있기 때문이다. 반복광고의 효과 증가(wear-in)라고 함은 광고의 반복적 노출에 따라 효과가 발생하기 시작하는 상황을 의미하며, 효과 감소(wear-out)는 광고의 지속적 노출에 따라 효과가 정체되거나 반감되는 상황을 의미한다. 초기에는 반복광고가 효과를 증가시키는 양상(wear-in)을 보이다가 반복이 일정 수준을 넘어가게 되면 반복광고가 효과를 감소시키는 양상(wear-out)을 보이게 된다.

매체 동시 이용으로 인해 효과 증가(wear-in)와 효과 감소(wear-out)가 발생하는 광고 노출 빈도가 변화할 수 있다. 즉, 매체 동시 이용 상황에서는 광고에 충분한 관심을 기울이지 못하게 되기 때문에 긍정적 반응이 시작되는 광고 노출 빈도도 올라가게 되고, 부정적 반응이 시작되는 광고 노출 빈도 역시 증가할 수 있다. 즉, 매체에 집중할 경우 반복광고에 쉽게 지루함을 느끼게 될 수 있지만, 매체 동시 이용을 할 경우에는 반복광고에 쉽게 지루함을 느끼지 않기 때문에 반복 노출이 더 필요할 수 있다. 이는 다시 말해 유효 반응을 이끌어 내기 위한 광고 빈도가 매체 동시 이용이 증가하면서 더 커질 수 있음을 시사한다. 따라서 매체 동시 이용 및 멀티태스킹의 증가는 광고 빈도 전략에 있어서도 중요한 함의를 지닐 수 있다.

흥미로운 점은, 매체 동시 이용 및 멀티태스킹을 할 경우 광고 효과가 반드시 감소하는 것은 아니라는 점이다. 많은 연구 결과에 따르면, 매체 동시 이용 및 멀티태스킹을 할 경우 광고에 대한 주목도가 감소하기 때문에 효과가 감소할 수 있는 가능성도 있지만, 반대로 광고에 대한 비판적 수용 역시 감소하기 때문에 광고 효과가 증가할 수 있다고 설명한다(Jeong & Hwang, 2016). 예를 들어, 광고에 집중할 경우 광고 크리에이티브가 우수한 광고가 더 설득적인 반면, 광고 품질이 낮을 경우 비판 및 반박에 직면할 수 있다.

하지만 매체 동시 이용 및 멀티태스킹으로 인해 광고에 집중하지 못할 경우 품질이 낮은 광고에 대한 비판 및 반박이 약화되면서 쉽게 수용되기도 한다. 이는 비판 및 반박에도 인지적 자원이 필요한데, 매체 동시 이용의 상황에서는 이러한 인지적 자원이 충분하지 않기 때문에 반박이 억제되는 효과가 있을 수 있다. 실제로 미디어 멀티태스킹의 효과를 메타 분석한 연구 결과(Jeong & Hwang, 2016)에 따르면, 멀티태스킹은 정보의 이해 혹은 기억 등은 감소시키는 반면, 정보의 수용과 같은 태도 변화에는 오히려 긍정적인 효과가 있음이 발견되었다. 이러한 연구 결과는 매체 동시 이용과 미디어 멀티태스킹이 광고 효과에 미치는 영향이 항상 부정적이지는 않다는 점을 시사한다.

또 다른 주목할 만한 점은 모든 매체 동시 이용 혹은 멀티태스킹의 효과가 동일한 것은 아니라는 것이다. 예를 들어, TV-모바일 매체 동시 이용의 효과와 오디오-모바일 매체 동시 이용의 효과가 매우 상이할 수 있다. 이는 미디어 멀티태스킹의 조합은 다양한 차원의 요소들로 구성되어 있기 때문이다. 미디어 멀티태스킹이 정보 처리에 미치는 영향은 여러 요소에 의해 설명될 수 있는데, 이를 잘 정리해 놓은 모형이 왕과 동료 연구자들(Wang, Irwin, Cooper, & Srivastava, 2015)의 미디어 멀티태스킹의 인지적 차원 모형이다. 왕과 동료 연구자들은 총 10개의 요소를 제시하는데, 이 중 광고 관련 실무적 함의가 가장 높은 요소로는 감각 공유, 과업 간 관련성, 그리고 사용자 통제성을 들 수 있다.

첫째, 감각 공유는 동시 이용 매체가 요구하는 감각이 서로 겹치는지 아닌지를 가리키는 개념이다. 동시 이용 매체가 요구하는 감각기관이 청각인지 혹은 시각인지에 따라 감각적 간섭은 높게 발생할 수도 혹은 낮게 발생할 수도 있다. 예를 들어, 인스타그램 게시물을 보면서 라디오를 듣는 경우는 각각 시각과 청각을 사용한다는 점에서 감각 공유가 발생하지 않는 상황이다. 반면에, 인스타그램 게시물을 보면서 음 소거를 해 놓고 TV를 시청하는 경우는 두 행위 모두 시각을 사용한다는 점에서 감각 공유가 발생하게 되는 상황이다. 이렇게 감각 공유가 발생했을 때는 감각 간섭이 발생하면서 한 매체를 이용하는 동안 다른 매체에서 전달되는 메시지를 놓치게 된다.

따라서 감각적 간섭이 발생하게 되면서 정보 손실이 더 많이 발생하게 되는 것이다. 반면, 감각 공유가 없을 경우에는 시각 매체를 이용하면서, 동시에 청각 매체 메시지를 받아들일 수 있다는 점에서, 정보 손실이 발생할 가능성이 줄어든다고 할 수 있다. 그렇다면 이러한 감각적 간섭이 광고 전략에 시사하는 점은 무엇일까? 매체 이용에 있어 시각이 가장 기본적으로 많이 사용된다는 것을 감안했을 때, 시각은 이미 타 매체 이용에 이용되고 있을 가능성이 높으므로 광고 메시지 전달에 있어 청각적 요소를 적절히 이용할 필요가 있다. 즉, 핵심 메시지나 브랜드명을 오디오로 전달함으로써 매체 동시 이용으로 인해 시각을 이용할 수 없는 소비자들에게 청각 신호를 통해서라도 메시지를 전달할 필요가 있는 것이다.

둘째, 과업 간 관련성도 중요한 요소가 될 수 있다. 과업 관련성이란 동시 이용하고 있는 미디어에서 전달되는 메시지 내용 사이에 얼마나 높은 관련성이 있는지를 다룬다. 예를 들어, 모바일 뉴스를 읽으면서 동일한 주제의 TV 뉴스를 시청하는

03 언택트 시대의 매체 이용과 광고 크리에이티브

경우는, 모바일 뉴스를 읽으면서 다른 주제의 TV 뉴스를 시청하는 경우에 비해, 과업 관련성이 높다. 또한 TV와 모바일에서 동일한 광고에 노출되는 경우가 두 매체에서 서로 다른 광고에 노출되는 경우에 비해 과업 관련성이 높다고 할 수 있을 것이다. 관련성이 높은 경우는 관련성이 낮은 경우에 비해 정보 손실이 감소할 수 있다. 이는 제한된 인지적 자원을 넘어서는 양의 정보가 제공될 경우 사람들은 이 모든 정보를 동시에 처리할 수 없기 때문에 정보 손실로 이어지게 되는데, 관련성이 높은 경우 두 메시지 사이에 유사성이 있기 때문에 처리해야 하는 정보의 양이 줄어들 수 있다. 따라서 정보 손실이 발생할 가능성도 줄어들게 되는 것이다.

그렇다면 과업 간 관련성이 광고 전략에 시사하는 점은 무엇일까? 동시 이용 매체에서 동일한 광고가 집행된다면 정보 손실을 최소화하고 광고 효과를 극대화할 수 있다. 동기화 광고(synced advertising)의 경우 이러한 과업 간 관련성을 극대화함으로써 매체 동시 이용 상황에서 특히 적절한 광고 전략이라고 할 수 있다. 동기화 광고란 개인화된 모바일 커뮤니케이션의 한 형태로, 모바일 기기에 등장하는 메시지가 소비자의 실시간 미디어 이용을 반영하여 동시에 제시되는 것을 의미한다(Segijn & Voorveld, 2020). 즉, 개인의 현재 미디어 행동을 모니터하고 관련 정보를 수집하여 사람들에게 본인의 현재 미디어 행동을 반영한 개인화된 광고를 송출하는 것이다. 예를 들어,

만약 한 개인이 TV나 라디오를 이용했다면 TV나 라디오에서 현재 광고하고 있는 동일한 브랜드의 광고가 동시에 모바일 기기에 노출되는 시스템이다. 이를 위해 워터마킹(watermarking) 등의 기법이 이용되는데, 워터마킹은 TV나 라디오의 음성을 모바일 기기에 있는 애플리케이션이 받아 이용하게 되는 기법을 의미한다. 동기화 광고는 네덜란드 등에서 실제로 사용되고 있는 광고 기법이다.

셋째, 사용자 통제성은 과업을 수행하는 데 있어 수용자가 미디어 이용의 속도나 순서를 얼마나 통제할 수 있는가를 의미한다. 예를 들어, 실시간 방송의 경우 미디어 이용자가 속도나 순서를 통제할 수 없다는 점에서 사용자 통제성이 낮은 반면, VOD 방송의 경우 이러한 것들을 조절할 수 있다는 점에서 사용자 통제성이 높다. 매체 동시 이용의 경우에 이를 확장시켜 생각해 보자면, 두 매체 모두 사용자 통제성이 높을 경우에 사용자 통제성이 가장 높게 되고, 한 매체에만 사용자 통제성이 있을 경우에 사용자 통제성은 중간 수준, 그리고 두 매체 모두에 사용자 통제성이 없을 경우에는 사용자 통제성이 가장 낮게 된다. 예를 들어, TV 실시간 방송과 유튜브 라이브 방송을 동시에 보는 경우는 어떤 매체도 일시 정지를 할 수 없기에 사용자 통제성이 가장 낮고, TV 실시간 방송과 유튜브 동영상을 동시에 볼 경우는 유튜브 동영상을 일시 정지할 수 있으므로 사용자 통제성이 중간 정도이며, TV VOD와 유튜브 동영상을 동시에 이용할 경우에는 둘 다 일시 정지를 하고 앞뒤로 왔다 갔다 할 수 있으므로 사용자 통제성이 가장 높다고 말할 수 있다.

매체 동시 이용 상황에서 사용자 통제성의 중요성은 더욱더 커지게 된다. 이는 사용자 통제성이 매체 동시 이용이 가져올 수 있는 인지 과부하 상황을 줄여 결국 정보 손실을 줄여 줄 수 있기 때문이다. 미디어 이용자들은 일시 정지 등의 기능을 이용하여 이용 매체를 정지한 후 다른 매체에 관심을 기울일 수 있는 것이다. 예를 들어, TV와 유튜브 콘텐츠를 이용하는 상황에서 어느 한쪽에 더 집중하고 싶다면 다른 쪽을 멈추고 한쪽에 집중할 수 있다. 따라서 사용자 통제성이 높은 경우는 매체 동시 이용이 가져올 수 있는 정보 손실이 적게 발생하게 된다.

그렇다면 사용자 통제성이 광고 전략에 시사하는 점은 무엇일까? 우선 광고가 삽입되는 매체/콘텐츠가 사용자 통제성이 높은 매체인가 아니면 낮은 매체인가에 따라 광고 전략이 달라질 수 있다. 보다 구체적으로, 사용자 통제성이 높은 매체의 경우에 수용자들이 메시지를 처리할 수 있는 인지적 자원이 충분할 가능성이 높기 때문에 정보의 난이도가 높은 메시지를 전달하는 것이 무방하다. 하지만 사용자 통제성이 낮은 경우에 메시지의 난이도를 조절할 필요가 있다. 즉, 사용자 통제성이 낮은 경우 정보 손실이 늘어날 가능성이 높기 때문에 메시지 난이도를 낮추어, 손실이 어느 정도 발생하더라도 쉽게 이해할 수 있도록 광고를 제작할 필요가 있다는 것이다.

지금까지는 매체 동시 이용으로 인한 정보 처리의 방해와 그에 맞춘 광고 전략에 대해 주로 설명했다. 하지만 매체 동시 이용이 정보 처리의 방해를 가져오기도 하지만, 검색이나 공유를 통해 정보 처리를 촉진시키기도 한다. 따라서 매체 동시 이용이 가져오는 검색이나 공유가 광고와 관련해서 가지는 함의를 생각해 볼 필요가 있다.

매체 동시 이용 및 멀티태스킹을 할 경우 추가적인 정보의 검색 및 공유 행위가 활발해질 수 있다. 예를 들어, TV를 보면서 PC 또는 모바일 인터넷을 이용할 경우, TV 광고를 접하고 제품에 대해 더 많은 정보를 얻기 위해 인터넷 검색을 할 수 있고 그 내용을 주변 사람들에게 공유할 수 있다.

2017년 정보통신정책연구원 보고서(KISDI STAT Report; [그림 3-12])에 따르면, 모바일 인터넷을 이용하면서 다른 매체를 동시에 이용하는 경우가 빈번한데, 그중 대표적인 행위는 통화, 채팅/메신저, 정보 콘텐츠 이용 등으로 나타났다. 다시 말해, TV를 보면서 모바일 매체를 이용할 때 사회적으로 정보를 공유하는 행위(예: 통화 및 채팅/메신저) 또는 심층적 정보 검색 행위(예: 정보 콘텐츠 이용) 가능성이 높음을 시사한다.

이러한 정보 검색 행위는 최근 코로나19의 확산과 함께 더욱 증가하는 양상을 보이고 있다. 2020년 상반기 닐슨 미디어 리포트([그림 3-13])에 따르면, 코로나19가 확산된 기간(2020년 2~4월)에는 뉴스와 같은 정보 콘텐츠 이용자 수와 이용 시간이

03 언택트 시대의 매체 이용과 광고 크리에이티브

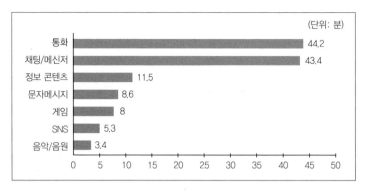

[그림 3-12] 스마트폰 매체 동시 이용 시간

출처: 정보통신정책연구원(2017), p. 4.

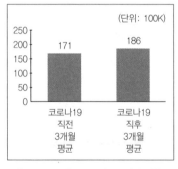

[그림 3-13] 코로나19 기간 전후       [그림 3-14] 코로나19 기간 전후
　　　　　뉴스 이용자 수　　　　　　　　　　뉴스 평균 이용 시간

출처: 닐슨미디어코리아(2020), p. 60.

증가하는 경향이 확인되었다.

　이와 같은 매체 동시 이용과 정보 콘텐츠 이용의 증가가 광고 크리에이티브에 지닌 함의는 무엇일까? 우선 광고에서 검색과 공유를 자극하는 메시지를 추가할 수 있을 것이다. 실제로 현재 집행되고 있는 많은 TV 광고들에서 소비자의 검색을 유도하는 메시지(예: 초록창에서 검색해 보세요) 또는 공유와 참여를 유도하는 메시지(예: 노란톡방에 참여해 보세요)를 넣은 광고들이 집행될 수 있다.

그리고 실제로 이러한 메시지는 소비자의 검색 및 참여를 증가시킬 수 있다. 또한 인터넷 업체들은 이러한 메시지를 넣은 경우, 메시지 노출 단가에 해당하는 온라인 광고를 무료로 집행할 수 있게 하는 크로스미디어 광고 전략을 사용할 수 있는 것이다. 게다가 TV-모바일 매체 조합은 매체 동시 이용이 가장 빈번히 발생하는 조합이라는 것을 고려했을 때, TV-모바일 통합 캠페인을 전략적으로 사용할 필요가 있다. 예를 들어, 2017년 대한항공이 집행했었던 "나의 스페인행 티켓" 캠페인이 대표적 사례라고 할 수 있다.

지금까지 광고 전략은 대부분 소비자 '개인'에게 현재 주어진 광고 메시지의 정보를 가지고 소구하고 설득하는 방식을 위주로 진행되어 왔다고 볼 수 있다. 하지만 최근 미디어 이용자들의 정보 검색과 공유 행위가 활발해짐으로써 소비자가 속한 '사회적 네트워크'가 중요해질 것이라고 볼 수 있다. 따라서 광고 전략 역시 소비자들이 주어진 광고 메시지를 그대로 수용하기보다 사회적으로 공유하고 정보를 검색하면서 더 비판적으로 검증할 가능성을 염두에 두어야 한다.

03 언택트 시대의 매체 이용과 광고 크리에이티브

**김동후**(중앙대학교 광고홍보학과 교수)

    코로나 바이러스 감염증(코로나19)의 광범위하고 급격한 확산과 장기화는 사회 전반에 큰 영향을 미치고 있다. 코로나19의 높은 전염성은 대면 접촉을 지양하고 외부 활동을 자제하는 방식으로 사람들의 일상을 바꾸고 있는데, 이에 기반하여 '언택트(untact)' 문화가 급속도로 자리 잡고 있다.

    가상현실, 증강현실, 인공지능, 소셜 미디어, 무인점포 같은 디지털 기술들은 일상생활 속에서 기술이 사람을 대체할 가능성을 지속해서 보여 주었다. 많은 학자와 실무자들은 편의성과 효율성 등에 초점을 맞추어 이러한 기술들의 잠재력을 파악하고자 노력해 왔다. 이 장에서는 이와 같은 상황을 고려해 언택트 시대의 소비자들이 어떻게 소비 행동을 하고 일상생활을 어떻게 영위해 가는지 분석해 보고자 한다.

## 언택트 문화와 소비자

언택트 기술은 이미 사람들의 일상 속에서 자리 잡고 있다. 〈표 4-1〉에서 언택트 서비스의 종류와 주요 기술을 확인할 수 있다(전승화, 김정호, 2020, p. 99).

**〈표 4-1〉 언택트 서비스의 종류 및 주요 기술**

| 분류 | 서비스 종류 | 주요 기술 |
|---|---|---|
| 비대면, 비접촉 서비스 | 화상 회의 | 클라우드, 기업용 소프트웨어 |
| | 원격 의료 | 클라우드, 빅데이터, 인공지능, 사물인터넷, 가상, 증강현실 |
| | 온라인 교육 | 클라우드, 기업용 소프트웨어 |
| | 온라인 쇼핑 | 결제솔루션, 가상현실, 인공지능(상담, 추천), 클라우드 |
| | 온라인 게임 | 클라우드, 인공지능(딥러닝), 가상, 증강현실, 빅데이터 |
| | 동영상 스트리밍 | 인공지능(추천, 동작인식), 클라우드, 빅데이터 |
| | 소셜 서비스 | 빅데이터, 인공지능, 가상, 증강현실, 블록체인, 클라우드 |
| | 스마트 팩토리 | 산업용 사물인터넷, 빅데이터, 인공지능, 가상, 증강현실 |
| | 테크핀 | 인공지능, 빅데이터, 블록체인, 클라우드 |
| | 프롭테크 | 빅데이터, 인공지능, 가상, 증강현실, 클라우드, 블록체인 |
| 무인 서비스 | 무인매장 | 센서, 인공지능, 결제솔루션, 실시간위치추적시스템 |
| | 무인식당, 카페 | 로보틱스, 인공지능(추천, 안면인식), 클라우드 |
| | 드론 배송 | 드론, 인공지능(영상인식), 빅데이터, 사물인터넷 |
| | 자율주행자동차 | 인공지능, 사물인터넷, 클라우드, 커넥티드 카, 빅데이터 |

04 언택트 시대의 소비자 행동에 대한 이해

선행연구에서는 언택트 서비스가 생산성과 효율성 측면에서 소비자들에게 새로운 활력소를 제공할 수 있을 것으로 예상했다. 예를 들어, 최근 한국에서 소개되어 활성화되고 있는 서빙 로봇이나 로봇 바리스타 등의 무인 서비스는 소비자들에게 새로운 관심거리를 제공할 뿐만 아니라 경제성이나 서비스 효율성 측면에서도 호평을 받고 있다.

이러한 새로운 기술이 소비자들에게 받아들여지는 과정을 설명하는 이론으로 가장 많이 사용되는 이론 중의 하나가 데이비스(Davis, 1989)에 의해 제안된 기술 수용 모델(Technology Acceptance Model: TAM)이라고 할 수 있다. TAM의 기본 전제는 인지된 유용성(perceived usefulness)과 인지된 이용 용이성(perceived ease of use)이 사람들의 새로운 기술에 대한 태도(attitude)와 의도(intention)에 영향을 주고, 이를 통해 기술을 받아들이게 된다는 것이다. 간단히 말하자면, 이용자가 새로운 기술이 자신에게 유용하다고 인지하고 새로운 기술을 사용하는 것이 어렵지 않다고 인지한다면, 새로운 기술에 대한 호의적 태도가 생기고 사용 의도가 높아진다는 것이다. TAM은 사람들의 행동이 합리성에 기반했다는 것에서 출발하여 그들의 행동을 예측하는 데 효과적이라고 알려져 있다.

이러한 측면에서 TAM은 디지털 기술에 익숙한 밀레니얼 세대가 언택트 서비스를 쉽게 받아들이고 잘 활용했다는 현상을 설명하는 데 유용하다. 박현길(2019)에 따르면, 현대카드와 현

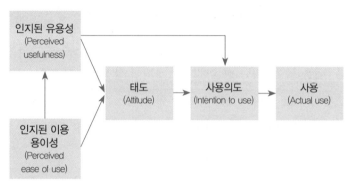

[그림 4-1] 기술 수용 모델(TAM)

대 캐피탈 매출 자료 분석 결과, 언택트 서비스 제공 가맹점의 매출이 5배 이상 급증했는데, 그중 20대의 결제 금액이 28.4%에 이른다고 한다. 20대의 소비력이 다른 세대에 비해 크지 않은 점을 감안할 때, 20대가 언택트 문화를 받아들이는 데 앞장서고 있음을 유추할 수 있다. 20대가 새로운 기술의 유용성을 다른 세대에 비해 더 잘 인지하고, 더 쉽게 이용하는 특징이 있음을 생각해 보면, 유용함과 이용성이 대중에게 혁신적 기술을 전파하는 데 큰 역할을 할 수 있음을 알 수 있다.

디지털 기술과 관련해서 세대를 나누는 기준으로 많이 사용되는 개념이 디지털 원주민(digital native)과 디지털 이민자(digital immigrant)의 개념이다(Prensky, 2001). 디지털 원주민 세대는 디지털 환경하에서 성장을 해 왔기 때문에 다양한 디지털 기술과 언어를 사용하는 데 무리가 없는 세대를 지칭한다. 반면, 디지털 이민자는 성장 과정 중에서 디지털 문화를 접하

04 언택트 시대의 소비자 행동에 대한 이해

고 기술을 습득했기 때문에 디지털 원주민에 비해 디지털 기기를 사용하는 데 어려움을 겪는다. 디지털 원주민은 멀티태스킹에 능숙하고 여러 정보를 빠르고 쉽게 받아들인다.

디지털 문화와 언어는 앞서 말한 언택트 문화가 밀접하게 연관되어 있으므로 젊은 세대가 언택트 기술과 문화를 쉽게 받아들이는 것은 자연스러운 일이다. 혁신적 아이디어나 제품들이 세대별로 다른 속도로 전파되는 현상은 여러 요인으로 해석이 가능하지만, 사람들의 성장 배경이나 세대의 문화로 이해할 수 있는 부분도 상당하다. 그렇기 때문에 기존의 언택트 기술이나 문화가 전 세대에 걸쳐 급속도로 전파되지 않고, 특정 세대를 중심으로 받아들여지고 있는 것은 자연스러운 일이었다. 이 때문에 디지털 원주민의 비중이 점차 커지는 현 상황에서 새로운 디지털 기술과 접목되어 있는 언택트 문화가 대세적인 주류 문화로 발전할 것이라는 예측은 타당성이 높다.

여기에 덧붙여, 코로나19는 '사회적 거리두기' 확산을 통해 언택트 문화와 서비스를 사회 전반으로 활성화시키고 있다. 새로운 기술에 적응하는 시간이 상대적으로 늦은 세대들 또한 새로운 기술을 받아들여야만 하는 환경적 요인에 노출되고 있는 것이다. 이러한 외부의 환경적 요소들은 이전에는 발견할 수 없는 것들로, 이러한 여건들로 인해 소비자들은 언택트 기술에 자의 반 타의 반으로 점차 익숙해지고(혹은 익숙해져야만 하고), 그로 인해 언택트 기술이 제공할 수 있는 경비 절감과 가격 인하 등의 혜택을 이해할 기회를 가질 수 있다. 연구 결과들은 소비자들의 언택트 기술의 사용 증대는 결국 언택트 기술에 대해 긍정적 태도를 형성하게 된다는 점을 강조했다(김동준 외, 2020).

이 때문에 언택트 기술과 문화의 장점과 발전 가능성을 강조하는 예측들이 많이 나오고 있다. 이준영(2020)은 그의 책 『코로나가 시장을 바꾼다』를 통해 코로나 시대의 몇 가지 소비자 트렌드 키워드를 제시하였는데, 이 트렌드들은 언택트 문화와 밀접하게 관련되어 있다. 그가 제시하는 키워드는 홈코노미(Homeconomy), 언택트 디지털 트랜스포메이션(Untact digital transformation), 멘탈데믹(Mental demic), 로컬리즘(Localism), 코로나 디바이드(Corona Divide), 코로나 패러독스(Corona Paradox), 코로나 리세션(Corona Recession)인데, 이 중 홈코노미와 언택트 디지털 트랜스포메이션은 언택트 서비스와 기술을 잘 나타냈다.

홈코노미란 홈(Home)과 이코노미(Economy)의 합성어로, 대외 활동이 경직되면서, 집 안에서 이루어지는 소비의 비중이 커지는 현상을 의미한다. 사회적 거리두기로 인해 외식보다 배달 음식을 이용하고, 영화관을 방문하기보다 넷플릭스 등의 OTT(Over The Top) 미디어를 이용하는 비중이 증가했다. 이 때문에 기존에는 배달 앱이나 OTT 미디어를 잘 사용하지 않던 소비자들이 외부적 요인에 의해 신기술의 유용성을 인지하고,

이용 용이성을 높이기 위해 노력한다. 중장년 세대들이 넷플릭스를 이용하고, 유튜브와 같은 새로운 미디어를 사용하는 것은 이제 새로울 것이 없게 되었다.

대면 접촉 기회가 차단되면서 새로운 커뮤니케이션 수단들이 많이 나타나고 활성화되기 시작했는데, 이를 언택트 디지털 트랜스포메이션이라고 한다. 비대면 커뮤니케이션 수단들이 많이 이용되는데, 줌(Zoom)을 통한 화상 미팅이나 소셜 미디어 사용의 증가는 이를 뒷받침했다. 빅데이터를 활용하는 디지털 트랜스포메이션의 가치는 산업계에서는 이미 널리 알려져 있지만, 개개인의 삶에서도 이제 디지털 미디어를 통한 커뮤니케이션의 활성화는 실현되고 있다. 실제로 연말 모임을 할 수 없

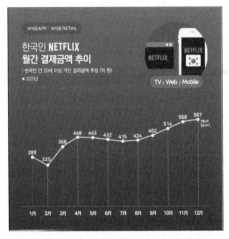

[그림 4-2] 한국인 넷플릭스 이용 추이

출처: 유승목(2021).

는 상황에서 온라인 미디어를 통해 망년회나 신년회를 하는 경우도 있다고 할 정도로 디지털 트랜스포메이션은 일반적인 현상이 되었다.

이와 유사하게 전승화와 김정호(2020)는 코로나 시대의 새로운 기술의 확대를 혁신의 확산 이론(Diffusion of innovation theory)을 통해 설명하였다. 로저스(Rogers, 1962)에 의해 제시된 이 이론은 사람들이 혁신적인 아이디어를 얼마나 빨리 채택하는지를 나타내는 혁신 성향에 따라 사람들을 범주화하고, 그들의 영향력을 토대로 혁신적 아이디어가 사회 전체로 전파되는 양상을 설명하였다. 혁신 성향을 바탕으로 사회 구성원들은 혁신가(innovator), 초기 수용자(early adopter), 초기 다수자(early majority), 후기 다수자(late majority), 지체 수용자(laggard)의 다섯 범주로 나뉜다.

혁신의 확산 이론에서는 초기 수용자의 역할이 상당히 큰데, 이들은 새로운 아이디어를 남들보다 빨리 받아들이는 부류의 사람들을 지칭한다. 초기 수용자의 역할에 대해서는 다양한 의견들이 존재하지만, 일반적으로 초기 수용자가 새로운 아이디어에 대한 정보를 전달하고, 초기 다수자나 후기 다수자의 혁신 아이디어 수용에 영향을 주는 것으로 알려져 있다. 초기 다수자나 후기 다수자들은 혁신 아이디어에 대한 확신이 없기 때문에 그 아이디어를 먼저 받아들인 초기 수용자의 의견이나 평가에 의존하는 경우가 많고, 초기 수용자의 구전(word-of-

04 언택트 시대의 소비자 행동에 대한 이해

mouth)은 대다수 사람의 혁신 아이디어 수용에 상당한 영향을 미쳤다(Frattini et al., 2014).

특히 초기 수용자와 초기 다수자 사이에는 캐즘(chasm)이 존재하는데, 이 캐즘을 넘지 못하면 혁신 아이디어들은 사회 전체로 전파되지 못하고 사라지게 된다. 사실, 많은 혁신 아이디어 혹은 혁신적인 제품들이 이 캐즘을 넘지 못하고 시장에서 사라지는 경우가 많다. 예를 들어, 2000년 초반에 스마트폰의 원조격이라고 할 수 있는 PDA폰이 출시되었을 때, 그 혁신성으로 인해 많은 소비자가 관심을 가졌었다. 하지만 기술의 혁신성은 뛰어났지만, 당시 소비자들의 니즈와는 괴리가 있었고 대중적인 상품으로 자리매김하는 데는 실패했다. 초기 수용자와 초기 다수자 사이에 존재하는 캐즘을 극복하지 못했던 것이다.

전승화와 김정호(2020)는 코로나19의 상황이 언택트 기술과 서비스가 이 캐즘을 넘어서는 데 큰 역할을 했다고 진단했다. 혁신적 기술, 즉 AI나 사물인터넷, OTT 미디어 등은 캐즘을 막 넘으려 하는 단계에 있었는데, 코로나19로 인해 그러한 서비스의 가치가 급속도로 조명되고 사람들이 관심을 가지게 되면서 초기 수용자들의 정보 전달에 의존하는 것이 아니라, 생활 속에서 사람들 자신의 니즈가 창출되어 폭발적인 수용이 이루어진 것이다. 실제로 온라인 쇼핑의 경우 코로나19 이후 유통 부분에서 차지하는 비중이 급속하게 증가하였다. 2013년 전체 소매유통에서 11% 정도를 차지하던 온라인 쇼핑이 코로나19 상황이 발생한 2020년을 기점으로 33%로 증가하였고, 온라인 쇼핑 내에서도 인터넷(32.5%)보다 모바일을 통한 쇼핑(67.5%)이 2배 이상으로 그 격차가 점차 더 커지고 있는 상황이다(김광석, 2020).

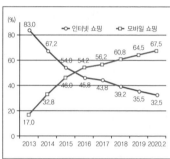

[그림 4-3] 전체 도소매 판매액 대비 온라인 쇼핑 거래액 비중 기준(왼쪽),
판매 매체별 온라인 쇼핑 거래액 비중(오른쪽)

출처: 김광석(2020).

　　이러한 현상들은 특정 상황에서만 국한되어 나타나는 것이 아니라, 사회 전반으로 급속도로 나타나고 있다는 점이 흥미롭다. 코로나19 이전에는 재택근무나 화상회의 등은 일부의 업체에서만 사용이 되는 방식이었는데, 코로나19를 통해 재택근무, 화상 수업 등은 이제 자연스럽게 받아들여졌다. 외부적 요인이 새로운 문화와 기술을 사회에 급격하게 전파시키고 있다는 점은 자세히 살펴볼 필요가 있는 부분이다.

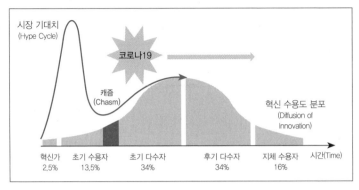

[그림 4-4] 코로나19의 혁신확산에 대한 영향력

출처: 전승화, 김정호(2020).

## 언택트 문화의 긍정적 요인

소비자들의 언택트 기술과 문화에 대한 자연스러운 수용과 확산이 이루어지고 있는 양상이 관찰되면서, 많은 사람이 언택트 문화가 우리 사회에 미칠 긍정적 요인들에 대해 초점을 맞추고 장밋빛 예상들을 선보이고 있다. 송호철(2020)은 언택트 문화가 제공할 수 있는 차별적 특징을 다음과 같이 제시하였다.

• 언택트는 정보통신기술 분야의 획기적인 발전을 야기할 수 있을 것으로 예측했다. 디지털 트랜스포메이션이 활성화되면서 클라우드나 5G 기술들이 실생활에서 사용되고 있고, 각종 응용 기술에 대한 소비자 니즈가 정보통신기술

의 발전을 가속화시킬 수 있다는 것이다. 소비자와의 직접 대면 접촉 비중이 줄면서 소비 활동이 온라인으로 이루어지게 되면, 소비자의 소비 행태를 기록하는 데이터들이 축적되고, 이를 활용하는 다양한 마케팅 활동들을 선보일 수 있다. 또한 디지털 서비스 만족도를 높일 수 있는 빠른 통신 속도나 좀 더 사용이 용이한 플랫폼 등의 개발이 촉진될 수 있다.

- 각종 커뮤니케이션 기기들의 활용을 통해 소비자들은 더 많은 정보를 획득할 수 있고, 이로 인해 정보 비대칭성이 완화될 수도 있다. 정보 비대칭성이 완화가 되면 소비자들은 그들이 구매하고자 하는 제품이나 서비스에 대한 정보를 더 많이 가지게 되고, 이를 통해 제품이나 서비스를 제공하는 기업과 브랜드에 직접적인 커뮤니케이션 활동을 진행할 수 있다. 더 다양한 소비자 피드백이 기업들에게 전달될 수 있고, 이는 종국에는 소비자 만족도에 긍정적 영향을 미칠 수 있다. 진화하는 소비자들의 역할에 대한 기대감도 증가하고 있는데, 디지털 미디어의 확산과 더불어 언택트 문화가 소비자들을 더욱 스마트하게 변모시킬 것으로 예상했다. '체험을 통해 구매하는 소비자(trysumer)이자, 체험과 관련된 자신의 이야기를 적극적으로 알리는 소비자(storysumer), 자신의 취향에 맞게 제품 개발을 유도하여 생산에 직접 참여하는 소비자(prosumer), 자신만

의 방식으로 제품을 재창조하는 소비자(modisumer), 때로는 새롭게 창조하는 소비자(cresumer)'는 디지털 시대 안의 언택트 문화 속 소비자의 역할을 잘 설명하였다(최환진 외, 2016, p. 26).

- 비대면 커뮤니케이션이 활성화되면서 대면 접촉으로 야기될 수 있는 비용에 대한 절감 혜택이 있을 수 있다. 새로운 기술이나 문화를 도입하는 것에 보수적인 기업이 코로나19 사태를 통해 언택트 기술의 비용 절감 같은 이점을 파악하고, 이를 새로운 도입 계기로 활용한다면 전반적 산업 구조의 개편이 이루어질 가능성도 존재한다.
- 소비자들이 디지털 기반의 공유 경제에 대한 관심을 가지게 되고 물리적 거리두기를 직접 경험함으로써 언택트 소비나 문화에 대한 경험을 했다는 점이 중요하다. 소비자 경험은 새로운 문화 수용을 촉진할 수 있고, 이를 통한 관련 산업의 성장을 기대할 수 있다.

비록 코로나19라는 특수한 상황에서 언택트 문화가 주목을 받기 시작했지만, 언택트 문화 자체는 기존 사회의 구조와 세대의 변화 안에서 이미 발현되기 시작했다고 보는 것이 더 타당하다. 1인 가구가 급증하고, 디지털 원주민이나 밀레니얼 세대늘이 사회의 수류로 성장하기 시작하면서, 전통적 방식의 커뮤니케이션과 다른 형태의 커뮤니케이션 문화가 이미 우리 사회에서 자리매김했다. 지난 5년간의 통신 데이터를 분석해보면, 직접 통화보다 문자 메시지, 데이터 전송 등의 간접 접촉을 선호하는 경향이 뚜렷한데(박현길, 2019), 이는 대화 당사자들이 직접 목소리를 듣고 이야기하는 것보다 문자나 이모티콘 등을 통해 간접적으로 소통하는 것을 더 선호한다는 점을 나타낸다.

정보통신기술진흥센터(ITTP)에서 발표한 '무인화 추세를 앞당기는 키오스크' 보고서(김용균, 2017)를 보면, 이러한 특징이 잘 나타나고 있다. 키오스크 서비스가 직원과 직접 대면하는 서비스보다 편리하다는 응답이 74%에 달했고, 특히 30대 이하의 밀레니얼 세대의 경우 87%가 '그렇다'고 응답했다. 편리한 이유로는 '대기 시간이 짧아서' 혹은 '처리 시간이 짧아서' 등 편의성 이유가 높은 비중을 차지했지만, '직원과 대면하지 않아서'나 '사람보다 기계를 더 선호해서'라는 응답도 상당 비중을 차지하고 있다. 중학생들이나 고등학생들이 서로 이야기를 하는 모습을 관찰해 보면 이는 더욱 확연히 드러난다. 같은 공간에, 같은 시간대에 모여 있으면서도 이야기하는 것이 아니라, 휴대전화나 문자로 의사소통하는 것을 볼 수 있다. 기존 세대와는 확연히 다른 문화를 이들이 가졌다는 것을 보여 주는 것이고, 이러한 문화가 주류 문화가 되는 것을 준비해야 할 시점이 다가오는 것을 인정해야 한다.

04 언택트 시대의 소비자 행동에 대한 이해

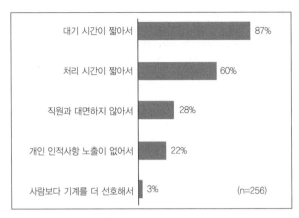

**[그림 4-5] 키오스크가 더 편리한 이유**

출처: 김용균(2017).

　밀레니얼 혹은 디지털 원주민 세대들이 가지고 있는 문화적 특성 중의 하나가 대화 상대방과 대면 접촉을 통해 커뮤니케이션하는 것보다 미디어를 매개체로 활용하는 간접적 커뮤니케이션을 선호하는 특성을 보여 주는 것이다. 이러한 세대별 특성은 단기간에 확립되는 것도 아니고, 쉽게 바뀌는 것도 아니라는 점에서 이러한 문화를 어떻게 이용하여 사회적으로 활용할 수 있는지를 살펴보는 것은 중요하다. 소비자의 변화하는 트렌드에 맞추어 그에 상응하는 기술을 선보일 수 있다는 점에서 언택트 기술이나 문화는 사회 변화에 소비자가 적응하는 방식을 알려 주는 중요한 계기가 될 수 있다.

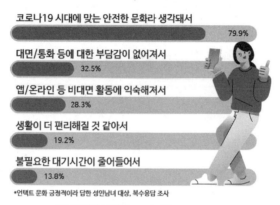

코로나19 시대에 맞는 안전한 문화라 생각돼서 **79.9%**

대면/통화 등에 대한 부담감이 없어져서 **32.5%**

앱/온라인 등 비대면 활동에 익숙해져서 **28.3%**

생활이 더 편리해질 것 같아서 **19.2%**

불필요한 대기시간이 줄어들어서 **13.8%**

*언택트 문화 긍정적이라 답한 성인남녀 대상, 복수응답 조사

**JOBKOREA** × **albamon**

[그림 4-6] 언택트 문화 긍정적인 이유 Top 5

출처: 잡코리아(2020).

    기술적인 측면과 아울러 언택트 시대 특히 코로나19가 야기한 언택트 문화는 소비자의 삶과 가치 측면에서도 큰 영향을 주었다. 사회적 거리감이 강조되면서, 대외 활동보다 집에 머무는 시간이 길어지면서, 소비자들은 가족에 대한 생각과 일상의 소중함, 건강 등의 문제에 더 많은 관심을 두게 되었다. 한국리서치의 조사 결과는 가족과 보내는 시간이 많이 증가함에 따라 집안일에 신경을 더 쓰게 되고, 자기 계발 및 미래를 준비하는 데 노력을 기울이게 되었다는 소비자의 변화 양상을 보여주었다.

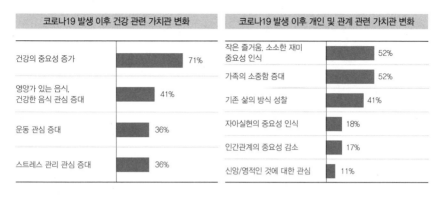

| 코로나19 발생 이후 건강 관련 가치관 변화 | | 코로나19 발생 이후 개인 및 관계 관련 가치관 변화 | |
|---|---|---|---|
| 건강의 중요성 증가 | 71% | 작은 즐거움, 소소한 재미 중요성 인식 | 52% |
| 영양가 있는 음식, 건강한 음식 관심 증대 | 41% | 가족의 소중함 증대 | 52% |
| 운동 관심 증대 | 36% | 기존 삶의 방식 성찰 | 41% |
| 스트레스 관리 관심 증대 | 36% | 자아실현의 중요성 인식 | 18% |
| | | 인간관계의 중요성 감소 | 17% |
| | | 신앙/영적인 것에 대한 관심 | 11% |

| 코로나19 발생 이후 개인/가족의 미래 관련 가치관 변화 | | 코로나19 발생 이후 환경 및 사회 관련 가치관 변화 | |
|---|---|---|---|
| 나와 가족의 미래에 대한 진지한 고민 | 53% | 환경의 중요성 인식 | 58% |
| 직장/일의 중요성 증대 | 31% | 사회적 협력/공동체 중요성 인식 | 50% |
| 미래 대비 경력 개발 및 자기 계발 | 30% | 새로운 소득과 분배 제도 관심 (기본 소득 등) | 34% |
| 직장/일의 중요성 감소 | 8% | 취약 계층 관심 증대 | 23% |
| | | 사회적 기여 중요성 인식 증대 | 22% |

[그림 4-7] **일상생활 및 삶의 가치 변화와 전망**

출처: 한국리서치(2020).

　　흥미로운 점은 소비자들이 코로나19 상황이 진정된 이후에
도 가족과 보내는 시간과 자기 계발에 투자하는 시간은 계속
증가할 것이라고 대답했다는 점이다. 코로나19 이후의 삶이 이
전의 삶과는 같을 수 없을 것이라는 전망이 계속되는 상황에서
이러한 조사 결과는 소비자 삶의 중심 가치가 가족과 개인으로
이동할 것을 예측하게 하고, 기존의 주류적 사회, 문화적 구조

에 근본적인 변화가 이루어질 수 있음을 시사한다.

이러한 소비자 가치의 변화는 산업에도 직접적인 영향을 주었다. 건강에 대한 관심이 높아지면서 면역력을 강조하는 건강보조식품(예: 홍삼가공식품)이 높은 소비자 만족도를 기록했으며, 불안 심리의 증가로 인해 안전에 대한 욕구가 증가하여 친환경적 제품에 더 많은 관심을 보이고 있다. 가정 내 활동 시간의 증가는 가전제품 판매를 촉진하는 역할을 했다. 소비자 가치의 변화는 그들이 이용하는 제품의 판매량이나 서비스 만족도에만 영향을 주는 것이 아니다. 기업의 활동은 궁극적으로 소비자의 가치와 인식 구조를 이해하고, 이에 가장 적합한 솔루션을 주는 것임을 감안하면, 기업과 소비자의 관계를 구축하고 정립하는 데 있어서 소비자 가치의 변화를 감지하는 것은 필수적이다.

코로나19로 인한 언택트 문화 아래에서 기업의 활동들 역시 변화했다. 예를 들어, 소비자들의 소비 활동 감소로 인해 기업 환경이 악화하면서 기업의 사회공헌활동(Corporate Social Responsibility: CSR)이 위축될 것이라는 예측들이 있었다. 하지만 다행스럽게도 많은 기업들이 소비자가 당면하고 있는 어려움을 공감하고, 이를 해결하기 위한 노력을 강화했다. 트위터 창업자인 잭 도시(Jack Dorsey)가 코로나 바이러스 퇴치를 위해 1억 달러를 기부하기로 했고, 빌 게이츠(Bill Gates)는 코로나 팬데믹 퇴치를 위한 최일선에서 노력했다. 영국의 많은 제조업체들이 자신들의 공장을 코로나 환자를 위한 호흡기나 의료 보호 장구, 마스크, 손 세정제 등을 생산하는 것으로 용도 변경시키거나, 기부를 위한 활동을 강화했다(He & Harris, 2020). 이동통신업체인 보더폰(Vodafone)은 사회적 거리두기가 강화되는 언택트 상황에서 소비자 편익을 위해 기존 이용자들에게 무제한 데이터를 제공하는 업그레이드 서비스를 제공하기도 했다. 맥주 브랜드인 하이네켄은 어려움을 겪고 있는 자영업자들을 돕기 위해 영업이 정지된 가게들을 옥외광고 매체로 활용하는 독특한 캠페인(shutter ad campaign)을 진행하기도 했다.

사회적 거리두기로 인해 강제적으로 영업이 정지된 가게들의 수익을 일부라도 보전해 주기 위해, 하이네켄은 전광판이나 버스 쉘터 등의 일반 옥외광고 예산을 변경하여, 영업 정지 중인 가게들의 창문이나 정문에 하이네켄의 광고를 게시하고 비용을 지불하는 캠페인을 진행했다. "오늘은 이 광고를 보시고,

[그림 4-8] 하이네켄 'Shutter ad campaign'

내일은 이 바에서 즐거운 시간을 보내세요(See this ad today, enjoy this bar tomorrow)" 같은 희망의 메시지를 전달함으로써 자영업자들에게는 실질적인 부가 수익을 제공하여 코로나19의 위기를 극복할 수 있도록 하면서, 소비자들에게도 코로나 위기가 곧 끝날 것이라는 믿음을 가지도록 노력했다.

정부 차원의 지원이 아닌, 산업계 내부에서 위기 극복을 위해 큰 기업이 중소기업을 비즈니스 파트너로 인식하고 상생을 위해 노력한다는 점에서 의미가 있는 움직임이다. 소비자들이 기업들의 이러한 노력의 진정성을 느낄 수 있다면, 해당 기업과 브랜드에 긍정적인 태도를 가지게 될 것이다. CSR에 있어서 가장 중요한 요소 중의 하나가 '진정성'임을 생각할 때, 이러한 마케팅 활동들은 기업이 소비자와의 관계를 더욱 긴밀하게 만드는 중요한 기회가 될 수 있다.

코로나19 이후의 상황이 어떻게 진행될지 현시점에서 예측하기는 힘들다. 백신 개발 이후 경제는 쉽게 회복할 수 있다는 낙관론도 있는 반면, 그 여파가 지속될 것이라는 비관론적인 전망도 존재한다. 하지만 한 가지 확실한 것은 코로나19 사태는 전 세계의 경제, 사회적 시스템이 생각했던 것처럼 체계적이거나 공고하지 않다는 점을 보여 주었다는 점이다. 시스템에 대한 불확실성이 대두되면서, 기업 활동에 있어서 단기적 수익 관점이 아닌 중장기적인 관점이 더욱 중요해졌다.

이러한 측면에서 소비자와의 관계를 어떻게 수립하고 유

지하는지에 대한 중요성이 강조되고 있다. 히와 해리스(He & Harris, 2020)는 코로나19 바이러스가 사람들에게 모든 이는 서로 연관되어 있음을 가르쳐 주는 계기가 되었다고 강조하면서, 이러한 측면에서 기업의 사회공헌활동에 대한 소비자들의 기대감이 높아졌고, 중장기적인 목표 아래에 기업의 사회공헌활동이 진행되는 것이 필요하다고 제언했다. 코로나19 이후에는 기업들이 사회공헌활동에 투자를 할 것인지 아닌지에 대한 고민하는 것이 아니라, 사회 환경적인 문제들과 기업의 영리 목적을 조화롭게 연결할 수 있는 사회공헌활동이 무엇인지 살피고, 어떻게 투자를 할 것인지를 고민해야 할 것이다.

소비자들은 코로나19로 인해 여러 변화에 대해 체감하는 기회를 얻게 되었다. 디지털 기술이 유도하고 있던 소통 방식의 변화를 경험하고, 그 혜택을 깨닫는 계기가 되었을 뿐만 아니라, 기존 세대와는 다른, 새로운 세대들의 삶의 방식과 문화를 이해할 수 있게 되었다. 삶의 가치에 대한 고찰이 이루어질 수 있었고, 자신과 가정에 더 초점을 두는 방식으로 사회의 기본 방향이 바뀌는 계기가 마련되고 있다. 이렇게 보면 코로나19가 가져온 큰 불행 중에서도 새로운 희망의 싹이 보인다고 할 수도 있을 것이다.

하지만 코로나19는 소비자들이 자생적으로 변화의 계기를 마련한 것이 아닌, 어쩔 수 없는 외부적 충격이라는 점 역시 간과해서는 안 되는 부분이다. 한 사회가 문화적 변화를 경험할 때는 보통 상당한 시간이 필요한 법이다. 세대 간의 갈등 요소들이 시간을 두고 마모되면서 수용되는 것이 자연스러운 방식인데, 지금 코로나19로 인해 야기되고 있는 언택트 문화는 급진적이고 인위적인 측면이 너무 강하다. 이 때문에 코로나19 이후의 사회를 단순히 긍정적이고 희망적인 것으로 상정하는 것은 위험할 수도 있다. 따라서 소비자들이 자신들이 처한 맥락 안에서 변화를 어떻게 감지하고 받아들이는지 살펴보는 것은 중요하다.

## 언택트 맥락에서의 소비자 행동과 일방적 낙관론의 위험성

소비자들의 행동이나 의사 결정 과정에 영향을 미치는 요인들은 다양하다. 소비자의 성격이나, 기질, 도덕관 등의 개인적인 속성에서부터 사회관계, 문화 배경 등의 상황적, 외부적 속성까지 여러 요인이 소비자들에게 영향을 미친다. 잘 알다시피 코로나19 상황은 예상치 못한 상황적 요소이기 때문에 코로나19가 소비자의 의사 결정이나 행동에 어떠한 영향을 미치는 것을 파악하는 것은 중요하다. 가령, 코로나19가 확산되면서 소비자들은 집에 머무를 것을 강요받고, 그들의 사회활동에 큰 제약을 받았다. 이러한 일상생활에서의 제약은 소비자들로

04 언택트 시대의 소비자 행동에 대한 이해

하여금 인터넷 외의 주요 정보 채널이 제한되는 상황에 놓이게 되었고, 이 때문에 그들은 평소와는 다른 비이성적이고 감성적인 의사와 행동 결정 과정을 거치게 되었다.

음식이나 물 등을 사재기하거나, 극단적으로 타인과의 만남을 배제하는 행동 등은 이러한 측면에서 이해될 수 있다. 우리나라에서도 한동안 마스크 사재기로 인해 곤욕을 치렀는데, 이러한 비상식적 행동 역시 극단적 외부 상황에 노출된 소비자들이 보일 수 있는 행동 양식 중의 하나로 이해될 수 있다. 물론 소비자들은 코로나19 상황에서 이타적인 행동을 보여 주기도 했다. 소외 계층에게 자발적인 도움을 주는 소비자들을 심심치 않게 찾아볼 수 있었음을 우리는 잘 알고 있다. 그렇기 때문에 코로나19라는 특수한 상황이 소비자들이 자신들의 개인적 속성과 외부적 속성 사이에서 어떠한 작용을 만들어 내고, 이를 통해 의사 결정을 하는지를 알아보는 것은 필요하다.

코로나19는 소비자들에게 소비라는 것이 무엇이고, 자신들의 소비가 사회적 그리고 다른 환경적 요소에 어떠한 영향을 주는지 생각하는 기회가 되었다. 일상 속에서 소비자들의 소비는 자신들의 욕구에 기인하는 바가 대부분이고, 자신들의 욕구가 충족이 되면 현명한 소비라고 생각해 왔다. 게다가 이러한 소비 패턴의 근간에는 소비자들이 원하는 제품이나 서비스를 언제든 구매할 수 있다는 믿음이 깔려 있었다. 갈증을 느끼는 소비자는 편의점에 가면 다양한 음료를 구매할 수 있고, 몸이

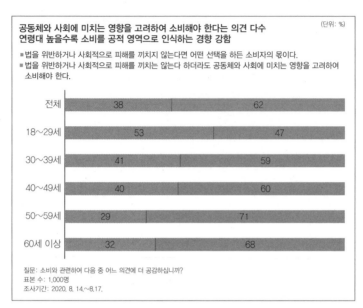

**공동체와 사회에 미치는 영향을 고려하여 소비해야 한다는 의견 다수**
**연령대 높을수록 소비를 공적 영역으로 인식하는 경향 강함**

▪ 법을 위반하거나 사회적으로 피해를 끼치지 않는다면 어떤 선택을 하든 소비자의 몫이다.
▪ 법을 위반하거나 사회적으로 피해를 끼치는 않는다 하더라도 공동체와 사회에 미치는 영향을 고려하여 소비해야 한다.

| | | |
|---|---|---|
| 전체 | 38 | 62 |
| 18~29세 | 53 | 47 |
| 30~39세 | 41 | 59 |
| 40~49세 | 40 | 60 |
| 50~59세 | 29 | 71 |
| 60세 이상 | 32 | 68 |

질문: 소비와 관련하여 다음 중 어느 의견에 더 공감하십니까?
표본 수: 1,000명
조사기간: 2020. 8. 14.~8.17.

[그림 4-9] 소비에 대한 가치관 그리고 착한 소비 경험
출처: 홍세정(2020).

안 좋은 소비자는 가까운 병원에서 언제든 진료를 받을 수 있었다. 소비자의 욕구를 해소할 수 있는 충분한 재화가 사회에 제공되고 있었던 것이다.

하지만 코로나19의 상황은 이러한 전제가 깨질 수 있다는 점을 소비자가 인식하게 만들었다. 원하는 제품과 서비스를 얻지 못할 수도 있다는 점을 알게 만들어 준 것이다. 너무나 당연하게 받아들여지던 전제가 붕괴하자, 소비자들은 자신들의 소비에 대해 다시금 생각하게 되었다. 히와 해리스(2020)는 이러한 측면에서 소비자의 윤리 관념(consumer ethics)이 재정립되

고 있다고 예상했다. 소비가 개인의 욕구 충족의 수단을 넘어서 타인과 사회 전반에 걸쳐 연결되어 있고, 이 때문에 소비는 사회적 책임감을 동반해야 함을 인지하게 되었다는 것이다. 물론 코로나19 사태는 전 사회에 트라우마를 남기고 있기 때문에 모든 소비자가 윤리적 소비에 대해 관심을 가지게 되었다고 단언하기는 힘들다. 어떤 소비자는 현재의 어려움을 망각하기 위해, 그리고 불확실한 미래에 대한 반작용으로 자신의 감정에 충실한 소비(예: 쾌락소비, hedonic consumption)에 집중했다. 하지만 소비 윤리에 대한 재정립 계기가 마련되고 있다는 점은 무시할 수 없는 시사점이다.

코로나19가 불러온 소비자 변화 중의 하나는 글로벌 문화에 대한 인식 변화이다. 1990년대 개방화 이후 국제화 기류는 마케팅에서 당연하게 받아들여지는 것이었다. 국제적 규모의 경제를 통해 우수한 품질의 제품이나 서비스를 저렴한 가격으로 소비자들에게 제공함으로써 경쟁력을 획득한다는 것은 이미 상식이 되어 있다. 물론 소비자들에게 접근하는 방식에 있어서 단일한 글로벌 이미지를 이용하느냐(globalization), 목표 시장(국가)의 소비자에게 적합한 이미지를 사용하느냐(localization), 혹은 글로벌 이미지를 사용하되 지역 기반의 접근 방식을 이용하느냐(glocalization)에 대한 논쟁은 있어 왔지만, 국제화가 피할 수 없는 대세임은 모두 주지하고 있었다. 하지만 코로나19는 이러한 인식에도 변화를 주었다. 코로나19는 글로벌 공급망의 약화를 초래하여, 소비자들로 하여금 자국에서 생산된 제품에 대한 관심을 높이고, 자국 제품의 구매를 촉진하는 효과를 만들어 냈다. 또한 코로나19와 밀접하게 연관이 된 일부 국가에 대한 부정적 인식이 팽배해지면서 그러한 국가의 제품에 대해 불신을 나타내거나 보이콧하는 현상이 나타나고 있기도 하다.

이러한 측면에서 국수주의나 타국의 제품이나 문화에 대해 배타적인 태도를 가지는 소비자의 증가를 우려하는 목소리도 높아졌다. 특히 정치적인 문제와 코로나19가 연결되면서 특정 국가에 대한 반감이 높아지고 있는 것이 세계 곳곳에서 목격되고 있다. 예컨대, 인도는 중국과 오랜 국경 분쟁이 있었던 나라인데, 중국이 코로나19의 진원지로 알려지면서 코로나19를 이용하여 반중 정서를 끌어올리고 있다. 전인도무역협회(CAIT)는 2020년 중국 제품 거부 캠페인인 '인도 상품-우리의 자존심(Indian Goods-Our Pride)'을 전개하면서, 2021년까지 중국산 수입 규모를 130억 달러가량 줄이는 것이 목표라고 선포했다. 이와 결을 같이하여, 인디아TV는 시진핑 중국 국가주석이 인도의 모디 총리에게 수모를 당하는 풍자 애니메이션을 선보였고, 인도의 한 정보 기술 업체는 스마트 기기 내에서 중국산 앱(App)을 삭제해 주는 앱을 선보이기까지 했다.

글로벌 경제의 중요성이 부각되고 있는 지금의 비즈니스 상황에서 이러한 움직임들은 불필요한 긴장감을 조성할 수 있고,

| 인도 총리와 중국 주석의 대결을 다룬 풍자 애니메이션 | 리무브 차이나 앱 |

[그림 4-10] 중국과 인도의 분쟁-코로나19 사태

출처: 김영현(2020).

이로 인해 소비자가 피해를 얻을 수 있다는 점에서 주의를 기울여야 할 필요가 있다. 자국 중심주의의 비중이 높아지는 것은 문화적인 측면에서도 접근할 필요가 있다. 문화는 보통 한 사회나 그룹이 그들의 이념이나 사상을 정립하거나, 공유된 경험을 구성원들에게 전파하여 구성원들의 삶을 구성하도록 하는 하나의 큰 틀을 지칭한다. 이러한 측면에서 문화는 구성원들의 사고나 행동 양식에 지대한 영향을 준다. 린톤(Linton, 1981)은 문화를 "학습된 행동과 행동 결과의 집합체로, 사회 구성원들에 의해 공유되고 전달되는 것"으로 정의했다.

어떤 사회에서 문화적 변화가 이루어지는 것은 그 구성원의 행동 양상이 달라질 수 있음을 알려 줄 수 있는 것으로, 문화적 변동은 소비자 이해 측면에서 중요하다. 자국 중심주의와 밀접한 관련을 가지고 있는 문화 차원은 개인주의(individualism)와 집단주의(collectivism)이다. 이 개념을 이해하기 위해서는 자아 개념을 먼저 살펴보아야 한다. 개인주의 문화가 강한 국가에서 개인은 자신을 남들과는 상이한 존재로 인식하려는 경향이 강하다. 개인주의 문화에서 개인은 독립적이어야 하고, 자신의 욕구와 소망, 목표 등을 자신이 속한 사회의 그것들보다 우선시한다. 하지만 집단주의에 속한 개인은 자아를 자신이 속한 사회의 일부분으로 인식한다. 집단주의 속 개인은 자신이 사회와 분리되어서는 생존하기 힘들다고 인식하기 때문에 그 사회 내에서 조화로움과 사회의 규율, 목표를 이행하기 위해 노력한다.

특히 내집단(in-group)과 외집단(out-group)을 구분하는 경향이 집단주의에서 강하게 보이는데, 나와 가까운 사람들(내집단 구성원)에 대해서는 강하고 긴밀한 유대감을 가지려 노력하지만, 그렇지 않은 사람들(외집단 구성원)에게는 배타적인 태도를 보이는 경우가 많다. 흔히 집단주의 국가의 사람들이 사회 전반의 조화로움을 중시한다고 생각해서 일반적으로 예의바르고 친절할 것이라 예상하는 경우가 많은데, 정확히 말하자면 자신의 내집단에 속한 사람들에게 친절하다고 보는 것이 더 타당하다. 오히려 개인주의 집단 속의 사람들이 내집단과 외집단을 구분하는 경향이 적어서 누구에게나 열린 태도를 보이고는 한다.

이러한 문화적 특징들을 고려하면, 자국 중심주의가 집단주의 국가에서 더 심각하게 벌어질 수 있는 가능성을 예측해 볼 수도 있다. 특정 국가를 자신의 국가나 사회에 위협이 되는 요

04 언택트 시대의 소비자 행동에 대한 이해

소라고 간주하게 되는 경우, 내집단에 대한 중요도가 높은 집단주의 국가에서는 그 특정 국가를 배격함으로써 본인들의 국가와 사회를 지키려 할 수 있기 때문이다. 우리나라에서도 이러한 문화적 특징은 어렵지 않게 찾아볼 수 있다. 최근에 대두되고 있는 중국에 대한 반발감이나, 일본에 대한 오래된 감정은 코로나19가 야기할 수 있는 자국 중심주의가 우리나라에서 크게 번질 수 있는 우려를 자아낼 수 있다. 코로나19가 촉진하고 있는 언택트 문화를 바라보는 시선을 소비자 맥락 속에서 찾아봐야 하는 이유가 여기에 있다.

또한 지금의 언택트 문화가 급속도로 확산되고 있는 현상에 대해서도 더 자세히 살펴보아야 한다. 앞서 말했듯이(TAM을 토대로), 하나의 새로운 문화, 특히 기술이 사회 전반에 수용이 되는 양상은 소비자 혹은 대중이 그 기술의 유용성과 이용 편의성을 판단하여 결정하는 측면이 강하다. 이는 그 기술의 이용자들의 이성적 판단이 기술의 확산에 큰 역할을 한다는 기본 전제가 성립되고 있는 것이다. 하지만 지금의 언택트 문화의 급속한 확산은 대중의 이성적 판단에 의한 결과라기보다, 어쩔 수 없는 외부 환경적 요소에 기인한 바가 크다.

어쩔 수 없는 조건하에서 새로운 기술이, 혹은 문화가 확산되고 있는 독특한 상황임을 인지해야 하는 것이다. 이러한 강입직인 환경적 요소들이 언택트 문화에 어떠한 영향을 줄지, 장기적 관점에서 바라본 연구는 아직까지 존재하지 않는다. 따라서 언택트 문화의 효용성만을 강조하여 언택트 문화의 낙관적 전망을 내리는 것은 자칫 위험한 결과를 초래할 수도 있다.

사람들이 의사 결정을 내리는 과정을 살펴보면, 기존의 경험을 바탕으로 새로운 정보를 처리하는 경우가 많다는 것을 알수 있다. 이를 휴리스틱(heuristic)에 의한 의사 결정이라고 하는데, 쉽게 말해 의사 결정을 위해 소비자가 많은 정보에 노출될 경우 소비자는 모든 정보를 처리하는 에너지를 절감하기 위해 기존의 경험과 인지 구조 틀 안에서 새로운 정보를 처리하려 한다는 것이다. 휴리스틱의 사용은 정보 처리의 효율성을 증가시키는 장점이 있지만, 오류나 편향을 낳는 부작용을 양산했다. 주변의 대다수 사람이 새로운 기술이나 제품이 유용하고 필요하다고 말하는 것을 들으면, 막연하게 그 기술이나 제품에 호의적인 태도를 가지게 되고, 본인에게 적합한지를 살펴보지 않고 수용하는 경우도 발생할 수 있다. 언택트 서비스와 문화에 대한 낙관적 전망이 사람들로 하여금 이러한 오류를 만들어내고 있지는 않은지 역시 살펴볼 필요가 있다.

체계적인 과정을 통해 처리되지 못한 정보들이 시간이 지나감에 따라 부작용을 낳을 수도 있다. 코로나19가 발발하고, 사회적 거리두기로 인해 온라인을 통한 비대면 커뮤니케이션이 급속도로 우리 사회에서 받아들여졌다. 많은 회사가 재택근무를 시행하면서 온라인 화상 회의를 진행하고, 학교들도 온라인 실시간 강의를 진행했다. 처음에 이 새로운 언택트 기술은 효

04 언택트 시대의 소비자 행동에 대한 이해

율성이나 편리성 부분에서 많은 이의 호응을 받았다. 하지만 시간이 지나감에 따라 예상치 못한 부작용이 나타나고 있기도 하다. 예를 들어, 많은 교수가 줌(Zoom)을 통한 실시간 강의는 처음 시행했을 때와는 다르게 학생들의 참여도가 점차 감소하고, 수업에 대한 관심도가 떨어졌다고 평가하고 있는 것도 사실이다. 학생들 역시, 대면 수업에서 느낄 수 있는 경쟁적 분위기가 없어짐에 따라 학습 능력이 사라졌다고 토로했다. 실제로 온라인 수업 장기화에 따른 성적 하락을 수치적으로 보여 주는 조사 결과도 있다.

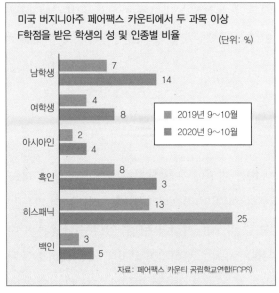

[그림 4-11] 온라인 수업의 문제점

출처: 이정은(2021).

이정은(2021)에 따르면, 미국에서는 2020년 9~10월 두 달간 최소 2개 이상의 과목에서 'D'와 'F'의 학점을 받은 중학생 수가 2019년 대비 350% 이상 증가했다고 한다. 학생들의 학습 동기나 욕구가 사라지고, 교우 관계 등의 사회성 발달에도 악영향을 주었다고 한다. 특히 이러한 추세는 저소득이나 이민자 가정의 학생들에게서 두드러지고 있는데, 이는 언택트 기술이 사회의 양극화에 악영향을 줄 수 있다는 점에서 주의를 기울일 필요가 있다. 준비되어 있지 못한 사람들이 반강제적으로 변화에 노출되었을 경우 사회에서 도태될 확률이 높아지고, 이는 많은 사회적 문제를 야기할 수 있다. 이러한 급진적 변화들이 사회에서부터 스스로를 격리하는 코로나19 시대의 새로운 히키코모리(은둔형 외톨이)를 양산하지 않을까 하는 우려가 든다.

## 부작용에 대한 해결책 모색

코로나19는 이전에 우리 사회가 경험하지 못한 새로운 변화를 야기했다. 디지털 기술이 사회에 확산되는 계기를 마련하여 사회 구조를 바꾸는 기회가 될 수 있다는 낙관론이 대두되고 있기도 하다. 하지만 사회적 변화라는 것은 대다수의 사람들이 수용하기 위한 시간이 필요한 법이다. 코로나19와 같이 강요된 환경 속에서 벌어지는 급격한 변화는 자칫하면 예상치 못한 부작용을 낳을 수 있다. 온라인과 디지털 미디어를 통한 새로운 커뮤니케이션과 관계망의 형성이 효율성 측면에서 긍정적인 역할을 할 수도 있지만, 그러한 변화에 쉽게 적응하지 못하는 사람들이 사회 내에서 소외될 수 있는 부작용 또한 나타날 수 있다.

실제로 온라인 비대면 접촉이 계속되는 상황에서 대면 접촉 상황에서는 쉽게 볼 수 없는 무례하거나 상대방에 대한 배려 없는 행동들이 나타나고 있기도 하다. 많은 학자가 언택트 문화가 사회에 미칠 악영향에 대해 예측을 하고 있는데, 곽금주 서울대학교 교수는 "요즘 청소년들은 자신이 원하는 접촉을 하고 싶어 한다. 반면, 원하지 않거나 불필요한 사람들과의 접촉은 피하려고 하는 성향이 있는 것 같다."며 사회적 기술이 부족한 것도 원인이라고 진단했다. 또한 이동귀 연세대학교 교수는 "언택트가 지속되면 감정이 단순화된다."고 하며, "결국 자신의 감정에 대한 인식, 표현 등에 있어 양과 질이 모두 줄어들 것"이라고 전망했다(이희진, 2019).

새로운 기술에 대한, 그리고 새로운 문화에 대한 기대감은 어느 사회에서나 환영받을 만한 일이다. 4차 산업혁명 시대의 도래는 언택트 문화의 활성화를 더욱 가속화시킬 것이다. 정보통신 기술이 융합된 혁신적 편리성을 거부할 사람들은 많지 않기 때문이다. 하지만 앞서 계속 말했듯이, 이러한 혁신의 수용은 일정 정도의 단계가 필요한데, 지금의 변화는 너무 급진적인 측면이 있다. 모든 기술의 발전은 그 중심에 사람이 있어야 한다. 코로나19라는 특수한 상황에서 언택트 문화가 인간관계 자체의 단절이나 소외를 야기할 수 있는 위험성은 없는지 충분히 살펴보고 이에 대한 해결책을 모색하는 노력이 필요한 이유가 여기에 있다.

## 05
# 언택트 시대의 콘텐츠 전략과 인사이트

한규훈(숙명여자대학교 홍보광고학과 교수)

'언택트(untact)'는 2020년을 기점으로 지구촌 전역을 강타한 팬데믹과 함께 세인의 입에 자주 오르내리는 단어가 되었다. 콩글리시란 지적도 있으나, 어찌 됐건 이제 대부분의 한국인은 '언택트'란 용어에 익숙해졌으며, 산업과 교육 현장뿐 아니라 생활 영역의 곳곳에서 이 용어를 써야 하는 상황에도 (어쩔 수 없이) 잘 적응해 나가고 있다. 사실 언택트 기술과 문화는 코로나19로 인한 팬데믹이 도래하기 훨씬 이전부터 우리 사회에 서서히 자리 잡고 있었다. 그러나 금세기의 가장 치명적인 전염병이 현대인의 일상 전반에 걸쳐 언택트 환경을 급속히 조성하는 데 결정적인 영향을 미친 것은 분명하다. 결국 차원이 다른 언택트 시대를 예상보다 일찍 맞이하게 된 셈이며, 지금 우리

는 언택트가 어느덧 '뉴노멀(new normal)'이 된 사회에서 살아가고 있는 형국이다.[1]

환경 변화에 민감하게 반응할 수밖에 없는 마케터들은 이 상황에서 근본적인 질문을 떠올리게 되었을 것이다. 도대체 언택트 트렌드가 마케팅에 미치는 영향은 무엇이며, 우리 브랜드는 이 상황에 어떻게 전략적으로 대처해야 하는가? 마케터가 해답을 구하는 데 도움 되길 바라는 마음과 함께, 이 장에서는 크리에이티브 전략의 결과물이 될 콘텐츠의 기획에 대해 다루어 볼 것이다.[2] '콘텐츠'란 용어는 전혀 새로운 것이 아니지만, 현대 마케팅에서는 브랜드의 전략적 산출물을 광범위하게 아우르는 개념으로 확장성과 중요성을 더하게 되었다. 그렇다면 언택트 시대의 마케팅을 위한 콘텐츠는 어떤 모습과 비책으로 소비자에게 접근해야 될지, 그 해법 찾기에 필요한 인사이트의 도출을 위해 우리가 현재 처해 있는 환경의 본질로부터 생각을 시작해 보기로 한다.

---

1) 언택트가 나온 이후에 등장한 신조어로서 '온택트(ontact)'란 용어도 심심치 않게 쓰인다. 접촉의 부재가 아닌, 온라인을 통한 콘택트를 의미하므로 실제적인 비대면 상태에서의 연결이나 소통방식을 지칭하기에 더 적합한 면도 있다. 그러나 이 장에서는 비대면 접촉의 상황을 포괄적으로 보아 온택트도 언택트의 범주에 속하는 것으로 규정하고자 한다.

2) 이 장에서 주제로 다룰 콘텐츠는 브랜드 전략의 산물로서의 '브랜디드 콘텐츠(branded content)'를 지칭한다는 점을 미리 밝힌다.

# 일곱 가지 의미 지점

언택트, 디지털, 4차 산업혁명 시대—이 장에서는 최선의 콘텐츠 전략 수립을 위해 고려해야 할 핵심적인 환경요인으로서 이들 세 가지를 꼽아 보았다. 이러한 환경이 소비자와 미디어, 그리고 마케팅 여건에 미치는 영향 및 함의를 다각적인 차원에서 고찰해 봄으로써 보다 정교한 콘텐츠 기획을 시도할 수 있을 것이다. 중요하다고 판단되는 일곱 가지 의미 지점을 도출하여 제시한다.

## ① 필연적 진화

따져 보면 우리가 보통 '언택트'란 표현을 사용하는 경우는 다음의 두 가지 조건을 요구한다. 첫째, 사람과 직접적으로 대면하지 않는다. 둘째, 사람의 역할을 대신하는 매개체나 다른 사람과의 소통을 위한 채널(매체)이 존재한다. 그런데 한 시대의 문화나 마케팅의 측면에서는 한 가지 요건이 더 충족될 필요가 있다. 그것은 근래까지 대면 접촉을 통해 하던 일이 비대면으로 전환되었거나 전환되고 있는 과정에 있어야 한다는 점이다. 이 부가적 조건에서 비대면으로의 전환 시기와 기준이 다소 모호한 면이 있지만, 전화를 예로 든다면 이해가 어렵지 않을 것이다. 전화기가 발명되고 보급된 19세기 말~20세기 초의 시대에 이는 획기적인 언택트 기술의 산물이었지만, 지금은 전화기를 이용해 통화하는 상황이 지극히 익숙하고 보편적인 나머지, 누구도 이를 언택트 문화의 주요한 일면으로 보지 않는다. 그래서 언택트는 상대적 개념이기도 하며, 그것이 발현되는 지대는 확장과 진화의 가능성을 자연스럽게 전제하게 된다. 이러한 상대성과 가변성은 언택트 환경에서 전달될 콘텐츠의 기획에 있어서도 염두에 두어야 할 속성들이다.

### ② 모바일 퍼스트

언택트의 또 다른 본질을 살펴보자. 언택트는 접촉의 부재 상태를 의미하지만, 사람과 사람 간의 대면 소통만 일어나지 않을 뿐, 사람과 미디어는 여전히 '콘택트(contact)' 상태로 서로를 상대한다. 모바일뱅킹, 화상통화, 화상회의, 온라인수업, 매장 내 키오스크나 배달 앱을 통한 주문 등 일상에서 겪는 많은 언택트(또는 온택트) 업무의 상황에서 미디어의 역할은 절대적이다. 특히 스마트폰과 태블릿PC를 비롯한 모바일 미디어는 언택트 서비스와 문화를 급속도로 활성화시키는 데 기여한 일등공신이다. 언택트 문화에 익숙해지고 있는 소비자와의 핵심 접점으로서 앞으로 모바일 미디어의 기능과 위상이 더욱 강화될 것이란 전망에는 의심의 여지가 없다. 지금도 대부분의 온라인 서비스와 콘텐츠 플랫폼은 모바일 미디어에 최적화된 형태로 개발 또는 개편되고 있다. 따라서 이 매체를 최대한 효과적으로 활용하기 위한 설계는 언택트 시대의 콘텐츠 전략에 있어 핵심적인 부분 중 하나가 될 것이다.

### ③ 연결성과 소비자 권력

언택트의 확장은 사람과 사람 간의 대면 접촉을 줄인 대신, 사람과 미디어 간의 콘택트는 더 강화시킨 측면이 있다. 그에 따라 미디어 이용량과 미디어에 대한 의존도도 더 높아질 것인데, 이는 미래의 예측이자 현재진행형인 팩트이다. 여기서 이러한 현상을 가속화시킨 또 하나의 동력을 고려해야 한다. 바로 소셜 네트워크이다. 이는 필립 코틀러(Philip Kotler) 박사가 그의 저서 『Marketing 4.0』에서 강조한 '연결성'의 개념과도 상통한다. SNS를 통한 소통과 정보 공유는 언택트 현상의 단면이며, 이를 가능하게 하는 소셜 네트워크는 언택트 문화의 확산을 위한 안정적 인프라이다. 불과 5년 전의 상황과 비교해 봐도 SNS의 기능은 놀랄 만큼 확장되었고, 그에 따라 사용자와 기업의 이용도도 크게 증가하였다. 연결성을 통한 소비자 권력의 강화는 SNS라는 매개체를 통한 사람들 간의 언택트 커뮤니케이션 덕분이기도 하다. 이는 소셜 네트워크와 피플 파워의 거대한 효용성을 인식하고 이를 콘텐츠 전략에 효과적으로 활용하는 것이 매우 중요함을 암시한다.

### ④ 빅데이터와 인공지능

언택트 서비스의 질을 높일 수 있는 기술 또한 중요한 포인트이다. 특히 빅데이터와 인공지능(AI)의 역할에 주목할 필요가 있다. 언택트 서비스의 대부분은 디지털 미디어를 통해 구현되며, 이용자들의 행위정보는 데이터로 축적되고 분석되어 소비자 빅데이터의 일환이 된다. 이는 데이터에 기반한 인공지능의 역량을 높여 소비자 개개인의 기호와 니즈에 부합하는 맞춤형 정보 및 서비스를 제공하고, 그에 긍정적으로 반응한 소비자들은 언택트 문화에 대해 점점 더 적응하며 동조해가는 경향을 띠게 될 것이다. 4차 산업혁명 시대의 주역인 빅데이터와 인공지능은 소비자와 미디어 간의 밀착된 상호작용을 촉진하고, 사람과의 직접적인 접촉 없이도 충분히 만족스럽게 언택트 서비스를 즐길 수 있는 환경을 조성해 나가는 데 크게 일조하고 있다. 장래에도 빅데이터와 인공지능의 지속적인 발전 및 영향력 확대는 언택트 문화의 중요한 촉진제로 작용할 것이다.

### ⑤ 온 · 오프라인 간 상호작용

O2O가 갖는 함의에 대해서도 생각해 보자. 잘 알려진 바와 같이 O2O는 온라인과 오프라인 간의 연결성을 지칭하는 개념이다. 이는 온라인에서의 정보 검색(또는 소통) 후 오프라인 상점에서 구매가 일어나는 과정(online-to-offline)과 오프라인 정보 탐색의 과정을 거친 후 온라인에서 구매가 이루어지는 과정

(offline-to-online)을 포괄한다. 이렇게 다변화된 경로는 유통
패러다임의 변화상에 있어 매우 중요한 부분인데, 최근에는 좀
더 복합적인 구조를 의미하는 '옴니채널(omni-channel)'이란 용
어도 자주 쓰이고 있다([그림 5-1] 참조).[3] 주목해야 할 점은 비
대면과 대면의 상황이 끊임없이 상호작용하고 서로 연결될 수
있는 가능성이다. 다시 말해, 사람과의 직접적 대면이 이루어
지지 않는 언택트는 온라인을 통한 연결을 뜻하는 온택트의 과
정을 거친 후 종종 오프라인의 국면으로 전환되기도 하고, 그
역순에 의한 행위 진행도 흔하게 일어난다. 이는 언택트의 범

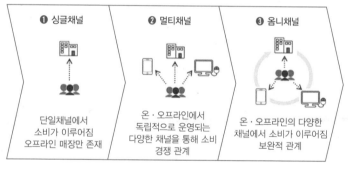

[그림 5-1] 유통채널 구조 및 채널 간 관계의 진화
출처: 나스미디어(2015).

---

3) 온·오프라인의 연결을 넘어 온라인과 오프라인이 통합되는 OMO(online merges
   with offline)의 시대가 도래했다는 시각도 있다. 이는 오프라인의 체험을 온라인에
   서, 온라인의 편리함을 오프라인에서 경험할 수 있는 통합적 메커니즘을 의미하며,
   그 움직임은 유통산업에서 먼저 발견되고 있다(메조미디어, 2020).

주를 제한적으로 인식하지 말아야 할 이유이며, 콘텐츠 기획 시에도 반드시 고려해야 할 특성이다.

### ⑥ 효율성 추구

한편, 비즈니스와 소비자의 지향성에서도 중요한 의미들을 포착할 수 있다. 이 중 가장 눈여겨봐야 할 현상은 기업이건 소비자이건 효율성(efficiency)을 추구하는 경향이 점차 높아지고 있다는 점이다. 효율성은 언택트가 추구하는 중요한 가치이기도 하다. 인터넷뱅킹과 모바일뱅킹의 보편화로 은행은 지점과 직원 수를 줄여 유지관리비를 대폭 절감할 수 있으며, 화상회의나 재택근무는 이동에 따른 번거로움과 시간을 줄여 업무 효율을 꾀할 수 있다(물론 이러한 이점의 반대급부로서 단점도 존재하지만). 효율성에 대한 니즈와 의지는 소비자도 똑같이 갖고 있다. 그들 누구나 최소비용 최대효과를 갈망하며, 그들이 종종 추구하는 '가성비'는 효율성의 가치와도 맞닿아 있다. 그래서 효율성을 추종하는 사회 구성원들의 욕구에 부합하는 언택트 기술과 서비스는 현대판 '보이지 않는 손'의 작동에 의해 지속적으로 개발되고 확산되리라는 점도 어렵지 않게 예측할 수 있다. 다시 말해, 효율성에 대한 욕망과 언택트 행위 간의 끊임없는 상호작용이 언택트 문화의 확산을 촉진하는 주요한 원리로 작용하는 것이다.

05 언택트 시대의 콘텐츠 전략과 인사이트

## ⑦ 반작용과 균형

마지막으로 짚어 볼 지점은 인간의 본성에 있고, 또한 언택트의 반대편에 있다. 이는 한쪽의 작용이나 기세가 거세면 카운터파트의 반작용이 일어나 맞서게 되는, 또는 두 파트가 균형과 조화를 이루는 원리에 대한 것이다. 과학(물리학) 수업에서 배운 '작용-반작용의 법칙'이 이러한 현상과 관련 있다고 볼 수 있을 텐데, 사회문화적 측면에서도 유사한 현상이 목격되는 것은 흥미롭고도 중요한 의미가 있다. 흔히 우리가 '대세'라고 부르는 현상은 그에 대적할 만큼의 힘은 아니나 조용한 저항을 동반하는 경우가 적지 않다. 이는 대세의 일상화로 인한 싫증이나 피로감, 대세 문화에 쉽게 편승하지 않으려는 심리, 일반인과 다른 차별성, 또는 자기 취향을 지키거나 돋보이게 하려는 욕구 등 복합적인 원인이 작용한 결과로도 볼 수 있다. 디지털 시대에 오히려 전에 두드러지지 않았던 아날로그 문화에 대한 향수와 추구의 경향이 높아진 점도 이러한 원리와 무관하지 않다([그림 5-2] 참조).[4] 언택트 환경의 보편화는 사람과 사람이 직접 만나 어울리고 소통하는 콘택트 문화의 동경을 유도할 수 있다. (멀리 갈 것 없이 최근의 실례로, 코로나19가 야기한 강제

---

4) 이어령 교수는 2006년에 출간된 그의 저서 『디지로그』에서 이러한 현상을 "디지털 시대의 아날로그 추임새"라 표현하며 일찌감치 예단한 바 있다. 요즘 눈에 띄는 문화적 트렌드 중 하나인 레트로나 뉴트로 열풍도 투박하고 불편한 아날로그 문화에 대한 동경을 반영한다.

[그림 5-2] 반작용의 원리를 시사하는 레트로 열풍의 사례들

적 언택트 사회에서 많은 사람이 그런 심리를 깊이 체감할 수 있었을 것이다.) 이렇듯 언택트의 이면에 있는 콘택트의 반작용과 균형의 원리 또한 콘텐츠 기획의 과정에서 충분히 고려될 필요가 있다.

지금까지 언택트 전략의 수립을 위한 기초적 이해 단계의 일곱 가지 의미 지점을 꼽아 대략적으로 살펴보았다. 물론 더 많은 인사이트 원천을 찾아볼 수 있겠으나, 제한된 지면 분량으로는 이 정도의 핵심 포인트만 짚어 봐도 무방할 것이다. 이제부터 이들을 토대로 한 언택트 시대의 콘텐츠 전략에 대해 본격적으로 논해 보기로 한다.

## 관점의 재정비

아이디어는 콘텐츠를 통해 구현된다. 여기서 '콘텐츠'라 함은 실체화되어 표현될 수 있는 모든 대상을 의미하는 포괄적 개념이다. 광고, 이벤트, 퍼포먼스, 건축물 등이 모두 콘텐츠라고 볼 수 있다. 인쇄되거나 영상화되는 것만을 콘텐츠라 보았던 협의의 범주에서 벗어나, 대중과의 접점에서 보여지고 체험될 수 있는 모든 창조적 결과물을 가리키는 확장적 의미를 품게 된 것이다. 그런 이유에서인지 요즘은 크리에이티브 전략을 콘텐츠 전략이라 바꿔 말하는 경우도 많아졌다. 그렇다면 언택트 시대의 콘텐츠 전략은 어떤 지침과 인사이트를 염두에 두고 설계되어야 할까?

커뮤니케이션 전략의 성패에 영향을 미치는 요인은 다양하지만, 성공을 위한 관건은 주로 콘텐츠에 달려 있다. 현대 마케팅에서는 더욱 그러하다. 콘텐츠가 유통될 수 있는 매체나 플랫폼이 헤아릴 수 없을 정도로 많아졌으며, 탄탄한 소셜 네트워크를 통해 콘텐츠가 빠르고 멀리, 그리고 수용자들에 의해 자발적으로 확산(바이럴)될 수 있는 획기적인 환경이 만들어졌기 때문이다. 콘텐츠의 중요성은 언택트 시대의 마케팅에서 더더욱 커질 것이다. 언택트 환경에서 사람들의 미디어 이용량과 의존도는 더 높아지고, 미디어에 의해 노출되는 정보와 콘텐츠에 더 큰 영향을 받게 될 것이므로. 그래서 마케터는 타깃 수용자에게 도달하여 원하는 효과를 발휘할 수 있는 콘텐츠의 요건에 대해 먼저 생각해 보아야 한다. 어떤 콘텐츠를 기획하고 제작해서 어떻게 전달할 것인가? 이는 타깃 전략, 표현 전략, 매체 전략을 아우르는 언택트 시대의 커뮤니케이션 전략에 대한 기본 질문이다.

최근의 마케팅 환경은 또 하나의 본질적 질문에 대한 해답을 요구한다. 바로 무엇을 바꾸고 무엇을 지킬 것인가, 다시 말해 변할 것은 무엇이고 변하지 말아야 할 것은 무엇인가에 대한 물음이다. 제품과 시장과 전략의 상황에 따라 상대적이고 가변적인 면도 있지만, 때때로 양분화된 틀에서 과업의 추진 방향을 가늠하는 것이 유용할 수 있다. 콘텐츠 전략의 상황으로 바로 들어가 보자. 타깃 소비자를 이해하고, 그들에 대한 통찰을 전략에 반영하는 것은 변하지 않는 원리이다. 그러나 그들을 이해하는 방식에 있어 인식조사의 결과나 트렌드 정보에만 의존하지 않고 그들이 소셜 미디어상에서 직접 언급한 언어나 행동 지표를 통합적으로 고려하는 것은 변화가 일어나는 지점이다. 또한 브랜드의 콘텐츠가 전략적으로 의도한 메시지를 잘 드러내야 하는 것은 변하지 않는 크리에이티브의 원칙이다. 그러나 기발하고 창의적인 표현 아이디어가 먼저 떠오를 경우 how-to-say의 개발이 what-to-say(콘셉트)의 결정을 선행하는 변칙적 프로세스는 최근 현업에서 가끔 벌어지곤 하는 변화의 일면이기도 하다.

언택트의 보편화 현상 또한 전략과 전술의 새 판을 짜는 과정에 있어 기존의 접근방식이나 원칙을 따를 것인지에 대한 판단에 영향을 미치게 될 요인이다. 소비자의 언택트 상태가 많아진다는 것은 그들의 관심사나 니즈뿐 아니라 소통방식, 대인관계, 미디어 이용 행태, 구매와 소비 행위 등에 폭넓게 영향을 미치는 중대한 변수가 될 수 있기 때문이다. 좀처럼 변하지 않을 것 같은 인간의 본성조차 메가트렌드의 물결에 따라 가변성을 갖거나 잠재된 본능이 새롭게 발현될 수 있는 대상으로 바라볼 필요가 있다.[5] 이에 콘텐츠 전략의 수립과 실행에 참여하는 실무자들은 기존의 문제해결 방식이 언택트 시대의 소비자들에게 여전히 통할 수 있는지 예견하고, 변화된 환경에 걸맞은 크리에이티브 기획을 시도해야 할 것이다.

## 콘텐츠 기획 가이드라인

노련한 전략가들은 종종 기계적으로 플래닝 과업을 수행한

---

[5] 일례로, 과거에는 자신의 사생활을 대중이나 다수의 주변인들에게 공개하는 것을 꺼려 하는 심리는 인간의 보편적인 본성이라 여겨졌다. 그러나 SNS를 통한 '자발적인' 사생활 노출이 일반화된 현상은 사람들의 이면에 또 다른 본능(사적인 일상과 생각의 자유로운 공유)이 자리 잡고 있음을 암시한다.

다. 그 과정에는 많은 경험으로 축적된 노하우와 직관과 통찰이 자연스럽게 투입되며, 특별한 체크리스트를 필요로 하지 않는다. 그러나 모든 전략가가 노련한 것은 아니며, 숙련된 실무자도 얼마든지 과오와 실패의 쓴맛을 겪을 수 있다. 따라서 성공의 확률을 높일 수 있는 '안전한' 원칙들을 도출하고 이를 새겨보는 것은 분명 유용한 일이 될 것이다.

다음에 제시할 15가지 지침은 언택트 환경과 디지털 환경의 특성을 고려한 콘텐츠 기획의 가이드라인이다. 단순히 보면 다소 원론적인 수준으로 느껴질지 모르지만, '지킴'과 '변함'의 요소들을 고민하여 도출한 제안이자, 콘텐츠 전략의 구축 과정에 있어 염두에 두어야 할 핵심 수칙들이라 할 수 있다.[6] 하나하나 짚어 보자.

### ① '빅' 아이디어로 그물을 쳐라

빅 아이디어─광고 크리에이터들에게 강박의 용어이기도 한 이 표현은 예로부터 자주 쓰인 탓에 전혀 새롭게 들리지 않는다. 여기서 빅(big)의 의미는 '위대한' 또는 '뛰어난' 정도로 해석된다. 그러나 오늘날에 와서 이 수식어는 말 그대로 '큰'이라고 해석하는 것이 더 적합한 환경이 되었다. 소비자들의 관심

---

6) 각각의 가이드는 모든 콘텐츠가 반드시 지켜야 할 요건이라기보다, 성공의 확률을 높일 수 있도록 콘텐츠 기획의 단계에서 충분히 고려해 볼 것이 권장되는 제안 수준임을 미리 밝혀 둔다.

사와 라이프스타일은 과거와 비교할 수 없을 만큼 다변화되었으며, 미디어 비히클과 플랫폼의 분산은 매스마케팅의 효력을 점차 감퇴시키고 있다. 전술한 바와 같이 언택트 환경에서 소비자의 미디어 소비량이 늘어난다면, 개인에 따라 다양한 미디어 접점에서 타깃 소비자가 포착될 수 있도록 넓은 그물을 준비하는 수밖에 없다. '전방위 마케팅' 또는 '360도 마케팅'이라는 용어가 제시하듯이 다수의 매체나 프로모션 수단으로 확장될 수 있는 아이디어(횡적 확장성), 그리고 중장기에 걸쳐 캠페인으로 지속가능한 아이디어(종적 확장성)가 과거에 비해 더 절실히 요구되는 이유도 여기에 있다. 통 큰 아이디어로 여러 접점에서 콘텐츠 노출의 빈도와 지속기간을 늘릴 수 있다면 소비자의 마음을 잡을 가능성도 그만큼 높아질 것이다.

## ② 영상을 중심으로 발상하라

다양한 콘텐츠의 유형 가운데서도 단연 독보적인 주목성과 영향력을 발휘하는 것은 (동)영상이다. 최근의 많은 조사 결과는 소비자의 온라인·모바일 미디어 이용량이 급증하면서 영상 소비도 크게 늘어난 현상을 입증하고 있다. 한국인이 압도적으로 가장 오래 사용하는 앱은 유튜브이며, 넷플릭스를 위시한 OTT 서비스가 성행하면서 TV를 통한 영상 시청량도 다시 증가하였다. [그림 5-3]에 나타난 미디어 소비량 변화가 암시하듯이, 언택트의 일상화로 인해 소비자가 집에 있는 시간이 많아질수록 영상 콘텐츠를 자발적으로 시청하는 시간도 늘어날 것임은 분명하다. 영상은 시청각의 결합을 통해 임팩트와 몰입을 유도하기에 가장 유리한 콘텐츠 형태인데다, 제작기술의 눈부신 발달로 인해 인간이 상상하는 거의 모든 것이 영상으로 표현 가능한 시대가 되었다. 그러하기에 영상 콘텐츠가 기업의 IMC 전략에서 차지하는 비중과 프로모션의 성패에 미치는 영향은 자연스럽게 높아질 수밖에 없다. 따라서 영상이 캠페인의 구심점 역할을 제대로 수행하도록 아이디어의 발상 단계에서부터 콘텐츠의 영상화를 기본적으로 고려해야 하며, 온라인이나 오프라인에서 펼치는 야심찬 이벤트라면 사후의 영상 제작까지 감안하여 기획할 필요가 있다.[7]

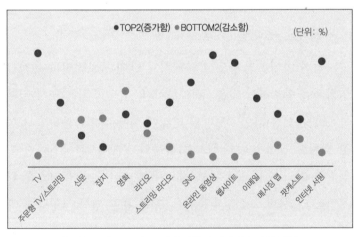

[그림 5-3] 코로나19 발생 이후의 미디어 소비량 변화

출처: 나스미디어(2020).

05 언택트 시대의 콘텐츠 전략과 인사이트

### ③ 모바일에 최적화하라

우리는 지금 누구도 부정할 수 없는 모바일 대세의 시대를 살고 있다. 광고매체 시장은 이미 모바일 미디어 중심으로 재편되었고, 광고비 규모에서 만년 아성의 TV마저 제친 모바일 미디어는 향후 여타 매체와의 격차를 더욱 벌려 나갈 것으로 예상된다.[8] 이는 사람들이 그들의 일상 대부분을 가까이 하고 있는 스마트폰의 존재를 생각한다면 당연한 예측일 것이다. 특히 코로나19로 인한 언택트 생활이 보편화되면서 스마트폰 이용량은 더욱 증대했고, 장래에 언택트의 상황이 더 늘어난다면 모바일 미디어를 통한 정보와 콘텐츠의 유통량도 꾸준히 증가할 것으로 전망된다. 그렇다면 소비자가 가장 많이 접하는 매체의 특성과 이용습관을 우선적으로 고려한 전략이 세워져야 하는 만큼, 모바일 미디어에 최적화된 콘텐츠를 설계할 필요가 있을 것이다. 모바일 광고의 효과와 콘텐츠 접촉 행태에 대한

---

7) 근래 들어 특정 캠페인의 주요 내용 및 성과를 요약한 케이스 스터디 필름(case study film)의 제작을 통해 해당 캠페인이 사후에도 부가 노출되는 사례를 많이 찾아볼 수 있다. (대부분은 각종 광고제에의 출품 용도를 겸해 제작된다.) 이 같은 하이라이트 영상의 시청을 통해 이벤트나 퍼포먼스에의 직접적 참여(또는 참관)에 의한 1차 노출보다 훨씬 더 광범위한 2차 노출의 효과를 기대할 수 있다.

8) 과학기술정보통신부와 한국방송광고진흥공사(KOBACO)가 발표한 "2020 국내 방송통신광고비 조사" 결과에 따르면, 2019년 모바일 광고비는 4조 6,503억 원으로 전년 대비 27.0%나 증가하며 전체 방송광고비 3조 7,710원(전년 대비 4.1% 감소) 규모를 훌쩍 뛰어넘었다. 또한 이 조사는 모바일 광고시장의 급성장세가 지속될 것으로 전망했고, 2021년에는 모바일 미디어와 온라인 미디어(PC 기반)를 합친 광고비 규모가 국내 총 광고비의 절반을 넘어설 것으로 예상했다(서울경제, 2020).

분석을 토대로, 타깃 소비자 및 선정 채널(플랫폼)의 속성과 커뮤니케이션 목표에 부합하는 콘텐츠 형식을 정하고 그에 맞춰 크리에이티브를 구현해야 한다. 이를테면, 채택한 모바일 플랫폼의 인기 콘텐츠 유형과 이용자의 접속시간대를 분석하여 콘텐츠의 형태나 분량, 또는 노출 시점을 결정한다든지, 유튜브 등에 프리롤(pre-roll) 광고 형태로 콘텐츠를 노출시킬 경우 광고 건너뛰기 버튼이 뜨는 즉시 누르는 대다수의 이용자 습성을 감안하여 영상 초반부에 흥미나 호기심 요소를 배치하는 등과 같은 시도이다. 최근에는 일반적인 스마트폰 모니터의 규격에 맞춘 세로형 콘텐츠가 많이 등장하고 있는데, 앞으로도 다양한 형식의 모바일 전용 콘텐츠가 늘어날 것으로 보인다.

### ④ 바이럴 포인트를 확실히 하라

소셜 네트워크는 현대 마케팅에 있어 가장 중요한 인프라 가운데 하나이다. 소셜 네트워크를 통해 소비자의 권력이 강화되었고, 네트워크에 기반한 초연결성은 브랜드의 메시지나 정보가 순식간에 광대하게 퍼져 나갈 수 있는 확고한 토대가 되었다. 그러나 소셜 네트워크는 브랜드에게 양날의 검과 같다. SNS를 통한 콘텐츠의 확산과 긍정적 입소문이 일어난다면 비용효율성을 높여 주는 마케팅 도우미가 되겠지만, 반대로 브랜드(또는 기업)에 대한 부정적 뉴스나 평판이 네트워크를 통해 급속도로 퍼진다면 심각한 위기 상황에 빠질 수도 있기 때문이다.

소셜 네트워크의 활용을 극대화하는 방법은 네트워크 이용자인 소비자들로 하여금 긍정적 바이럴을 일으키는 것이다. 그를 위해서는 성공하는 바이럴 콘텐츠가 갖는 주요한 속성이나 표현코드를 면밀히 분석하고, 이를 콘텐츠 기획에 어떻게 반영할지에 대해 고민하는 과정이 필요하다([그림 5-4] 참조). 단적으로 말해, 바이럴 되는 콘텐츠를 제작하기 위해서는 어떤 형태로든 콘텐츠 안에 필살기를 심어야 한다. 누군가에게 공유하고 싶을 만큼 콘텐츠가 재미있거나, 놀랍거나, 새롭거나, 감동적이거나, 유용하거나, 특별한 혜택이 있거나, 참여하고픈 마음을 일으키거나…… 무엇이 되건 끌림의 요소를 갖추도록 해야 하며, 그래야 소비자를 움직일 수 있다. 이도 저도 아닌 애매하고 무기력한 콘텐츠에게 바이럴 효과는 소망에 불과할 뿐이다.

| 흥미 | Fun | 유머, 해프닝, 엉뚱함, 아기, 동물, 랭킹 등 |
|---|---|---|
| 새로움/충격 | New/Shocking | 신기술, 신기함, 독특한 광경, 놀라운 재능 등 |
| 유용성 | Usefulness | 지식정보, 트렌드, 문제해결법, 레시피, DIY 등 |
| 보상 | Reward | 경품 이벤트, 쿠폰, 할인, 각종 보상의 기회 |
| 공감/선의 | Sympathy/Goodwill | 스토리, 휴머니즘, 사회공헌, 나눔, 동참 등 |
| 참여/체험 | Participation/Experience | 참여형 이벤트, 체험 장면, 트라이얼, 게임 등 |
| 유명인 | Celebrity | 스캔들, 미담, 근황, 신작, 광고, 인플루언서 등 |

[그림 5-4] **주요 바이럴 코드**

## ⑤ 콘택트와 연결하라

앞서 온·오프라인 간의 연계를 통해, 또는 심리적·행동적 반작용에 의해 언택트 일상의 보편화는 콘택트 문화에 대한 동경이나 향유를 야기할 수 있음을 언급한 바 있다. 거창하게 정반합(正反合)의 변증법 원리까지 동원해 설명하지 않더라도 우리가 사는 세상은 묘하게 밸런스를 조절하며 나가는 흐름이 있는 듯하다. 그래서 사람들의 생활양식과 많은 서비스가 언택트로 대체되어 간다 할지라도, 그에 따라 전통적인 콘택트의 가치와 추구 심리가 머지않아 소멸될 것이라 예상되지는 않는다. 콘텐츠 기획에 있어서도 이 점을 염두에 둘 필요가 있다. 구체적으로는 콘택트의 상황과 매칭되는 오프라인 참여를 포함한다든지, 특별한 인센티브와 함께 오프라인 활동의 동기나 기회를 제공한다든지 해서 두 영역을 링크하는 것이다. 중요한 것은 여기서 그치지 않고 오프라인에서의 브랜드 행적 또는 참여자 행적이 다시 온라인에서 유통될 수 있는 콘텐츠로 재생산되는 구조를 만들어야 한다는 점이다. 이 과정은 브랜드에 의해 철저히 전략적으로, 또는 참여자나 간접체험자들을 통해 자발적으로 콘텐츠가 확산되는 단계를 포함한다. 온라인과 오프라인이, 그리고 언택트와 콘택트가 상호작용하며 순환되는 사이클을 통해 커뮤니케이션 효과의 시너지 가능성도 높아질 것이다.

## ⑥ 먼저 업데이트하고 선점하라

생존을 위해서는 기술과 환경의 변화속도를 버텨 내고 그에 따라 같이 변모해야 하는 것이 오늘날 기업의 숙명이다. 그러나 격전지가 된 시장에서 경쟁 우위를 확보하고자 한다면 단순히 적응하는 것만으로는 충분치 않을 것이다. 먼저 눈을 떠서 먼저 시도하고, 그래서 먼저 점유해야 한다. 일찍이 알 리스와 잭 트라우트가 그들의 명저에서 주장했듯이, 인식의 경쟁에 있어서는 '최고'보다 '최초'의 성공확률이 훨씬 높기 때문이기도 하다.[9] 최초까지는 아니더라도 적어도 선발대열에는 합류할 수 있어야 한다. 대세를 좇아 뒷북치며 따라갈 만큼 기동력이 뒤처져서는 아무리 양질의 콘텐츠를 선보인들 신선한 반향과 호응을 일으키기에 역부족일 것이다. 그래서 콘텐츠 기획자는 마케팅에 적용할 만한 신기술과 소비자들이 만드는 신풍조에 지속적으로 관심을 갖고 이를 수시로 모니터링하는 습관이 필요하다. 나아가 표현방식에 있어서 소비자들에게 생소하거나 기존에 사용되지 않았던 접근을 탐색하고 새로운 시도를 용감하게 펼쳐 볼 필요도 있다. 특히 혁신적인 기술이 적용되거나 기존 기술이 창의적으로 활용된 콘텐츠는 그 자체로 표현이

---

9) "더 좋기보다는 최초가 되는 편이 더 낫다(It's better to be first than it is to be better)"라는 리더십의 법칙은 알 리스(Al Ries)와 잭 트라우트(Jack Trout)가 저술한 『22가지 마케팅 불변의 법칙(The 22 Immutable Laws of Marketing』에서 첫 번째 법칙으로 제시되었다.

차별화되고 소비자 인식상의 선점 효과를 거두기에도 유리할 것이므로 기획 시의 적극적인 고려가 권장된다.

### ⑦ 알고리즘에 알파를 더하라

4차 산업혁명 시대의 키플레이어들인 빅데이터와 인공지능은 이미 마케팅에도 지대한 영향을 미치고 있다. 나날이 축적되는 소비자 데이터와 그 분석을 바탕으로 고객 개개인의 취향과 니즈에 맞춤화된 상품정보를 제공하는 것이 대표적인 사례이다. 어제 검색한 제품의 이미지와 정보가 오늘 방문한 웹사이트에 홀연히 다시 나타나는 것은 이제 신기할 것도 없을 만큼 익숙해진 현상이다. 리타깃팅 광고뿐 아니라 프로그래매틱 바잉(programatic buying), 어드레서블(addressable) TV광고, 머신러닝(machine learning) 기반 자동최적화 광고 등 디지털 알고리즘에 의해 실행되는 시스템은 광고업계에서만 하더라도 이미 여럿이 정착단계로 접어들었고, 앞으로도 점차 늘어날 것임이 분명하다. 그러나 데이터에 기반한 알고리즘은 의도한 효과 달성의 확률을 높여 줄지언정, 그 자체로 완전한 만능해결사가 될 수는 없다. 창조적 산물인 콘텐츠는 데이터 과학과 감성을 연결하여 감동이나 공감을 불러일으키기도 하고, 기억에 남는 체험을 선사할 수도 있다. 그렇기에 브랜드가 제공하는 콘텐츠는 맞춤화된 정보 노출에 익숙해진 소비자들이 한편으로 추구하는 정서적, 사회적, 또는 경험적 욕구까지 어떤 방식으로든 충족시켜 주는 것이 바람직하다. 콘텐츠의 필수적 기능과 크리에이터가 발휘해야 할 창의력의 역할도 여기에 있을 것이다. 이 또한 과학기술의 부단한 발전과 함께 변할 수 있겠지만 적어도 가까운 미래까지는.

## ⑧ 참여와 체험의 기회를 제공하라

볼거리와 놀거리가 즐비한 미디어 콘텐츠의 공간에서 광고를 비롯한 브랜드 메시지는 기본적으로 성가신 대상이자 회피의 대상이다. 특별한 애호도가 있거나 니즈가 발생하지 않는 이상, 사람들은 대부분의 상황에서 브랜드나 제품에 대해 저관여 상태이기 때문이다. 그래서 설사 어떤 콘텐츠가 소비자에게 도달하는 데 성공했다 할지라도 소비자는 그것이 무슨 콘텐츠였는지, 또는 심지어 노출된 경험이 있는지조차 제대로 기억하지 못하는 경우가 다반사이다. 이 같은 현실은 콘텐츠의 연상과 브랜드 태도의 변화를 촉진하기 위해 단순한 노출 이상의 각별한 경험이 필요함을 암시한다. 즉, 소비자 인게이지먼트(engagement)를 유도하는 것이 중요한데, 참여와 체험의 기회를 제공하는 것이야말로 그를 위한 효과적인 솔루션이 될 수 있다. 브랜드가 마련한 각종의 온·오프라인 이벤트 참가, 제품 시용, 게임 참여, 가벼운 창작 등의 경험을 통해 소비자는 일시적으로나마 브랜드와 상호작용을 할 수 있으며([그림 5-5]에 제시된 사례 참조), 만약 그 경험이 긍정적이라면 소비자는 해당

[그림 5-5] 간단한 조작이나 선택을 통한 참여형 콘텐츠의 사례들

브랜드를 쉽게 기억하거나, 더 나아가 그들의 경험을 주변의 누군가와 기꺼이 공유할 의향을 가질 수도 있다. 따라서 타깃 소비자에게 매력적인 체험의 기회를 제공함으로써 참여와 인게이지먼트를 유도하고, 그들로 하여금 참여 경험에 대한 파생 콘텐츠를 자발적으로 생성하게 할 수 있는 넓은 시야에서의 콘텐츠 기획이 필요하다.

### ⑨ 숏폼(short form)으로 접근하라

스마트폰과 태블릿PC를 위시한 모바일 미디어가 현대인의 일상과 행태에 미친 영향은 실로 광범위하다. 모바일 라이프는

05 언택트 시대의 콘텐츠 전략과 인사이트

소비자들의 콘텐츠 소비 방식도 변화시켰는데, 특히 언제 어디서나 모바일 미디어를 통해 본인이 원하는 콘텐츠를 접할 수 있다는 사실이 주목해야 할 점이다. 이동 중이든, 쉬는 시간이든 틈날 때마다 스마트폰을 들여다보는 습관이 일반화됨에 따라 자연스럽게 짧은 분량의 콘텐츠(흔히 '스낵 콘텐츠'라고도 불리는)에 대한 선호와 니즈도 높아졌다. 이 같은 경향은 동영상 콘텐츠에 있어 특히 두드러진다. 영상을 TV나 PC 대신 스마트폰으로 시청하는 경우가 점점 많아지면서 클립 단위로 영상을 보거나 간결한 영상만을 골라 보는 성향도 보편화되고 있다. 대표적인 짧은 동영상 플랫폼인 틱톡(TikTok)의 이용자 수와 새롭게 업로드되는 영상 개수는 기하급수적으로 늘고 있으며, 이와 유사한 채널에서 매일 쏟아지는 숏폼 콘텐츠는 10~20대 소비자들에게 특히 큰 인기를 얻고 있다. 콘텐츠의 소비 트렌드가 이러하다면 기획 단계에서부터 짧은 콘텐츠의 제작을 우선 고려할 만하다. 특히나 요즘 많은 소비재와 서비스의 타깃이 소위 MZ세대를 향하고 있는 만큼, 젊은 소비자층의 호응을 얻기 위해서는 간결한 콘텐츠로 승부하는 것이 유리할 것이다.

### ⑩ 스토리로 텔링하라

근래의 커뮤니케이션 문화에서 빈번히 거론되고 각광받았던 키워드 중의 하나가 '스토리' 또는 '스토리텔링'이다. 일반적으로 그리고 본능적으로 사람들은 이야기(스토리)를 좋아하고,

이야기에 쉽게 끌린다. 그래서 스토리텔링은 설득을 위한 수단으로도 이용가치가 높지만, 전통적으로 광고는 그 표현에 있어 스토리텔링을 온전히 소화하기에 태생적인 한계를 갖고 있었다.[10] 그러던 것이 온라인과 모바일 시대의 도래와 함께 물리적·기술적 제약이 완화됨에 따라 스토리텔링도 브랜드의 콘텐츠에 수월하게 적용될 수 있는 유력한 표현방식으로 부상했다. 특히 언택트 환경에서 사람들의 콘텐츠 노출량이 많아진다면 다양하고 흥미로운 스토리에 대한 니즈도 그만큼 높아질 것으로 예상되기 때문에 스토리텔링의 활용성에 대한 기대는 더 커진다. 스토리텔링을 통한 접근은 이야기에 대한 수용자의 몰입과 감성적 반응을 유도하기에 용이하고, 노출 후의 연상도 촉진할 수 있다는 장점이 있다. 그러나 최초 노출 이후 재노출 시에는 주목도가 크게 감소하고, 자칫 스토리만 연상되고 브랜드가 떠오르지 않는 상황도 흔히 발생할 수 있다. 게다가 강제적으로 노출되는 콘텐츠가 길게 지속된다면 수용자의 인내력은 더욱 약해질 것이다. 따라서 장편의 스토리텔링보다는 절제와 함축의 묘미를 살린 적정 분량의 스토리를 구상할 필요가 있으며, 그 속에 브랜드를 어떻게 자연스럽게 삽입할 것인가에

---

10) 스토리텔링을 통한 서사구조가 필수적인 소설, 영화, 드라마, 연극, 뮤지컬 등의 대중문화 콘텐츠에 비해 광고나 홍보용 콘텐츠는 일반적으로 편당 분량과 호흡이 훨씬 짧기 때문에 스토리텔링 구조를 적용하기에 제약이 컸다. 더욱이 정보 전달의 목적이 우선되는 광고 본연의 속성상 스토리텔링 기법은 크리에이터나 광고주에 의해 쉽게 채택되기 어려웠다.

05 언택트 시대의 콘텐츠 전략과 인사이트

대한 사전 설계가 치밀해야 된다. 스토리텔링의 잠재적 핸디캡을 극복하는 것도 결국은 창의성과 전략의 몫이다.

### ⑪ 라이브 커머스(live commerce)와 연합하라

라이브 커머스는 상품정보 제공과 판매자−시청자 간 소통, 그리고 쇼핑의 기능이 혼합된 실시간 스트리밍 동영상을 일컫는다([그림 5-6] 참조). 이는 모바일 미디어에 최적화되어 있으므로 기존에 익숙했던 TV 홈쇼핑의 모바일 버전이라고 봐도 무방할 것이다. 라이브 커머스는 모바일뿐 아니라 언택트 라이프에도 최적화되어 있기 때문에 소비자 입장에서는 인적 대면 없이 간편하고 효율적인 쇼핑을 즐길 수 있으며, 브랜드로서도 오프라인 자원의 동원 없이 비교적 저렴한 마케팅 비용으로 높은 단기매출을 기대할 수 있다. 실제로 코로나19의 확산으로 인해 비대면이 일상화된 상황은 라이브 커머스 시장이 단기간에 급성장하는 계기가 되었다. 주요 포털과 오픈마켓, 대형 유통업체 등이 라이브 커머스 전용 채널을 속속 런칭했으며, 젊은 층을 중심으로 이용자가 급속도로 확산되었다. 라이브 커머스의 성행과 지속 성장에 대한 낙관적 전망은 정보 전달로부터 인지, 동기, 구매에 이르는 일련의 과정이 프로세스상으로뿐만 아니라 플랫폼상으로도 완전히 통합된 시대가 머지않아 정착될 것임을 시사한다. 이제 브랜드 매니저들은 상품인지도 제고와 판매촉진을 위해 라이브 커머스를 어떻게 활용할 것인가에

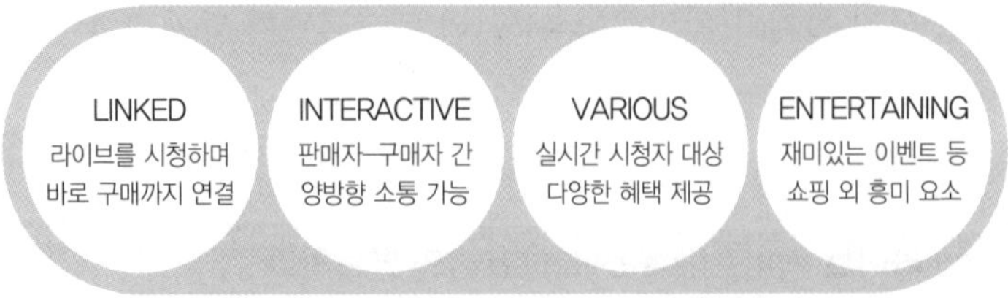

| 구분 | 구매 | 정보 | 혜택 | 재미 |
|------|------|------|------|------|
| 라이브 커머스 | 영상 시청 화면에서 터치로 결제까지 완료 | 실시간 질의응답으로 구매 결정 시간 단축 | 라이브 할인가 외 즉흥적인 쿠폰 이벤트 | 생생한 현장감 전달, 시·공간 제약 적은 편 |
| TV홈쇼핑 | 전화 주문 중심 | 일방적인 정보 전달 | 고지된 특가, 사은품 | 제한적 |

[그림 5-6] **라이브 커머스의 특장점**

출처: 나스미디어(2020).

대한 고민을 피하기 어렵게 되었다. 이에 콘텐츠 전략에 있어서도 실시간 소통과 즉각적 구매의 메커니즘까지 고려한 입체적 기획이 점차 요구될 것이다. 패러다임의 변화는 언제나 무거운 과제를 동반하게 마련이다.

## ⑫ 브랜드 전용공간으로 유인하라

각종의 광고와 상품정보, 그리고 각양각색의 콘텐츠가 난립하는 미디어 공간은 브랜드에게 있어 또 다른 경쟁의 장이다. 어떻게 하면 우리의 콘텐츠가 소비자의 눈에 잘 띄고 그들의 눈길을 더 오래 붙잡아 둘 수 있을까? 여기에 크리에이터의 능력과 창의성의 힘이 큰 역할을 하겠지만, 그런 불확실성에 맡기는 것보다 더 좋은(이상적인) 방법이 있다. 바로 브랜드의 전용공간으로 소비자를 인도하는 것이다. 브랜드 전용공간의 유형은 다양하다. 오프라인 영역에 있어서는 브랜드 스토어와 팝업 스토어 등 매장 중심으로 운영될 수 있고, 온라인 영역에는 브랜드의 홈페이지, 블로그, SNS 페이지(유튜브, 페이스북, 인스타그램 등), 이벤트 페이지, 브랜드 앱과 같은 것들이 있다. 이러한 전용공간은 브랜드가 보유한 미디어(owned media)이므로 콘텐츠에 대해 완전한 통제권을 가질 수 있으며, 경쟁자의 콘텐츠나 다른 방해요소의 침해 없이 원하는 방식으로 원하는 양만큼 다양한 콘텐츠를 배치할 수 있다. 따라서 브랜드 전용공간을 매력적으로 가꾸고 편리한 접근성과 인터페이스를 갖추기 위한 효과적인 설계가 요구됨과 동시에, 소비자를 브랜드 전용공간으로 이끌 수 있는 창의적 콘텐츠의 개발도 필요하다. 최근 들어서는 사람들의 스마트폰 의존도 및 이용량이 날로 증가하면서 브랜드 앱과 브랜드 팬페이지(fanpage)가 활용가치 높은 브랜드 전용공간으로 부상하였다. 앞에서 중요성을 강조한 소비자 인게이지먼트가 이러한 전용공간에서 발생할 수 있다면 방문자의 브랜드 체험은 그만큼 더 특별해질 것이다.

### ⑬ 충성도를 이끌어라

마케팅 환경의 변화는 기업의 대처를 더 곤혹스럽게 만드는 경우가 많다. 오늘날의 변화상을 보자면, 시장에서의 경쟁자는 늘어났고, 소비자에게 도달하기 위한 채널 경로는 너무 많아졌으며, 소비자의 변덕(브랜드 스위치)은 더욱 잦아졌다. 이에 건략 설계에 있어서의 주안점도 재편이 불가피하게 되었으며, 그 결과로서 고객관리의 중요성이 크게 높아졌다. 여기에는 언제든지 경쟁 브랜드로 갈아탈 수 있는 다수의 소비자보다 일편단심으로 자사 브랜드에 대한 의리를 지키는 상대적 소수의 고객이 더 소중하다는 판단이 깔려 있다. 다시 말해, 대중의 일시적 관심 유발로 다량의 구매를 창출하는 것보다 더 효용가치가 높은 길은 브랜드 충성도가 높은 고객집단으로부터 꾸준히, 그리고 더 자주 소비를 일으키는 것이라는 마케터의 깨달음이다. 콘텐츠 전략도 이를 고려하여 기존의 또는 잠재적 충성고객을 대상으로 한 타깃 전략과 더 공고히 연합해야 할 것이다. 구체적으로는 브랜드에 대한 지속사용 의향 및 로열티를 높일 수 있도록 멤버십, 포인트 적립, 한시적 이벤트, 특별한 인센티브 등의 혜택을 콘텐츠 기획에 창의적으로 담아내야 한다. 특히 언택트 환경에서는 e-CRM의 효과 극대화를 위한 콘텐츠의 지원 역할이 더 커질 것이므로, 고객의 니즈 간파와 더불어 충성고객 대상의 지속성 있는 온라인 콘텐츠 개발을 위해 심혈을 기울일 필요가 있다.

### ⑭ 혐오나 구설수의 리스크를 피하라

비싼 비용 들여서 왜 저렇게 만들었을까? 흔하지는 않지만 간혹 아이디어 채택의 배경이 납득하기 어려운 광고나 홍보물을 접할 때가 있다. 내용이 저속하거나, 사회적 편견이 담겨 있

05 언택트 시대의 콘텐츠 전략과 인사이트

거나, 선정적이거나, 무슨 얘기를 하려는 건지 모호한 경우 등
이 그것이다. 특히 광고 규제가 (상대적으로) 느슨한 온라인 공
간에서, 그리고 B급 코드를 담아 접근한 콘텐츠에서 그러한 느
낌을 종종 경험하곤 한다. 이른바 '노이즈 마케팅'의 효과를 노
린 게 아닌가란 추측이 들고, 실제로 많은 경우에 그러한 의도
가 있었을 것이다. 콘텐츠에 흥미진진하거나 파격적인 요소를
담음으로써 수용자의 관심과 주목을 끌고자 하는 노림수는 좋
으나, 경솔함과 근시안적 표현 전략이 낳을 수 있는 부작용도
사전에 충분히 경계해야 한다. 무엇보다 노출과 화제성만이 능
사가 아니라는 점을 명심할 필요가 있다. 사람들에게 지탄의
대상이 되어도 콘텐츠가 바이럴 되었다고 좋아하는 것은 어리
석다. 중요한 것은 노출과 인지에서 한 단계 더 나아가 수용자
의 긍정적 태도 형성(또는 강화)에까지 영향을 미치는 일이다.
따라서 지나치게 조악하거나 구설수에 오를 수 있는 소재와 메
시지는 사전에 제거하고, 표현상의 위험수위를 넘지 않도록 아
이디어 및 제작물에 있어서의 신중한 재검토 과정이 필요하다.
장기적인 브랜드자산 관리를 추구하는 브랜드라면 특히 그러
해야 한다.


### ⑮ '반드시' 브랜드를 각인시켜라

마지막 가이드는 매우 진부하고 상식적인, 그러나 여전히 가
장 중요하면서도 동시에 크리에이터가 간과하기 쉬운 지침이

다. 우리는 콘텐츠(광고를 포함한)를 기억하지만 정작 브랜드가 쉽게 연상되지 않는 경우를 흔히 경험한다. 이러한 제한적 기억의 상황은 최근 들어 더 잦아진 것 같다. 대부분 광고의 형식이 주도했던 과거의 마케팅 커뮤니케이션 영역이 근래 들어 다양한 콘텐츠 유형으로 확장되면서 콘텐츠에 브랜드를 노출하는 방식 또한 다변화되었다. 그 일환으로서, 광고라고 지각되는 순간의 본능적 회피를 막고자 브랜드를 좀처럼 드러내지 않거나 마지막 장면에만 보여 주는 표현상의 접근이 자주 쓰인다. 그런데 문제는 절제의 정도가 지나쳐서 브랜드에 대한 수용자의 지각조차 희미해지는 상황이다. 이런 경우에는 아무리 콘텐츠가 잘 만들어지고 화제가 된다 한들 결코 성공적이라 평가할 수 없을 것이다. 브랜드를 위해 제작된 콘텐츠는 어떻게든 브랜드를 주인공으로 띄우고 브랜드의 목표 달성에 기여해야 한다. 이 당연한 지침을 명심하여 크리에이터는 콘텐츠에의 몰입을 방해하지 않는 선에서 브랜드를 영리하게 배치하고 효과적으로 드러내야 한다. 이 장의 키워드인 '콘텐츠'는 요즘 많이 쓰이는 용어인 '브랜디드 콘텐츠'를 의미하는데, 방점은 '브랜디드(branded)'에도 똑같이 찍혀져야 함을 새삼 깨달을 필요가 있다.

# 언택트와 콘텐츠의 미래

　지금까지 언택트 시대의 마케터와 크리에이터가 고려해야 할 콘텐츠 기획 가이드라인 15가지를 짚어 보았다. 충분히 포괄적이고 세밀하지는 못하다 할지라도 언택트 시대의 콘텐츠 기획에 필요한 전략적 고려사항들은 골고루 다루어졌으리라고 본다. 이들 가이드의 도출을 위해 전제한 언택트 시대의 일반적 특성 중 가장 중요한 부분은 비대면 상황에서 사람들의 미디어 접촉량은 더 늘어나고, 그에 따라 콘텐츠의 노출 가능성도 과거에 비해 더욱 높아질 것이라는 점이다. 인류의 역사상 인간과 미디어의 관계가 지금처럼 가까운 적이 없었고, 이들의 밀착관계는 언택트가 보편화되는 미래에 더욱 심화될 것이다. 이러한 환경 변화가 브랜드에게 기회가 될지, 또는 위기가 될지의 향방은 무척이나 상대적이다. 즉, 그것은 오로지 각 브랜드가 어떻게 대처하느냐에 달려 있다. 그만큼 개별 브랜드로서는 변화무쌍한 현실과 장래에 능동적으로 대응하려는 노력이 마케팅의 다양한 영역에서 절실해질 텐데, 특히 소비자와의 커뮤니케이션을 담당하게 될 콘텐츠는 상기한 가이드라인을 토대로 하여 몇 수 앞을 내다보고 기획될 필요가 있다. 변화에 맞춰 대응하고 변화에 따라 스스로 변해야 하는 당위성은 변하지 않는 마케팅 커뮤니케이션의 원리이기도 하다.

마지막으로 한 가지 더 강조할 사항이 남아 있다. 그것은 콘텐츠의 효과를 평가함에 있어서의 시야 내지 기준과 관련된다. 모든 콘텐츠는 제각각의 목적과 특성을 갖고 있기에 일반화하기 조심스러운 면이 있지만, 콘텐츠의 성패는 많은 경우에 너무 근시안적이거나 짧은 호흡으로 판단되는 경향이 있다. 마케터와 크리에이터를 종종 현혹시키는 주범은 즉각적으로 가시화되는 반응지표이다. 온라인 콘텐츠라면 조회 수, 좋아요 수, 참가자 수, 신규회원 또는 전체회원 수 등과 같은 KPI(key performance indicator; 핵심성과지표)가 대표적이다. 이들은 콘텐츠 전략의 제안 단계에서 클라이언트 측에 콘텐츠 노출의 기대효과이자 실질적 목표로 약속되곤 한다. 물론 이러한 지표는 객관적이고 계량적이며 수시 확인이 가능하다는 점에서 그 효용가치가 크다. 그러나 단지 많이 노출되고 '좋아요' 획득을 많이 한 것만으로 그 콘텐츠는 역할을 다한 것일까? 소비자가 콘텐츠의 극히 일부만 보고 시선을 돌렸거나, 노출은 잘 됐지만 콘텐츠가 부정적으로 인식됐거나, 콘텐츠가 좋게 느껴졌어도 브랜드가 연상되지 않는다면 그 콘텐츠는 성공적이라 말할 수 있는가? 궁극적으로 무엇을 위해 콘텐츠를 제작하는지 깊이 고려하고, 사후의 평가기준을 엄밀하게, 그리고 중단기적 관점에서 세워 볼 필요가 있다. 그래야 효과의 착시현상에서 벗어나 냉정한 진단을 내릴 수 있을 것이며, 콘텐츠가 브랜드 목표의 도달에 기여했는지의 여부도 제대로 가늠할 수 있을 것이다.

　　　　　　　05 언택트 시대의 콘텐츠 전략과 인사이트

전문가의 예지력과 과학적 분석에 의해 커뮤니케이션 환경의 미래가 다양한 측면에서 예측되고 있지만, 이면의 불확실성은 언제나 공존한다. 코로나19가 종식된다면 소비자의 심리와 문화는 또 어떻게 변모할까? 사람들은 팬데믹 시대 이전의 라이프스타일로 회귀하고자 할지, 아니면 익숙해진 언택트 라이프를 계속 향유하거나 심화하는 경향이 나타날지, 지금으로서는 속단하기 어렵다. (이 책은 독자들에게 다양한 시기에 읽히겠지만, 지금 필자가 이 글을 쓰는 시점에는 코로나19의 확산세가 도무지 꺾이지 않고 백신 접종까지도 한참을 기다려야 하는 상황이다.) 더욱이 세대, 지역, 문화권 등에 따라서도 두 가지 성향이 맞서는 양상은 얼마든지 다를 수 있을 것이다. 그러나 한 가지 유력한 전망은 언택트의 반경이 점점 넓어질 것이며, 그에 따라 앞으로의 마케팅 환경은 더욱 험난한 경쟁과 적자생존의 냉엄함을 예고하고 있다는 점이다. 브랜드의 존립과 성장을 위한 콘텐츠의 사명도 덩달아 무거워졌다. '스마트한' 콘텐츠가 소비자에게 즐거움과 감동을 주고 브랜드도 지켜 주는 모습을 많이 볼 수 있길 기대한다.

06
**지속가능한
발전 목표와
브랜드 액티비즘**

이성복(칸라이언즈코리아 대표)

"브랜드 액티비즘이 글로벌 브랜드의 핵심이 되어 가고 있다. 그러나 목적성은 진정으로 전달되지 않으면 의미가 없다. 브랜드가 사회참여의 목소리를 낼 때에는 바로 그 진정성에 성공 여부가 달려 있다."

– 2020년 칸라이언즈 조직위원회

코로나19의 대습격으로 인류의 일상이 큰 변화를 맞았다. 전 지구적으로 산업 재편이 급격하게 일어날 조짐이다. 20세기 초에 마케팅에서 분리되어 나왔던 크리에이티비티 산업은 소셜미디어 시대를 맞아 다시 새롭게 마케팅과 궁합을 맞춰 보고 있는 형국이다. 코로나 바이러스의 위협이 IT와 개인미디어의 결합을 가속화했다. 비대면 커뮤니케이션의 시대, 크리에이티비티의 갈 길은 어디인가? 먼저, 크리에이티비티란 무엇인지 본질부터 들여다보는 초심의 자세가 필요한 시기다. 이 장을 통해 세계 최대의 크리에이티비티 축제인 칸라이언즈에서 발표된 전문가들의 수많은 조언과 수상작들을 통해 크리에이티비티 산업 현장의 목소리를 들어보기로 하자.

## 크리에이티비티란 무엇인가

2020년, 해마다 1만 5천여 명의 크리에이터, 크리에이티브 디렉터, 마케터, 미디어 관계자들이 모여 수백여 세션의 세미나와 워크숍을 열어 아이디어와 테크놀로지의 경연을 벌이던 칸라이언즈도 코로나19의 직격탄을 맞았다. 6월마다 프랑스 칸 해변에 모여들던 수많은 기업의 갈증을 어떻게 풀 것인가? 칸라이언즈는 비대면 시대의 축제를 위한 해법으로 라이언즈 라이브(Lions Live) 프로그램을 내놓았다. 크리에이티비티 산업계 인사들의 강연과 토론을 유튜브로 무료 생중계하고 일정기간 VOD로도 볼 수 있게 했다. 100편 가까운 세미나들이 공개되었고 수십만 명이 이를 시청했다. 어워드 경쟁은 한 해 미뤘지만 세미나 프로그램은 온라인으로 더욱 편리하게 접근이 가능했다. 한국에서도 'SDGs포럼 × 칸라이언즈'가 열려 라이언즈 라이브의 주요 프로그램이 한글 자막과 함께 공개되었다.

[그림 6-1] 라이언즈 라이브 플랫폼 ©Cannes Lions

코로나로 인한 비대면 시대에도 크리에이티비티가 멈추면 인류 문명이 멈추게 될 터이다. 얼굴을 맞대고 모여서 소통하는 축제의 본질을 어떻게 이어 나갈 것인가? 온라인 축제에 사람들은 얼마나 가치를 지불할 것인가? 여러 과제를 남기고 해는 2021년으로 넘어갔지만 칸라이언즈 축제는 크리에이티비티의 중요성을 새삼 다시 일깨웠다. 칸라이언즈에서 칸이 빠져도 라이언즈가 상징하는 크리에이티비티는 더 소중해졌음을 더 많은 시청자가 알게 되었다. 코로나 위기 직전인 2019년에 칸라이언즈는 참관단의 수많은 입을 정리해 세 가지 키워드를 도출해냈다.

2020년 이후 크리에이티비티 산업의 전문가들이 가장 중요하다고 생각하는 것은 접근성(access), 전자상거래(e-commerce), 액티비즘(activism)이다. 접근성은 장애, 인종, 성 등의 차별을 이겨 내는 제품이 환영받는다는 것을 말하는 것이고, 이커머스는 상품을 구매하는 소비자들의 플랫폼으로 언제 어디서든지 살 수 있는 전자상거래를 우선적으로 고려해야 한다는 것을 지적한 것이다. 액티비즘은 기업이나 브랜드가 사회적 공헌을 통해 참여와 헌신의 목소리를 내야 소비자의 마음을 살 수 있다는 것을 강조한 것이다. 이러한 경향은 코로나19를 맞아 더욱 주목을 받고 있다. 바야흐로 지속가능한 발전 목표(Sustainable Development Goals: SDGs)를 위해 차별 없이 함께 나누는 접근성의 시대, 비대면의 이커머스 시대, 브랜드가 사회 공헌에 뛰어들어야 생존하는 액티비즘 시대가 열렸다.

창의성(creativity)이란 무엇인가? 크리에이티비티는 광범위한 의미로 '인류의 일상과 문명을 풀어 나가는 지혜'라고 말을 가둬 볼 수도 있겠지만 딱 떨어지는 정의를 내리기는 무척 어렵다. DDB 설립자 베른바흐(Doyle Dane Bernbach)는 "크리에이티비티란 사랑과 같아서 분석할수록 희미해지니 정의를 내리려고 너무 애쓰지 않는 게 좋겠다."고 했다. BBDO의 데이비드 루바스(David Lubars) 회장은 "크리에이티비티는 정의하기는 어렵지만 알아보기는 쉽다."고 했다. 기업의 마케팅 담당자들은 광고라 부르고, 광고회사나 제작사는 솔루션(solution)이라 불렀을 법한 그것이다.

브랜드 캠페인(brand campaign)의 출발선부터 크리에이티비티의 정의는 토론과 논쟁을 부른다. 21세기 들어 칸라이언즈의 변화를 살펴보면 크리에이티비티를 바라보는 시대의 눈이 차츰 변하고 있음을 알게 된다. 크리에이티비티의 정의가 무엇인지는 명확하지 않아도 BBH 설립자 헤거티(Sir John Hegarty)의 말마따나 "효율성(effectiveness)은 우리의 목표이고, 크리에이티비티는 우리의 전략"이기에 코로나 시대를 맞아 그 전략의 정체부터 살펴보자는 것이다.

## 크리에이티비티가 브랜드를 11배 성장시킨다

2008년 칸라이언즈는 '올해의 마케터상'에 P&G를 선정했다. 최근 수년간 칸라이언즈의 사자 트로피를 다수 받은 기업으로서 시장 점유율과 주가 상승이 뚜렷한 기업에 주는 상이다. 당시 P&G의 마케팅팀은 CMO 짐 스텐겔(Jim Stengel)의 주도로 칸라이언즈 수상에 전력을 기울였다. '올해의 마케터상'을 받기 한 해 전인 2007년에도 칸라이언즈에서 무려 14개의 사자 트로피를 받았다. 창의적이었던 것은 광고 분야만이 아니다. P&G는 상품 디자인과 R&D 분야 등 모든 면에서 창의성을 발휘하고 있었다. 경영 측면에서도 경이로운 성적을 냈다. 2001년부터 2008년까지 매출은 430억 달러에서 830억 달러로, 매출이 10억 달러 이상인 브랜드는 9개에서 25개로, 주당 이익은 4배로 올랐다. 주가 역시 그때까지 역대 최고 기록(74.67달러, 2007년 12월 12일)을 세웠다(제임스 허먼, 2012).

이후 해를 이어 가며 칸라이언즈 수상작이 급증한 폭스바겐, 삼성전자, 구글, 애플 등이 기록적인 시장점유율을 차지하며 차례로 칸라이언즈 '올해의 마케터상'을 받았다. 2008년은 크리에이티비티가 브랜드 성장에 결정적인 영향을 미친다는 것을 P&G의 수상으로 웅변한 상징적인 해이다. 2021년 칸라이언즈의 아카데미를 맡고 있는 짐 스텐겔의 회고에 따르면 2001년까지 P&G는 우뇌를 어디다 써야 할지 모르는 기업이었다. 세계1위의 생활용품 기업으로서 규모와 성과에 안주해 있던 거대기업이 '크리에이티비티 드라이브 경영'으로 수년 만에 매출이 2배 이상 뛰어오르는 성과를 냈다.

크리에이티비티 어워드를 많이 받은 기업의 성과가 그렇지 못한 기업보다 훨씬 높다는 것은 '올해의 마케터상' 수상 기업들의 사례에서도 알 수 있지만 그보다 앞서 몇몇 선각자들이 이를 과학적으로 입증해낸 바 있다. 1996년 레오 버넷(Leo Burnett)의 도날드 건(Donald Gunn)이 이를 최초로 비교 분석한 이래, 2005년 무렵부터 IPA의 피터 필드(Peter Field), Y&R의 제임스 허먼(James Hurman) 등이 유수의 광고회사와 광고 효과의 상관관계를 분석해 과학적인 근거를 제시했다.

## 광고가 아닌 크리에이티비티다

제임스 허먼은 저서 『상 받은 광고가 11배 잘 팔린다』(2012)를 내고 지난 10년간 브랜드의 광고제 수상작과 시장점유율의 상관관계를 조목조목 분석해 세계 광고계의 큰 주목을 받았다. 동

06 지속가능한 발전 목표와 브랜드 액티비즘

시에 광고계는 또 하나의 뉴스를 접하게 된다. 2011년 제58회를 맞은 칸국제광고제(Cannes Lions International Advertising Festival)가 페스티벌의 이름을 칸라이언즈 크리에이티비티 페스티벌(Cannes Lions International Festival of Creativity)로 바꾼 것이다.

[그림 6-2] 칸라이언즈 로고 ©Cannes Lions

온라인 미디어 플랫폼들이 등장하면서 마케팅에서 광고로 품을 수 없는 영역들이 감당할 수 없을 만큼 늘어나기 시작했다. 미디어의 개인화, 다변화, 복합화가 일상으로 침투하자 광고계는 전통적으로 일감을 주던 마케팅 분야뿐 아니라 경영 전반을 대상으로 컨설팅과 솔루션까지 제시하며 크리에이티비티의 정의와 범위를 새롭게 세우기 시작했다. 광고의 영역을 기업, 정부, NGO, 연예계 등을 포괄하는 광활한 인류 문명의 광장으로 확장시킨 것이다. 칸라이언즈 해변의 부스를 차지하는 기업들도 코카콜라, 맥도날드 같은 전통적 글로벌 대기업에서 구글, 페이스북, 아마존, 애플, 삼성전자 같은 IT와 플랫폼 기업들이 대체하기 시작했다.

이전까지만 해도 기발한 광고와 창의적인 광고는 광고인들끼리 통하는 그들만의 리그로 간주되었지만 이제는 마케터, 미디어, 인플루언서, 연예인까지 참여하는 창의성의 글로벌 채널이 되었다. 광고에서 '크리에이티비티'로 환골탈태의 진화를 하면서 칸라이언즈는 개인과 조직의 브랜딩과 성장에 관해 토론하고 인류 문명의 지속가능한 발전을 모색하는 축제로 거듭났다. 2010년 이래 광고란 말은 '선전'만큼이나 협소하고 구식인 단어가 되었다.

## 효과는 목표, 크리에이티비티는 전략

코로나 시대 크리에이티비티가 더 주목을 받아야 하는 이유는 기업 활동에서 가장 중요한 '명성(reputation)'을 얻는 데 효율적이기 때문이다. 광고제에서 수상한 캠페인에 대해 크리에이티비티의 효율성(effectiveness)을 측정하고 상을 주는 영국 광고인협회(IPA)는 크리에이티비티를 강조해 명성을 얻은 브랜드는 논리적인 메시지를 전달하거나, 감성적인 속삭임을 내세운 브랜드에 비해 월등한 성과를 거두고 있다는 분석을 내놓고 있다. IPA에 따르면 광고제에서 수상한 크리에이티브 브랜드는 매출 · 시장점유율 · 영업이익 등 객관적으로 측정 가능한 지수면에서도 광고제에서 상을 받지 못하거나 수상 실적이 적은 브랜드에 비해 훨씬 더 뛰어난 성과를 거뒀다.

현대의 소비자들은 이제 대체로 광고나 기업을 신뢰하지 않는다. '광고가 대개 진실을 말한다'고 응답하는 비율은 한 자리 수로 떨어지고 있고, '광고가 신제품에 대해 알 수 있는 좋은 방법'이라고 응답하는 소비자도 절반이 되지 않는다. 반면에, 사회적 명성에 대한 신뢰도는 한층 높아졌다. 크리에이티비티 효율성 관련 권위자인 제임스 허먼은 저서 『상 받은 광고가 11배 잘 팔린다』(2012)에서 "여러 시장조사 회사의 매체 신뢰도 조사를 종합해 보니 이미 10여 년 전부터 '광고보다 동료나 친구에게 들은 말을 믿는다'는 비율이 50~80%를 상회한다."고 했다.

20세기 소비자가 주로 광고가 쏟아내는 메시지를 받아들이는 데 시간을 썼다면, 21세기 인터넷 시대에는 대화하는 데 시간을 쓰고 있다는 것이다. 명성은 사회적 대화를 통해 형성된다. 마냥 긍정적이기만 한 기업의 광고나 CSR 활동보다 소셜

[그림 6-3] 제임스 허먼과 『상 받은 광고가 11배 잘 팔린다』 표지
ⓒ칸리이연즈고리아

미디어의 긍정-부정 댓글과 채팅을 통해 브랜드의 평판이 결정된다. 그런 점에서 마케팅의 일환으로 기업의 사회적 책임(Corporate Social Responsibility: CSR)에 투자하는 기업의 노력은 아직도 매우 비효율적이다. 1990년대부터 바람이 일기 시작한 기업의 사회적 책임론은 매우 당위적이지만 초기에는 다소 마케팅 효과를 봤다. 노숙자 밥차, 연탄배달 봉사, 노인정 자원봉사 등 기업들이 마케팅 활동의 일환으로 CSR을 활용하면서 문제는 선행의 효과보다 홍보에 주로 집중했다는 점이다.

소비자들은 네이버에서 '현대자동차'를 검색해 수많은 전문가와 소비자의 댓글과 블로그를 읽고, 카카오나 페이스북 같은 소셜 미디어를 통해 친구들과 채팅(대화)하며, 예컨대 '제네시스'라는 브랜드의 명성을 순식간에 전달받는다. 긍정적인 면과 부정적인 평가를 검색과 채팅을 통해 두루 살피는 게 일상화가 된 밀레니얼 세대에게 현대자동차 홈페이지에 게시된 착한 일 일색의 CSR 성과는 마치 학술서적처럼 보일 것이다.

## 관심경제에서 대화경제로, 나아가 지속가능한 경제로

현대의 소비자들은 모바일 대화를 통해 브랜드의 진정성을 검증했다. 이를 두고 이미 2010년 미국 경제 전문지 『비즈니스위크』는 "관심경제(attention economy)에서 대화경제(conversation economy)로 이행하는 시기"라고 분석했다. 2020년

06 지속가능한 발전 목표와 브랜드 액티비즘

인류는 소셜 미디어와 클라우드 시대를 맞아 대화경제를 지나 지속가능경제(sustainable economy)를 모색하고 있다. 2019년 말에 시작된 코로나19의 창궐로 인류가 마주하게 된 비대면 시대의 마케팅과 광고는 어디로 가야 할까?

인류가 함께 살아남아 문명의 지속가능한 성장을 이루고 싶다는 욕망이 지속가능경제의 출발선이다. 유엔이 화두를 던지고 경제 활성화의 선행지표이자 프런티어인 마케팅과 크리에이티비티 산업이 먼저 화답을 했다. 세계 크리에이티비티 산업의 트렌드와 미래 비전의 엑스포로 여겨지는 칸라이언즈 페스티벌이 발 빠르게 지속가능한 발전 목표(SDGs) 경제를 주창했다. 칸라이언즈는 여성인권 캠페인을 기리는 글래스(Glass) 어워드(2015년)와 SDGs 어워드(2018년)를 통해 지속가능경제를 위한 크리에이티비티를 독려하기 시작했다.

[그림 6-4] 2015년 칸라이언즈, Glass 부문 그랑프리 수상작:
Touch the Pickle ⓒCannes Lions

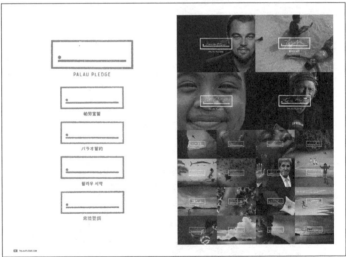

[그림 6-5] 2018년 칸라이언즈, SDGs 부문 그랑프리 수상작:
Palau Pledge ©Cannes Lions

06 지속가능한 발전 목표와 브랜드 액티비즘

2016년은 세계 크리에이티비티 산업에 결정적인 변화의 바람이 불기 시작한 첫해로 기록될 것이다. 당시 칸라이언즈를 찾은 반기문 전 유엔사무총장이 광고계 6대 지주사 회장들과 함께 기업의 브랜드 캠페인에 지속가능한 발전 목표(SDGs) 철학을 도입하자는 합의 또는 의지를 다진 해이기 때문이다. 2016년 이래 칸라이언즈 수상작들은 SDGs와 무관한 작품이 없을 정도로 '지속가능성'이 브랜드 캠페인의 핵심 이슈가 되었다.

유엔, 정부, 시민단체들의 할 일로 여겨지던 지구의 지속가능한 발전을 위한 캠페인에 민간 기업, 특히 크리에이티비티 산업이 앞장을 서게 된 것은 2020년 코로나19의 위협 앞에 선 인류로서 천만다행의 역사가 아닐 수 없다. 어떤 위기가 와도 인간의 크리에이티비티는 멈추지 않을 것이기 때문이다. 크리에이티비티가 인류를 구원할 열쇠를 쥐고 있을 터이다.

## 브랜드의 뉴노멀, 지속가능한 발전 목표에 달렸다

세계화가 가속화됨에 따라 직업·세대·성별·지역 간 격차가 커지고 오염되어 가는 지구 환경이 인류의 생존을 위협했다. 이런 얘기들을 먼 나라 아득한 미래 이야기로 치부하고 있던 세계 시민들이 코로나19의 습격으로 화들짝 놀랐다. 세계가 하나로 묶인 경제공동체의 위기는 곧바로 각국의 일상과 생존에 큰 변화를 일으켰다. 세계의 모든 경제활동인구들이 살아남기 위해 난리법석이다. 인터넷과 소셜 미디어의 일반화로 전 지구촌 식구들이 경제활동에서 맞는 위기가 삽시간에 공유되는 동시에 저마다 해결책도 쏟아냈다.

크리에이티비티 산업은 코로나19 이전에 이미 해결책을 모색하고 있었다. 브랜드 액티비즘(Brand Activism)이 그 해답 중의 하나다. 브랜드가 사회에 효과적으로 목소리를 내려면 진정성을 보여야 한다. 상품을 팔기 위해 선한 영향력을 과시하려는 게 아니라 진정성 있게 인류 사회를 개선시켜 보려는 노력을 해야 소비자의 인정을 받는 시대라는 것이다.

## UN, 17개의 지속가능한 발전 목표 제시

사회적으로 행동하려는 브랜드가 진정성을 보여 줄 방법은 무엇인가? 칸라이언즈와 크리에이티비티 산업이 찾은 해법은 유엔이 호소하는 지속가능한 발전 목표(SDGs)의 실천 캠페인을 만들자는 것이다. '칸라이언즈 선언'이라 할 만한 2016년 반기문의 연설에 주목해 보자. 당시 반기문 유엔 사무총장과 크리에이티비티 산업을 이끄는 6개 지주회사 회장들이 나선 칸라이언즈 무대는 마케팅과 크리에이티비티의 핵심적인 화두로

06 지속가능한 발전 목표와 브랜드 액티비즘

지속가능한 발전 목표를 제시한 역사적인 무대로 평가받는다.

그 후 칸라이언즈 수상작을 보면 광고계가 온통 지구를 살리는 데 몰두한 것처럼 보일 정도로 SDGs 관련 캠페인이 압도적인 다수를 차지했다. 그도 그럴 것이 세계시장 점유율이 절반을 넘는 거대 크리에이티비티 기업의 회장들이 세계 각지에서 온 1만여 명의 크리에이티비티 인사들 앞에서 SDGs를 화두로 캠페인을 벌이겠다고 약속을 했으니……. 2015년 UN에 모인 세계 각국 정상은 인류 문명이 공존하기 위해 달성해야 하는 지속가능한 발전 목표로 17개의 어젠다를 제시하면서 2030년까지 최대한 그 목표를 달성하자고 호소했다.

그 이듬해인 2016년 반기문 당시 유엔 사무총장이 6월 24일 프랑스 칸라이언즈 페스티벌 무대에 섰다. 반기문 총장은 세계 광고계 리더 '빅6'와 함께 칸라이언즈 팔레 데 페스티벌 뤼미에르홀에서 지속가능한 발전 목표의 구체적 실행을 위한 글로벌 캠페인을 펼쳐달라고 호소했다.

"저는 여기 매드맨(Mad Men, 미국 드라마 제목을 따라 광고인을 일컫는 말)들에게 브리프(Brief, 광고주가 광고회사에게 마케팅 의도를 설명하고 캠페인을 의뢰하는 것)를 하러 왔습니다. 광고인 여러분이 휴머니티를 주제로 사상 최대의 캠페인을 만들어 주십시오. SDGs의 17개 목표는 70억 인구가 모두 좀 더 지속가능한 미래를 추진하는 데 동참하도록 하기 위한 것입니다. 가난, 불공정, 불평등이 우리의 지속가능한 성장을 방해하고 있습니다. 모든 국가, 세대, 성(Gender)이 해결에 동참해야 하며 특히 민간 기업이 중요합니다. 그저 할 일만 했다는 안도감을 주는 기업의 사회적 책임에서 한 걸음 더 나아가야 합니다. 광고인 여러분은 힘이 있습니다. 스토리텔러입니다. 가난 퇴치, 불평등 해소, 차별 금지 프로젝트를 도와주세요. 인류 아무도 소외되지 않도록."(뉴데일리, 2016)

칸라이언즈는 20여 년 전부터 유엔과 공동 작업으로 '영 라이언즈 컴피티션(Young Lions Competition)' 과제로 유엔의 '지구 살리기' 해법을 모색해 왔다. 반기문 총장의 칸라이언즈 연설은 광고산업 6인의 거장들과 함께 기획한 거대하고 놀라운 일대 사건이었다. 옴니콤(Omincom)의 존 렌(John Wren) 회장, WPP의 창업자 마틴 소렐 경(Sir Martin Sorel), IPG의 마이클 로스(Michael Roth) 회장, 하바스(Havas)의 야니크 볼로레(Yannick Bolore) 회장, 덴츠(Dentsu)의 타다시 이시이(Tadashi Ishii) 회장, 퍼블리시스(Publicis)의 모리스 레비(Mauris Levy) 회장 등 세계 크리에이티비티 업계와 마케팅 업계를 쥐락펴락하고 있는 6인의 경쟁 기업 회장들이 칸 무대에 서서 반기문 총장의 호소에 맞장구치며 지속가능한 발전 목표를 주제로 광고 캠페인 경쟁을 하기로 선언한 것이다.

WPP의 마틴 소렐 경은 "업계의 치열한 경쟁자들이 이렇게 같은 프로젝트를 한 역사는 없었다. 크리에이티비티 전문가들이 한마음으로 '인류의 지속적 성장'이라는 커다란 목표를 위해

[그림 6-6] (왼쪽부터) 하바스의 야니크 볼로레 회장, IPG의 마이클 로스 회장, WPP 창업자 마틴 소렐 경, 반기문 전 UN사무총장, 옴니콤의 존 렌 회장, 퍼블리시스의 모리스 레비 회장 ⓒCannes Lions

뭉쳤다는 건 SDGs에 큰 활력소가 될 것이다."라고 말했다. 이들은 2016년부터 칸라이언즈에서 국가별 젊은 크리에이터들을 백일장으로 뽑는 '영 라이언즈 컴피티션' 우승자에게 부문별로 각기 캠페인 펀드를 지원하기로 하고 이 펀드를 통해 SDGs 캠페인을 기획, 집행하기로 했다.


## 세계 6대 광고지주회사 회장, 지속가능한 발전 목표 캠페인 선언

세계 6대 광고지주회사 회장들의 구체적인 화답을 보자.

하바스의 야니크 볼로레 회장은 "클린 에너지 등에 관심이 많다. 커뮤니케이션에 마술은 없다. 세계 최고의 메시지와 창의적 콘텐츠가 다 여기 칸라이언즈에 있으니 미디어와 협력해 캠페인을 펼치겠다. 우리의 노력이 모든 산업 분야로 퍼져 나가길 바란다."고 했다.

IPG의 마이클 로스 회장은 물 부족과 접근성 해결에 주력하겠다고 하면서 "지구에서 1천8백만 명이 물 부족으로 고생했다. IPG는 물 접근성의 문제에 대한 캠페인을 2015년부터 시작했다. 유엔과 이미 협약도 했다. 네슬레, 코카콜라 등 물 관련 기업들과 일하고 있는 덕분에 마시는 물에 더 관심을 가지게 되었다. 우리가 미디어를 생산해 내지는 못하지만 누구보다 코디 역할을 잘할 수 있을 것이다."라고 했다.

옴니콤의 존 렌 회장은 교육 평등과 기회를 넓히고 개선하는 데 주력하겠다고 하면서 "우리가 아이들 교육 부문을 맡겠다. 크리에이티비티 종사자들에게는 저마다 나눌 만한 소중한 경험들이 있다. 우리는 스토리텔러들이다. 교육이 인류의 지속가능한 성장을 위한 문제 해결의 시작이다. 특히 아이들과 여성 교육이 중요하다."고 했다.

퍼블리시스의 모리스 레비 회장은 "기후변화 대책에 관한 캠페인을 하겠다. 지구 전체 음식은 남아도는데 굶는 사람은 속출했다. 우린 화학회사도 농업회사도 아니지만 공유경제 등 음식의 분배가 지속가능한 미래에 도움이 될 것이라고 확신한다."고 했다.

WPP의 마틴 소렐 경은 이 무대에 동참하지 않은 다른 광고 회사들에게도 적극적인 동참을 호소했다. "기후변화 대응에 커먼 그라운드(Common Ground, 공동인식)가 필요하다. 전 세계 35%의 여성이 아직도 불평등을 겪고 있다. 17개의 목표를 세워 재정적인 문제를 푸는데 노력했다. 성 다양성과 평등성이 SDGs을 이루는 전제조건이다. 특히 유럽에서 여기저기 고립과 소외를 당하고 있는 난민 이슈에 대해 다른 에이전시들도 동참해 적극 도와 달라."고 했다.

영상 메시지로 토론을 대신한 덴츠의 타다시 이시이 회장은 "크리에이티비티로 인류에 기여할 수 있는 기회를 줘서 고맙다."고 짧게 화답했다.

마지막으로 마이크를 받은 반기문 총장은 여성 평등과 성 평등을 다시 강조했다(뉴데일리, 2016). "여성이 제대로 사회적 제약에서 벗어난다면 인재가 2배로 늘어나는 것이다. 개발도상국 여성들의 건강과 수명 문제를 놓쳐서는 안 된다. 실천이 중요하다. 여기 글로벌 광고인들에게 부탁한다. 자비를 원하는 것이 아니라 여러분의 참여와 스토리텔링 능력을 원한다."

## CSR · CSV · ESG……진정성 보여야 성공

유엔이 민간 기업을 상대로 '지속가능한 발전 목표(SDGs)'를 호소하기 전에도 이미 기업들은 마케팅 수단 혹은 생존 본능으로 기업의 사회적 공헌에 예산을 쓰고 있었다. 1990년대 세계 적으로 활성화된 기업의 사회적 책임(CSR) 개념은 기업이 돈을 벌어 그 이익의 일부를 사회에 환원하는 것을 말한다. 처음에는 기업 이익의 일부로 장학재단을 운영하고 재난성금을 내거나 사회봉사 활동을 하는 소극적 방식에서 출발, 마케팅과 연계해 문화예술 공연을 후원하고 최소한의 이익만 내는 사회적 공익기업을 세우기도 하는 적극적 개념으로 발전했다. 국내 주요 대기업 중에 CSR 부서를 두지 않은 곳이 없을 정도로 보편화된 기업 활동의 일부가 되었다.

기업의 사회적 책임은 공유가치 창출(Creating Shared Value: CSV)이란 개념으로 한 걸음 더 나아가고 있다. '공유가치를 만들자'는 것인데, 기업의 활로와 공동체의 번영이 상호 의존적이라는 인식에 기반을 두고 있다. 2011년 마이클 유진 포터(Michael Eugene Porter) 하버드 대학교 경영학과 교수가 『하버드 비즈니스 리뷰』에서 이 개념을 주창한 이래 많은 기업들이 경영에 활용했다. 필립 코틀러는 『마켓 3.0』에서 "이성에 호소하던 1.0 시대와 감성에 호소하던 2.0 시대를 지나 소비자의 영혼에 호소하는 3.0 시대가 왔다. 앞으로는 소비자, 기업, 사회의 가치가 상호 조화를 이루는 기업가 정신이 요구된다."고 주장하기도 했다(필립 코틀러, 2010). 코틀러는 2016년에 버전을 업그레이드해 '마켓 4.0'의 개념을 내놓고, 전통 마케팅이 디지털로 드라마틱하게 옮겨 가고 있다고 강조했다.

06 지속가능한 발전 목표와 브랜드 액티비즘

CSV는 CSR과 비슷하지만 가치 창출이라는 점에서 차이가 있다. CSR이 수익을 추구하는 것이 아니라 사회봉사를 통해 기업의 이윤을 환원하려는 것이 목적이라면, CSV는 경제적 이익과 사회적 효과를 동시에 추구한다. 식품, 통신 등 저개발국가에 필요한 서비스를 개발해 위생 시설과 인프라가 부족한 지역의 시장을 타깃으로 개척하거나, 지구 온난화를 줄이는 상품으로 글로벌 판로를 확대하는 것 등이 CSV 활동이다. 다시 말해서, CSR이 돈을 번 후에 이익을 일부 돌려주는 개념이라면, CSV는 사회적 가치와 경제적 수익을 동시에 추구하는 상품이나 서비스를 발전시키는 것이다.

CSV와 비슷한 ESG(Environment, Social, Governance, 환경 · 사회 · 지배구조)라는 개념도 2000년 이후 국제금융권을 중심으로 확산되고 있다. ESG는 투자 관련 용어로도 많이 쓰인다. 기업의 재무적 성과만을 판단하지 않고 장기적 관점에서 기업의 지속가능성과 사회 · 윤리적 가치를 고려해 투자하는 것을 말한다. 투자하려는 기업이 사회적 환원을 얼마나 잘했는가, 상품이나 서비스가 친환경적인가, 지배구조는 투명한가 등을 고려하는 ESG 펀드가 다른 펀드에 비해 수익성에서 안정적이라는 결과가 속속 입증되고 있다. 코로나 팬데믹 이후 ESG 투자는 '지속가능'이란 측면에서 더욱 주목을 받고 있다. 이젠 'ESG 경영'이라는 말이 부가설명 없이 기사 제목으로 쓰일 정도로 보편화되어 가고 있다. 글로벌 금융기관도 대부분 ESG 평가정보를 활용했다. 2000년 영국을 시작으로 서유럽국가들이 연기금을 중심으로 ESG 정보의 공시를 의무화하고 있으며, 2006년에는 유엔이 산하기관으로 유엔책임투자원칙(UNPRI)을 설립해 ESG 투자를 장려하고 있다.

ESG 경영은 마케팅과 투자 측면을 넘어서 기업 생존에 필수적인 비즈니스 절차이자 철학으로 자리 잡고 있다.

미국·EU·일본 등 선진국 기업들은 ESG 경영을 앞다투어 도입하면서 글로벌 납품 업체들에 ESG 의무 준수를 요구하고 있다. 글로벌 가치사슬로 얽혀 있는 모든 기업이 ESG 지향을 하지 않을 수 없게 되었다.

EU는 모든 기업에 공급망의 인권·환경 실사 의무를 부과하는 법률안을 제정하고 있으며, 일본은 ESG 채권에 인센티브를 부여하고 있다. 중국조차 탄소 배출량 감축 목표를 위반한 기업의 사회적 신용 등급을 낮춰 세금 인상을 하겠다고 공언하고, 조 바이든(Joe Biden) 미국 대통령은 2025년까지 탄소세 법안을 도입하겠다고 공약했다.

한국도 앞으로는 의무적으로 ESG 정보를 공시해야 한다. 금융위원회는 2021년 1월 "연내 ESG 정보 공개 지침을 제시해 2025년까지 기업들이 '지속가능경영보고서'를 자율 공시 하도록 하겠다."고 발표했다. 2025년부터 자산 2조원 이상 코스피 상장사에 ESG 정보 공시를 의무화하고, 2030년부터는 코스피 전체 상장사로 대상을 확대한다.

06 지속가능한 발전 목표와 브랜드 액티비즘

**ENVIRONMENTAL**
- climate change
- resource depletion
- waste
- pollution
- deforestation

**SOCIAL**
- human rights
- modern slavery
- child labour
- working conditions
- employee relations

**GOVERNANCE**
- bribery and corruption
- executive pay
- board diversity and structure
- political lobbying and donations
- tax strategy

[그림 6-7] ESG로 구분한 글로벌 이슈 ©UNPRI.org

기업의 사회적 책임(CSR)은 공유가치 창출(CSV)을 하자는 적극적 개념으로 확대되고, 더 나아가 투명한 지배구조를 가진 사회 환경 보호 기업(ESG)에 투자가 몰리는 지속가능(sustainable)경제로 진화했다. 개념과 범주는 살짝 다르지만 이 모두 SDGs의 어젠다 실천으로 포괄할 수 있는 기업의 경제활동 영역이다. 브랜드가 인류 공생의 구체적 해결책을 내놓고 SDGs 지표를 통해 경쟁하기 시작한 것이다. 브랜드가 세계 시민으로 인격을 갖추고 사회활동에 뛰어들었다. 진정성을 갖고 사회에 목소리를 내는 브랜드만이 소비자의 마음을 흔들 수 있다는 생각이 점점 강해지고 있다.

유엔이 정한 지속가능한 발전 목표(SDGs) 17개 어젠다의 실천 시한이 2030년이다. 브랜드의 행동을 요구하는 소비자, 시민들의 요구는 더욱 거세질 것이다. 코로나19로 빚어진 팬데믹은 기업의 마케팅과 투자 분야에만 국한된 것이 아니라 경제활동 전반, 나아가 국가 경영에서 지속가능한 발전 목표를 이룰

때만이 인류가 지속가능한 발전을 이룰 수 있음을 깨닫게 해 주었다. 크리에이티비티 기업들이 먼저 시작한 SDGs 마케팅이 기업을 살리고 국가와 인류를 발전시키는 크리에이티비티의 모델이 될 수 있을 것이다.

## 지속가능한 발전 목표 달성을 위한 17개의 어젠다

유엔이 정한 지속가능한 발전 목표(SDGs)의 17개 어젠다는 구체적으로 다음과 같다. 빈곤 타파(No Poverty), 기아 탈출(Zero Hunger), 건강(Good Health and Well-Being), 양질의 교육(Quality Education), 양성평등(Gender Equality), 식수·위생(Clean Water and Sanitation), 클린 에너지(Affordable and Clean Energy), 노동복지·경제성장(Decent Work and Economic Growth), 산업혁신·인프라(Industry Innovation and Infrastructure), 불평등 해소(Reduced Inequalities), 지속가능한 공동체(Sustainable Cities and Communities), 책임 있는 소비와 생산(Responsible Consumption and Production), 기후변화 대응(Climate Action), 해양자원(Life Below Water), 토지 자원 보호(Life On land), 평화와 정의를 위한 제도(Peace, Justice and Strong Institutions), 그리고 목표를 향한 협력(Partnerships For the Goals)이 그 17가지다.

[그림 6-8] UN이 지정한 지속가능발전목표 17개 지표 ⓒ지속가능발전포털

## 국내 기업의 지속가능경영

수지 워커(Susie Walker) 칸라이언즈 어워드 팀장은 "전 세계 소비자의 약 60%가 신념에 따른 구매자가 되었다. 공동의 가치를 기준으로 브랜드를 선택하기 시작했다. 소비자의 90%는 브랜드 회사가 당면한 지구의 문제를 해결할 수 있는 제품을 만들기를 원한다. 브랜드가 소비자에게 다가와 사회 문제를 해결하기를 원한다. 그 변화를 돕는 능력이야말로 브랜드의 가치를 증명하는 강력한 도구가 될 것이다."라고 했다(Lions Live 2020).

환경보호, 양성평등, 사회적 약자 지원, 인권 등 정부나 시민단체 등이 주도하던 시민운동 분야에 민간 기업들도 앞다투어

나서기 시작했다. 글로벌 기업 중심으로 마케팅과 광고 분야 중심으로 확산되어 온 SDGs 캠페인이 이제 국내 기업들에게도 더 이상 미래 과제가 아닌 당면한 경영 이슈가 되었다. 지난 2019년부터 칸라이언즈코리아 주관으로 열리는 SDGs 포럼에는 대기업과 스타트업 기업들이 대거 참여했다.

지구의 지속가능한 발전 환경을 만들기 위한 SDGs의 어젠다가 유엔이나 정부기관, 시민단체의 걱정을 넘어서서 민간 기업들의 생존을 가늠할 수도 있다는 인식이 확산되기 시작했다. 대기업들이 잇달아 SDGs 전담부서를 신설하고 마케팅과 경영 전반에 지속가능발전의 개념을 도입했다. ESG를 내세운 선도 기업들과 2020년 SDGs 포럼에 참여한 기업들과 지속가능경영 활동의 사례들을 살펴보자(뉴데일리, 2020). 기업의 사회적 책임과 환경보호운동으로 시작한 국내 대기업들의 사회적 마케팅은 2015년 이후 SDGs 등 유엔이 내놓은 목표까지 관리하는 ESG 경영으로 급속히 확산했다.

## 기후변화, 재활용, ESG 투자······ 남 일 아니다

한화그룹은 1991년 국내 기업 최초로 환경안전보건방침인 'ECO-2000 운동'을 시작했다. 환경보호를 방해하는 에너지 사용을 최소화하는 것을 경영이념으로 삼은 것이다. 친환경에너지를 활용한 '태양의 숲' 프로젝트가 대표적인 사업이다. 한화

그룹의 신가정 부장은 2020년 SDGs 포럼에서 "기술혁신을 통해 보다 경제적이고 접근이 쉽게 친환경 에너지를 제공하는 것과 사람들의 인식을 변화시키는 것이 한화의 목표다. 기업 홀로 SDGs 목표를 달성하기는 힘들다. 정부, 국민과 함께 환경 프로젝트를 진행해야 한다."고 했다.

신한금융지주는 오는 2030년까지 녹색금융에 20조원을 지원하고 온실가스 배출량을 20%까지 절감하는 저탄소경영에 돌입했다. 이른바 'ECO 트랜스포메이션 20 · 20'사업이다. 2005년에는 국내 금융사 최초로 사회책임보고서를 발간했고, 환경 리스크를 관리하는 '적도원칙'에 가입해 2014년부터 온실가스 목표를 25% 초과 달성했다. 2019년에는 국내 금융사 최초로 기후변화대응 원칙을 세워 UN책임은행 원칙에 서명했다. 기관투자자 중심의 ESG(Environment Social Governance) 펀드 시장에도 앞서고 있다.

현대자동차 그룹은 2013년 시작한 청소년 교육 프로그램인 'H-점프스쿨'과 개발도상국의 정비사 육성을 돕는 '현대드림센터'를 대표적인 지속가능경영 사례로 내세웠다. 미래인재를 키우고 교육 소외 문제를 해소하는 것이 목표다. 현대자동차 그룹의 이병훈 상무는 2020 SDGs 포럼에서 "H-점프스쿨에서는 직원 210명이 멘토가 되어 청소년들과 오랜 기간 취미활동까지 같이하면서 보낸다. 아이들이 빈곤의 악순환에 빠지지 않도록 진정성을 갖고 돕는다."고 밝혔다. 현대기아차는 2020년

9월 유엔개발계획(UNDP)과 함께 '지속가능한 발전을 위한 솔루션 창출과 현실화에 대한 업무협약'을 맺고 본격적으로 ESG 경영에 나섰다.

삼성전자는 지속가능경영팀을 운영했다. 한 사례로 에코패키지 디자인을 들 수 있다. 소비자가 구매한 TV 패키지를 보낼 때 쓰는 포장지에 점을 찍어 디자인 개념을 도입했다. 포장재를 버리지 않고 가구로 다시 활용할 수 있도록 했다. 기존 패키지에서 에코 패키지로 변화시키면서 새로운 공정이 필요하거나 재료비가 더 드는 등의 이슈가 발생하지 않게 했다는 점에서 주목을 받았다. 삼성물산이 2020년 10월 석탄 관련 신규 사업을 중단하고 진행 중인 사업을 단계적으로 철수하겠다고 선언하는 등 환경보호 이슈는 삼성그룹의 핵심 어젠다가 되었다.

현대제철은 커피를 내리고 남는 찌꺼기인 '커피박'을 수거해 재활용하는 리사이클링 시스템을 만들어 냈다. 이명구 전무는 "커피박은 재자원화 시스템을 통해 바이오 연료, 퇴비, 화장품 등 다양한 제품으로 재탄생한다. 인천시와 협력해 공공수거 시스템을 개선하고 자원을 리사이클링해 일자리까지 늘리는 선순환경제 모델을 구축했다."고 했다. 현대제철은 인천시 5개구 181개 커피전문점에서 월 평균 15톤의 커피박을 수거했다.

일찍이 ESG 경영을 표방하고 나선 롯데그룹은 모든 비즈니스 영역에서 환경에 대한 책임을 우선순위로 고려하는 5Re(Reduce, Replace, Redesign, Reuse, Recycle) 모델의 완성을 목

06 지속가능한 발전 목표와 브랜드 액티비즘

표로 했다. 플라스틱 선순환 체계, 친환경 패키징, 식품 폐기물 감축 등 구체적인 자원 선순환 프로젝트에 가장 앞선 기업 중의 하나다. CSV(Creating Social Value)팀을 운영하는 롯데는 2014년 부터 시작한 'mom편한'이라는 브랜드를 통해 내부 조직문화를 추스르는 지속가능경영을 선보였다. 엄마의 마음으로 조직문제를 풀어 나가겠다는 것이다. 실제로 롯데는 지난 2017년 국내 기업 최초로 남성육아휴직을 의무화했다. 남성 직원들이 육아휴직을 기피하지 않도록 오히려 휴직을 해야 좋은 성과지표를 받을 수 있도록 하는 방식으로 조직 문화를 개선했다.

SKT는 2020년 새로운 영상서비스 'V컬러링'을 시작하면서 기부 캠페인으로 사용자를 늘리는 이벤트를 했다. 기부단체와 함께 고객이 V컬러링 콘텐츠를 이용하면 SKT가 기부금을 대신 내는 연말행사로 '사회적 가치'와 '경제적 이익'이라는 두 마리 토끼를 쫓는 더블바텀라인(double bottom line) 마케팅이다. 일회용 플라스틱컵 줄이기 캠페인인 'happy habit'을 V컬러링 앱으로 알리는 일석이조 이벤트도 효과적이었다.

국내 기업들도 마케팅 차원을 넘어 경영 전반에 ESG를 전면적으로 도입하기 시작했다. SK그룹은 2020년 11월 SK(주), SK텔레콤 등 8개 계열사가 한국 RE100위원회에 가입 신청을 함으로써 그룹의 전력 수요를 100% 재생에너지로 조달하겠다는 야심찬 도전에 나섰다. '재생에너지 100%'의 약자인 RE100은 2050년까지 사용 전력의 100%를 태양광, 풍력 등 재생에너지 전력으로 조달하겠다고 약속한 글로벌 기업의 연합체다. 2014년 영국 비영리기구 더 클라이밋 그룹(The Climate Group)이 시작한 이 프로젝트에 구글, 애플, 이케아 등 264개 기업이 가입해 있다. CJ도 올리브영의 클린뷰티 캠페인과 생분해 플라스틱 등으로 지속가능한 발전 목표(SDGs)를 실행했다. 이 회사는 UN 선정 국제 친환경 인증 GRP(Guidelines for Reducing Plastic Waste) AA 등급을 획득하는 등 클린뷰티 시장을 주도하고 있으며, 종이 영수증을 전자처리로 대신하는 스마트 영수증은 2015년 도입 이래 누적 1억 건을 넘어섰다.

## '사회적 책임'에서 '사회적 가치'로

ICT 기업들의 지속가능경영 참여도 활발하다. KT는 자사의 ICT 기술을 바탕으로 청각장애자들의 목소리를 찾아주는 '목소리 찾기 캠페인'을 2003년부터 꾸준히 확대했다. CSR(기업의 사회적 책임) 차원에서 출발, 자사의 미래 3대 핵심 과제인 '사회적 가치 실현, 인공지능, 클라우드 인재육성, 고객발 혁신'을 결합한 SDGs 프로젝트다.

구글코리아는 국내에서만 월 3천만 명이 모이는 유튜브 플랫폼을 마케터가 보다 쉽게 활용할 수 있도록 하는 시스템을 개발했다. 구글의 황신재 크리에이티브 리드는 "미디어와 크리에이터 간 시너지를 낼 수 있도록 '비디오 빌더' 등 다양한 크리에이티브 솔루션 툴을 개발했다. 광고를 만들 때의 번거로운 과정을 줄여 주는 솔루션 툴을 활용하면 광고 예산 집행 등을 획기적으로 효율화할 수 있다."고 밝혔다. 마케터들이 유튜브를 쉽게 활용할 수 있도록 해서 크리에이티비티에 집중할 수 있도록 하겠다는 것이다. 광고주의 노력과 비용을 줄여 주고 유튜브를 더 활성화하도록 하는 일석이조의 프로젝트인 셈이다. 스타트업 기업들은 애초 사업 발상부터 지속가능경영에서 출발한 곳이 많다.

스타트업 기업 스타일쉐어는 비대면 시대에 지속가능한 쇼핑으로 주목받고 있는 라이브 커머스를 라이브 콘텐츠로 확대했다. 스타일쉐어의 장선향 팀장은 "유저가 원하는 콘텐츠 시장을 지속적으로 창출하면 중소기업이 대규모 마케팅을 하지 않아도 성장 가능한 환경이 된다."고 했다.

스타트업 기업 ○○○간(공공공간)은 지역 시민운동의 발상에서 출발한 기업이다. 영세한 봉제공장에서 아무렇게나 버리는 천을 모아 예쁜 자투리 쿠션을 만들어 판다. 원단 쓰레기를 줄이고 소비자들에게는 '제로 웨이스트'의 제품을 파는 지속가능제품이다. 공공공간의 신윤예 대표는 "지역사회에는 지속가능한 환경을 주고, 소비자에게는 가치 있는 디자인을 제공해야 제로 웨이스트 기업이 성공한다. 지속가능한 관점에서야 생산과 소비 프로세스 전반을 바꾸어 낼 것이다."라고 강조했다.

서울 망원시장의 리필 스테이션 알맹상점은 섬유유연제와

세탁세제·샴푸 등을 파는 곳이다. 손님이 용기를 준비해서 원하는 만큼만 담아갈 수 있다. 일회용 사용을 피하기 위해 각종 리필 상품을 준비해 놓은 제로 웨이스트 숍이다. 알맹상점의 고금숙 대표는 "1인 가구 시대인데, 리필상점에서는 불필요하게 많은 양의 제품을 오래 두고 쓸 필요 없이 필요한 만큼만 담아 살 수 있다."고 설명했다.

코로나 위기로 급성장한 마켓컬리는 소비자와 생산자, 유통 채널 모두 상생하는 선순환 유통을 위해 2019년 9월부터 '올 페이퍼 챌린지'를 시작했다. 비닐 완충포장재, 비닐 파우치, 지퍼백, 박스 테이프, 스티로폼, 아이스팩까지 모두 종이로 변경했다. 마켓컬리의 박은새 리더는 "9개월 만에 스티로폼 박스 2,541톤, 비닐봉지 1,378만 장, 젤 아이스팩 8,396통, 비닐 페이스 47만 개의 사용량을 줄였다."고 밝혔다(뉴데일리, 2020).

코로나 시대, 브랜드의 사회적 책임은 더 커졌다. 코로나 위협에 대응하기 위해 사회 경제적 구조가 급격히 변화하고 있기 때문이다. 신뢰받는 브랜드, 지속가능한 성장을 하는 브랜드가 되기 위해 민간 기업들이 사회적 운동에 앞장서기 시작했다. '지속가능'이 아니라 '생존가능'이 문제일지도 모른다는 위기의식을 안고 있다.

# 지속가능한 발전 목표(SDGs) 브랜드의 키워드 세 가지

코로나 바이러스의 습격 직전인 2019년 6월, IBM의 인공지능 '왓슨'이 프랑스 칸라이언즈에 모인 크리에이티비티 전문가들의 연설을 분석했다. 수백여 명의 연사들이 쏟아낸 말 가운데 가장 많이 언급된 세 가지 단어를 고르는 것이 왓슨의 임무였다. 왓슨은 연사들이 강연을 할 때마다 연설문을 텍스트로 변환하고 가장 많이 언급된 단어를 찾아 그 숫자를 세었다. 왓슨이 찾아낸 세 가지 키워드는 접근성(access), 전자상거래(e-commerce), 브랜드 액티비즘(brand activism)이었다. 2019년 크리에이티비티 산업의 현재와 미래를 보는 키워드가 코로나 시대를 맞아 더욱 강력하고 급진적으로 브랜드 기업과 크리에이티비 산업의 운명을 흔들고 있다. 칸라이언즈 수상작을 중심으로 세 가지 키워드의 사례를 살펴보는 것은 브랜드 마케팅과 크리에이티비티 산업의 성장 방법을 찾는데 기여할 것이다.

## 접근성: 장애인 등 '모두의 접근성' 갖춘 브랜드에 공감

접근(access)이라는 새로운 테마는 무엇을 의미하는가? 왜 소비자들을 만족시키고 있는가? 그리고 산업에 왜 새롭고 긍정적인 방향으로 기여하고 있는가? 2019년 칸라이언즈 헬스&웰니스 부문 심사위원인 맥캔헬스의 CCO 매트 이스트우드(Matt Eastwood)는 심사 소감에서 "포용성(inclusivity)의 시대에 누구나 모든 것에 접근이 가능해야 한다는 것이 가장 큰 주제였다."고 말했다(Cannes Lions, 2019).

장애인용 가구 보조품을 만든 이케아(IKEA)의 캠페인 'ThisAbles(제작 맥캔 텔아비브)'가 좋은 사례다. 기존 장애인용 가구는 비싸고 장애인마다 쓰임새가 안 맞아 소용없는 경우가 많았다. 이케아는 장애인마다 다른 키높이나 불편한 팔다리의 방향 등을 고려해 가구를 장애인의 활동에 맞춰 쓸 수 있도록 특수한 보조품을 내놓았다. '못하는 것들(Disables)'이 아니라 '이렇게 가능한 것들(This Ables)'이라고 지은 중의적 발음의 타이틀도 창의적이다. 칸에서 그랑프리, 골드라이언을 포함하여 13개의 상을 받은 작품이다. 이 캠페인은 사실 이케아가 구상한 것이 아니라, 광고회사 맥캔 텔아비브의 뇌성마비를 앓고 있는 카피라이터 엘다르 유수포프(Eldar Yusupov)가 제안한 것이다.

엘다르는 이케아의 기업 철학이 '다수를 위해 더 나은 삶을 만드는 것'이라는 것을 잘 알고 있었지만, 거기에 자신과 같은 장애인들은 포함하지 않고 있다는 점을 파고들었다. 실망스럽게도 기존의 이케아 가구들은 엘다르의 장애를 상기시키는 물건일 뿐이었다. 엘다르는 완전히 새로운 장애인용 라인을 만드

[그림 6-9] 2019 칸라이언즈 시상식. 화살표는 그랑프리를 수상한
엘다르 유수포프 카피라이터 ⓒCannes Lions

는 대신 원래 이케아 가구를 살짝 해킹해 조립식 부착물을 만
들어 내자는 아이디어를 냈다.

이렇게 접근성을 강조한 브랜드에서 흥미로운 점은 사회적
접근이라는 기업의 사회적 책임(CSR)의 차원을 넘어 순전히 비
즈니스 차원에서도 성장 기회를 찾았다는 점이다. 이케아의
'ThisAbles'의 경우 웹사이트 트래픽이 28.5% 증가했으며, 장
애인용 보조품(Add On)이 지원되는 제품의 매출이 37% 증가했
다는 것이다. 애쉬튼 커처(Ashton Kutcher)와 같은 A급 인플루
언서들이 이를 소셜 미디어에 소개하면서 확산시킨 미디어적
가치는 400만 달러에 달하는 것으로 추산된다. 접근성을 극대
화한 것이 상품 판매에도 도움이 되며 앞으로도 더 확장할 수
있다는 믿음은 이케아가 제품 디자인을 누구나 3D 프린터로
다운받아 인쇄할 수 있는 오픈 소스로 만들었기 때문이다. 이

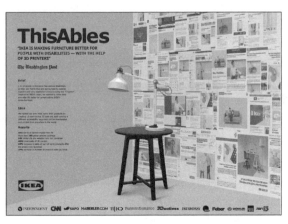

[그림 6-10] 2019 칸라이언즈 Health & Wellness 부문 그랑프리를 수상한
ThisAbles ⓒCannes Lions

케아는 다른 가구 디자인 회사들도 장애인을 위해 기존 제품을
재설계하거나 특수 부착물을 만들 수 있도록 설계도를 공개한
것이다.

마이크로소프트도 장애인용 Xbox 제품을 만드는 데 공을 들
이고 있다. 게임기를 조작하기에 불편한 장애인들을 위해 여러
보조품과 주변기기들을 내놓았다. 슈퍼볼 광고에 출연해 장애
아들이 비디오 게임에 참여하는 모습을 보여 주는 캠페인(대행
사 맥캔 뉴욕)은 2019년 칸라이언즈 그랑프리(Brand Experience
& Activation 부문)를 수상했다. Xbox의 장애인용 '맞춤형 조작
기(adaptive controller)' 시장은 연매출 300억 달러가 넘는 마이
크로소프트 입장에서 마치 장부의 반올림 오류처럼 보일 정도
로 작은 규모에 불과하다. MS의 캐슬린 홀(Kathleen Hall) 브랜

06 지속가능한 발전 목표와 브랜드 액티비즘

[그림 6-11] MS는 장애를 가진 누구나 게임을 할 수 있도록
게임 콘트롤러를 제작했다. ©Cannes Lions

드 부문 부사장은 "브랜드 형평성의 관점에서 보면 그것은 세
기도 뭐한 정도다."라고 말했지만 마이크로소프트는 숫자를 초
월한 성과를 얻고 있다. MS 게임기는 모든 사람이 접근할 수
있는(Accessible) 브랜드로 자리매김했으며, 소비자들의 환상적
인 소비 심리를 이끌어 냈다.

슈퍼볼 스팟, 유튜브 교육용 비디오, '모든 능력을 갖춘 게이
머'를 위한 e-스포츠 토너먼트 등 맥캔 뉴욕이 대행한 캠페인
은 11억이 넘는 조회 수를 기록했다. 칸라이언즈 심사위원장
을 맡았던 제이미 맨델바움(Jaime Mandelbaum; Chief Creative
Officer, VMLY&R Europe)은 "Xbox Adaptive Controller는 브랜
드와 소비자의 관계를 바꿀 뿐 아니라, 사람들의 삶에 큰 영향
을 미치기 때문에 그랑프리를 수여했다."고 평했다. 2019 칸

[그림 6-12] 2019 칸라이언즈 Creative Strategy 부문 그랑프리를 수상한
볼보 EVA 이니셔티브 ⓒCannes Lions

라이언즈 '크리에이티브 데이터' 부문 그랑프리(제작 Forsman
& Bodenfors)를 받은 볼보(VOLVO)의 'EVA 이니셔티브(E.V.A.
initiative)'도 접근성 테마의 좋은 사례로 꼽힌다. 이케아와 MS
가 그랬듯이 볼보도 다른 자동차 회사들이 설계를 개선할 수
있도록 데이터를 공개했다.

　오랫동안 승객의 안전을 브랜드의 철학으로 내세워온 볼보
는 왜 모든 자동차 회사가 여성 모델이 아닌 남성 모델을 기준
으로 충돌 테스트를 하는지 의문을 품는 데서 이 프로젝트를
시작했다. 볼보는 40년간 모아온 데이터를 분석해 여성이 사고
에 더 취약하다는 점을 입증, 여성에게도 안전한 차를 만들도
록 설계 기준을 높였다. 볼보의 경영진들은 이 대목에서 그들
만의 틀을 깨는 위대한 결정을 내린다. 이 연구 자료를 볼보의

06 지속가능한 발전 목표와 브랜드 액티비즘

웹사이트에서 누구나 쉽게 다운받을 수 있도록 공개한 것이다. EVA 이니셔티브를 통해 11,000명 이상의 사람들이 데이터를 다운로드했고, 다른 자동차 회사들이 연구에 이용할 수 있게 해 주었다. 산업 전반에 걸쳐 운전자의 안전을 도움으로써 소비자들은 도로와 자동차 안전에 대한 볼보의 헌신을 더욱 신뢰하게 되었다. 이 캠페인 필름은 70개국에서 8천5백만 조회 수를 기록했고 450개 이상의 언론이 기사로 썼다.

## 전자상거래: 소매업의 원자화 목도

유니레버의 코니 브람스(Conny Braams) CMO는 "코로나19로 인해 바뀐 행동의 양상은 '집콕'을 하게 되었다는 것과 위생에 대한 개념이 바뀌었다는 것이다. 건강·경제적 이유로 집콕을 하면서 디지털 수단에 의지할 수밖에 없고, 모든 구매결정은 온라인으로 하게 되었다. 위생의 개념도 바뀌어 개인 위생에서 가정 위생으로 확대되고 있다."고 했다(Lions Live, 2020).

코로나19 이후 시장은 달라졌다. 브랜드들은 '전자상거래(e-commerce)로 전환'이 선택 아닌 필수가 되었다. 마케팅 데이터 분석회사인 WARC의 데이비드 틸트만(David Tiltman) 총괄은 2020년 9월 라이언즈 라이브 강연에서 "최근 10년간 미국의 전자상거래 보급률(penetration rate)은 겨우 10% 포인트 증가했는데, 2020년 3분기에만 11% 포인트가 늘었다."고 말했다. 칸라이언즈에서도 필름이나 프레스처럼 전통적인 어워드 부문의 출품은 줄어드는 반면, 크리에이티브 이커머스(creative e-commerce) 부문의 출품작은 기록적으로 늘고 있다. 전자상거래의 모든 것은 고객의 엔드 투 엔드 여정(end-to-end voyage), 곧 체험(experience)에 관한 것이다. 상거래의 모든 관심은 최종 결과, 즉 가장 중요한 체크아웃(결제)의 순간으로 향한다.

2019년에 칸라이언즈에서 e-Commerce Lions 심사위원장을 맡았던 분더만(Wunderman)의 다니엘 보너(Daniel Bonner) CCO는 이커머스 시대의 도래를 '소매업의 원자화(the atomisation of retail)'라고 부른다. "우리는 소매업의 원자화를 목격했다. 사람들은 어디에서나 살 수 있다. 라이브 TV, 벽의 그래피티, 포스터, 친구들로부터. 여러분은 거의 세상의 모든 것을 다 살 수 있고 그것은 가게나 선반에 있을 필요가 없다"(브랜드브리프, 2020). 공유가 가능하고 유저 인터페이스가 매끄러운 체험을 준다면 상거래는 이미 절반의 성공에 다가선 것이다. 전자상거래의 확산은 브랜드 회사의 조직에도 영향을 미친다. 한 사례로 허쉬(The Hershey Company)는 기존 마케팅팀과 별도로 전자상거래 마케팅팀을 운영하다가 전자상거래가 폭발적으로 늘어나자 급한 대로 마케팅팀의 예산을 합쳐 버렸다.

허쉬의 질 배스킨(Jill Baskin) CMO는 "마케팅팀의 예산을 공동으로 계획하면서 중복된 부분을 없애고, 집행 또한 중복되지

06 지속가능한 발전 목표와 브랜드 액티비즘

않도록 했다. 예산을 합치기 전과 근본적으로 달라진 점은 매체에 구분을 두지 않고 소비자에게 접근할 방법과 빈도를 고민하게 됐다는 점이다."라고 밝혔다(브랜드브리프, 2020). 전자상거래 시장의 급속한 성장은 브랜드에게 위기이자 기회다. 글로벌 리서치사 칸타(KANTAR)에 따르면, 아이가 있는 미국 가정의 56%가 코로나19 도시 봉쇄 이후 기존에 사용하던 제품에서 새로운 제품으로 바꾼 것으로 나타났다. 새로운 고객을 확보할 수 있는 기회가 될 수 있다는 뜻이다. 고객의 평생가치(life time value)를 높이기 위해 고객의 구매 데이터를 재평가해야 한다는 것이다(WARC, 2020).

'집콕'의 영향으로 유튜브, 페이스북 등 온라인 대형 플랫폼의 영향력도 더욱 커졌다. 코로나 시대의 전자상거래로 급격히 떠오른 분야는 바로 퍼포먼스 마케팅이다. 중국과 한국을 중심으로 유튜브 라이브 방송(live streaming commerce)이 가파른 성장세를 보이고 있다. 하지만 틸트만은 "퍼포먼스 마케팅에 집중하다 보면 브랜드가 위험에 빠질 수 있다는 점을 간과해서는 안 된다. 여전히 중요한 것은 브랜드 파워다."라고 경고한다.

마케팅 미디어 컨설팅 기업인 이비쿼티(Ebiquity)에 따르면 최근 브랜드들이 광고비를 줄이는 대신 전자상거래에 많은 비용을 지불하고 있는 것으로 나타났다. WARC에서 분석한 영국 자동차 보험사 사례를 보면, 브랜드 광고를 하고 있는 '처칠(Churchill)' 보험사와 그렇지 않은 브랜드를 비교한 결과, 처칠

보험사가 다른 브랜드와 비슷한 서비스를 제공함에도 불구하고 고객들은 처칠에 더 높은 가격을 지불한다는 것을 확인할 수 있다. 마케팅에 있어서 브랜드 가치와 크리에이티비티는 코로나19 이전에도 이후에도, 전통적인 상거래에서든 전자상거래에서든 언제나 가장 중요한 투자 대상이다(WARC, 2020).

[그림 6-13] 2019 칸라이언즈 Creative eCommerce 부문 골드라이언을 수상한
중국 KFC의 Christmas Pocket Store ⓒCannes Lions

06 지속가능한 발전 목표와 브랜드 액티비즘

칸라이언즈 '크리에이티브 효과' 부문 본선에 오른 캠페인의 절반 이상이 사용자 생성 콘텐츠(user generated content)와 적극적인 참여(active participation)를 유도하는 아이디어를 냈으며, 제품 구입을 위한 손쉬운 링크가 뒤따랐다. 중국 KFC의 성공적인 모바일 상거래 프로그램인 'Christmas Pocket Store' 케이스를 보자. 크리스마스 시즌에 모바일로 자신만의 KFC 프랜차이즈 앱인 '포켓스토어'를 만들어 친구들과 공유하는 이벤트다. 56만 개의 포켓스토어가 1일차에 문을 열었고, 4개월 만에 250만 개 이상의 KFC 포켓 프랜차이즈가 생겨났다. KFC 포켓스토어가 일시적인 시즌 이벤트이기는 하지만 KFC 그룹의 가장 큰 가게가 된 것이다. 프랜차이즈를 구축한 소비자들에게 소유감을 몰아준 것이 주효했다.

손에 쥐고 다니는 모바일을 플랫폼으로 활용했다는 점과 사람들이 무언가를 소유할 때, 그것에 대해 제대로 신경을 쓰게 된다는 점을 활용한 것이 크리에이티비티의 포인트다. 전자상거래와 크리에이티비티가 잘 결합된 또 다른 케이스는 2019년 9개의 라이언을 가져간 버거킹의 'Burn That Ad' 캠페인(제작 DAVID Sao Paulo)이다. 버거킹의 앱을 다운로드받으면 와퍼 1개를 무료로 준다. 단, 온라인 배너이든 아웃도어 간판이든 경쟁사인 맥도날드의 광고판을 불태워야 한다. 실제로 불태우는 게 아니라 버거킹의 앱이 불타는 모습을 구현해 준다. 무료 와퍼를 받기 위해 버거킹의 앱을 다운로드받는 무료한 이벤트를

[그림 6-14] 2019 칸라이언즈 Mobile 부문 실버라이언즈를 수상한
버거킹 Burn That Ad 작품 ©Cannes Lions

넘어서, 도처에 깔린 맥도날드 광고를 불태우는 재미를 더했다. '펀(Fun)'과 '놀이(Play)'의 요소를 더해 앱 다운로드를 늘리고 경쟁사의 미디어를 이용해 자사 매장 방문을 늘린 것이 크리에이티비티의 포인트다.

브라질에서 맥도날드는 버거킹보다 미디어에 약 4배 더 투자한다. 버거킹으로서는 그만큼 사치스러운 예산이 없기에, 앱 다운로드 마케팅 비용의 범위 안에서 판매를 촉진해야 했다. 맥도날드와 차별화된 앱을 만들기 위해 헛되이 기술적인 노력과 마케팅 예산을 쏟아붓기보다 고객에게 즐거움을 주는 이벤트로 승부를 본 크리에이티비티가 효과를 본 것이다.


## 액티비즘: 상업 광고가 시위 일으키고 법도 바꿔

크리에이티비티 산업은 오랫동안 브랜드의 목적에 대해 고민해 왔다. '브랜드'라는 기업의 산물도 사회 공동체의 일원으로 구성원과 부대끼며 참여할 수밖에 없기에 마케팅의 목적

06 지속가능한 발전 목표와 브랜드 액티비즘

(purpose)을 보여야만 했다. 그 브랜드가 이 사회에 왜 필요한 가를 입증해야 브랜드가 살아남을 수 있을 것이다. 2018년 칸 라이언즈 페스티벌에서는 목적의 소재나 태도로 정치가 주요한 토론 주제였다. 2019년 칸라이언즈 이후 액티비즘이 확고히 부각되었다. 브랜드의 액티비즘이란 브랜드가 제품이나 캠페인을 통해 사회 변혁을 위해 뛰어들거나 사회적 이슈를 진지하게 활용하는 것을 말한다. 기업이 경영 전반에 걸쳐 환경보호, 양성평등 경영 등으로 사회적 책임을 넘어 공동체의 지속가능한 발전에 앞장서는 것도 광범위한 의미의 액티비즘이다.

하지만 현명한 소비자들이 브랜드의 활동을 점점 더 진지하게 지켜보고 조사함에 따라 자칫하면 브랜드의 사회적 활동에는 냉소가 따라붙기 쉽다. 사회적 책임을 보여 주기 위해 상투적으로 벌이는 봉사 이벤트, 혹은 이용하려는 의도가 뻔히 보이는 마케팅을 소비자들은 금세 알아보기 마련이다. 브랜드가 이젠 진정성을 갖고 행동에 나설 수밖에 없게 된 것이다. 브랜드 액티비즘(brand activism)을 대하는 2019년 칸라이언즈 무대에서 두 연사의 말을 들어보자.

더바디샵(Body Shop)의 액티비즘 담당 글로벌 헤드 제시 맥닐 브라운(Jessie Macneil-Brown)은 "목적이 없으면 뒤처진다. 행동하는 브랜드가 최고다."라며 당장 '행동주의자'가 되라고 주장한다. 반면, 와이든+케네디(Widen+Kennedy)의 CCO 콜린 디코시(Collen DeCourcy)는 "(마케터가) 변호사나 치어리더처럼 대응할 수도 있다. 그러나 행동주의자(activist)가 되고자 한다면 고객 기반을 상당히 잃을지도 모른다고 각오를 할 만큼 불편해질 준비가 되어 있어야 한다."며 단단한 사전 준비를 주문한다(Cannes Lions, 2019).

2018년 나이키가 그런 위험을 무릅쓰고 대담한 행동에 들어갔다. 인종차별 항의로 국민의례 거부 시위를 한 전 미식축구 선수 콜린 캐퍼닉(Colin Kaepernick)을 'Just Do It' 캠페인 30주년 기념 광고 모델로 발탁한 것이다. 캐퍼닉은 샌프란시스코 포티나이너스 소속이었던 2016년 한 흑인이 경찰의 과잉 진압으로 사망하자 경기 전 국가 연주 때 인종차별에 항의해 국민

[그림 6-15] 2019 칸라이언즈 Outdoor 부문 그랑프리를 수상한 나이키
'Dream Crazy' ⓒCannes Lions

06 지속가능한 발전 목표와 브랜드 액티비즘

의례를 거부하고 무릎 꿇기 시위를 주도했다. 국민의례를 거부하며 공권력에 저항한 그는 인종차별 반대 운동의 상징적 인물이 되었지만 결국 NFL에서 퇴출되었다. 캐퍼닉의 행동을 두고 트럼프 대통령이 비난하는 등 당시 미국 사회는 찬반 논란으로 들끓었다. 국민의례를 거부해 애국심과 인종차별 이슈를 얽어 놓아 정치적인 논쟁으로 확산된 탓이다.

스포츠 용품을 파는 나이키로서 이런 첨예한 정치적 이슈의 인물을 광고 모델로 불러들이는데 상당한 용기가 필요했을 것이다. 캐퍼닉을 내세운 캠페인의 첫 공개 이후 처음에는 비판의 목소리도 많았지만 논란은 며칠 만에 가라앉기 시작했다. 미국 소비자들은 인종차별을 반대하는 나이키의 확고한 행동에 소셜 미디어의 호응과 매출 증가로 차츰 화답하기 시작했다. Wieden + Kennedy Portland가 제작한 과감한 캠페인 'The Dream Crazy'는 2019년 칸라이언즈에서 티타늄, 그랑프리 등 13개의 사자 트로피를 쓸어 갔다. 행동주의 브랜드로 나선 나이키의 성공은 여기서 그치지 않았다.

이듬해인 2020년 4월 26일 미네소타주 미니애폴리스 경찰의 가혹 행위로 흑인 남성 조지 플로이드가 사망한 뒤 인종차별에 항의하는 격렬한 시위가 벌어지자 마침 나이키의 모델이었던 캐퍼닉이 또 나섰다. 나흘만인 4월 30일 소셜 미디어에 "반란만이 타당한 반응"이라고 메시지를 올려 대중 선동에 나섰다. 이후 미국 전역은 BLM(Black Lives Matter) 시위로 다시 폭동에

휩싸였다. 폭동을 반대하는 시민들도 많았지만 '인종차별 반대'라는 이슈를 정면으로 부인할 수는 없는 노릇이다. 연방정부는 폭동 진압에 정신이 없었지만 나이키의 'Dream Crazy'는 다시 한번 주목을 받는다. 액티비즘의 불가피한 타당성과 위험성을 동시에 보여 준 나이키의 'Dream Crazy' 캠페인은 브랜드의 행동이 사회에 어떤 방식으로 영향을 미치는지 보여 주는 대표적인 사례다.

또 하나의 액티비즘 사례로 독일의 생리대 캠페인을 들 수 있다. 독일에서 여성 생리대 탐폰은 일찍이 사치품으로 분류되어 물품세가 최대치인 19%나 붙어 있는 제품군이다. 아프리카의 케냐조차 2004년에 폐기한 생리대 사치세가 독일 등 일부 EU국가에 여전히 남아 있었다. 캐비어나 트러플에 붙는 소비세가 7%인데 남성 중심의 의회에서 오랜 세월 이를 간과한 탓에 21세기 들어서도 독일의 여성들은 여전히 생필품에 과도한 세금을 물고 있었던 것이다. WPP 소속 광고회사 Scholz & Friends Berlin이 생리대 제조사인 더피메일컴퍼니(The Female Company)를 위해 기발한 캠페인을 만들었다.

책 속에 탐폰을 끼워 넣은 탐폰북을 만들어, 탐폰이 아닌 출판물로 판매에 나선 것이다. 출판물에 부과하는 7%의 세금만 내면 되는 탐폰북은 2주만에 1만 권이 팔리는 성공을 거뒀다. 책에는 탐폰뿐 아니라 45페이지에 걸쳐 여성 인권에 관한 이야기와 여성 생리대 세금 인하의 당위성 등을 정리해 놓았다. 주

06 지속가능한 발전 목표와 브랜드 액티비즘

[그림 6-16] 2019 칸라이언즈 PR부문 그랑프리 수상한 Tampon Book
©Cannes Lions

요 방송 등 수많은 언론이 이를 이슈로 다루고, 시민운동까지 확산되자 여성 지도자들이 전면에 나서기 시작했다. 15만 명의 남녀시민들이 법 개정을 위해 의회 법무위원회에 집단서명을 제출했다.

2019년 11월, 마침내 탐폰 등 여성용품의 물품세를 7%로 줄이는 법안이 독일 의회를 통과했다. 사실 독일에서 생리대 등에 부과하는 사치세를 낮추기 위한 탄원 운동은 2018년부터 시작되었다. 나나 조세핀 롤로프(Nanna-Josephine Roloff)와 야제민 코트라(Yasemin Kotra) 두 시민운동가가 2018년 3월 8일 세계 여성의 날부터 받기 시작한 탄원서 서명이 2018년 말에 이미 10만 명을 넘어섰다. 여기에 탐폰북 캠페인이 열기를 더한 것이다. 액티비즘 광고가 소비자들을 일깨워 세법까지 바꾼 사레다. 이 캠페인은 2019년 칸라이언즈 PR 부문 그랑프리를 받았다.

## 코로나 시대 크리에이티비티의 다섯 가지 특징

크리에이티브 캠페인에는 몇 가지 특징이 있다. 크리에이티비티가 무엇인지 정의하기는 어려워도 누군가 만든 크리에이티브 캠페인을 보면 사람들은 바로 크리에이티비티를 알아챈다. 공공 여론조사와 마케팅 컨설팅의 세계적인 권위자인 다니엘 얀켈로비치(Daniel Yankelovich, 1924~2017)는 이미 소셜 미디어가 본격적으로 활성화되기 전인 2000년대 초 상업적 메시지의 노출과 반응에 관한 여론조사를 통해 크리에이티비티가 없는 광고는 소비자에게 거의 도달하지 않는다는 것을 입증했다. 도시인들은 상업적 메시지에 하루 평균 3000건 노출되는데 기억에 남는 것은 30건, 즉 1%에 그친다는 것이다.

당시 하버드 대학교 경영대학원(HBS)의 추가 연구에 따르면, 30건 중에서 어떤 인상을 남기는 것은 12건에 불과했다(제임스 허먼, 2012). 비슷비슷한 광고로는 소비자의 기억을 잡을 수 없기에 크리에이티비티가 강력한 캠페인이 필요한 것이다. 소셜 미디어의 활성화로 광고의 도달률 저하는 폭발적으로 가속화되고 있다. 브랜드는 소셜 미디어 덕분에 기술적으로는 소비자의 눈을 쫓아다니며 광고할 수 있게 되었지만 스토커처럼 쫓아다니는 광고에 눈길 혹은 손길을 주려면 어느 때보다 더 강력한 크리에이티비티가 필요하게 되었다. 창의적인 캠페인만이 살아남는 시대다.

크리에이티비티 넘치는 광고 캠페인은 크게 다섯 가지 특징이 있다(제임스 허먼, 2012).

첫째, 독창성이다. 미국 미시간 대학교의 피터 실링스버그(Shillingsburg) 교수는 "창조성은 뭐가 되든 간에 그 어떤 것과는 다른 것"이라고 했다. BMW 미니(MINI) CEO를 역임한 짐 맥도웰(Jim McDowell)은 "전에 봤던 것에 조금 더하는 게 아니라, 상상하지 못했던 방향으로 진정 큰 발걸음을 디뎌야 한다."고 했다. 와이든+케네디의 토니 데이비드슨(Tony Davidson)은 "위대한 작품은 전례가 없었다는 이유로 불편한 느낌을 주기도 한다."고 했다.

둘째, 설득력이다. 강력한 크리에이티비티는 광고에 엄청난 설득력을 실어준다. DDB 설립자 빌 베른바흐(Bernbach)는 "듣지 않는 사람에게는 물건을 팔 수 없다."고 했다. 창조성은 소비자 마음속에 있는 의심의 장벽을 허물어 준다. 인식의 면역 체계를 깨고 생각 깊은 곳으로 침투해 광고를 믿게 만들고, 그 믿음대로 행동하게 해 준다.

셋째, 참여(engagement)다. 내용을 분명히 전달하는 것에서 더 나아가, 사람들이 광고 캠페인에 참여하게 해야 한다는 것이다. 브랜드 캠페인의 이벤트에 참여하거나 이미지를 흉내 내고 그 메시지를 전달하면서 이를 즐거워하는 것이다. 광고회사 '사치앤사치 런던'의 리처드 헌팅턴(Richard Huntington)은 이런 참여 요소(care factor)를 '흥미로움'이라고 표현했다.

넷째, 구전(口傳) 효과다. 미국의 청소용품 브랜드 메소드(Method)는 환경에 무해하다는 점을 강조하기 위해 회사 대표 에릭 라이언(Eric Ryan)이 변기 세제 '릴 볼 블루(Lil' Bowl Blue)'를 기자 회견장에서 실제로 마셔 버리는 사고를 치기도 했다.

IPA의 피터 필드(Peter Field)는 명성(reputation) 마케팅에 대해 이렇게 정의했다. "단순히 브랜드 인지도를 높이기 위한 것과는 다른 말이다. 명성을 높이려면 파장을 일으키는 브랜드가 되어야 한다." 즉, 목표로 하는 소비자에게 강렬한 감정적 반응을 일으키는 창조성을 내려면, 마케터 스스로가 무섭고 불편할 수 있는 아이디어를 수용해야 한다는 것이다. 크리에이티브 캠페인에 기업 역량을 집중하면 소비자들은 그 제품의 기능보다 이 광고가 보여 주는 관점에 집중한다. 제품이 이전과 똑같은 기능을 가졌다고 할지라도, 그 브랜드가 더 대단해지고 더 거대해졌다는 인식을 가지고 구매에 나선다는 것이다. 구전 효과야말로 명성 마케팅이자 인플루언서 마케팅의 다른 이름이다. 코로나로 오프라인 이벤트가 사라지고 비대면 구매가 폭증하면서 온라인 인플루언서 마케팅은 점점 더 확대되고 있다.

다섯째, 브랜드의 액티비즘이다. 2020년 10월 라이언즈 라이브 토크 프로그램에서 프라순 조시(Prasoon Joshi) 맥캔 인도 CEO는 "현재와 같은 팬데믹 상황에서 소비자들은 각자의 삶에서 정말로 중요한 것이 무엇인지 우선순위를 생각하게 되었고 삶에 대한 근본적인 질문을 했다. 관계에 대해서도 재정의하게 되는데, 비단 인간관계뿐 아니라 브랜드와의 관계도 돌아보게 될 것이다. 이때 브랜드는 민감하게 반응하고 소비자의 행동 변화에 공감하는 것이 아주 중요하다. 단지 소비자들의 기분을 좋게 하는 것만으로는 충분하지 않다. 그들로 하여금 좋은 일을 하도록 하는 것이 필요하다."고 했다(Lions Live, 2020). 그는 좋은 일을 하도록 하고, 직접 행동하는 것이 중요해졌다는 것이다. 소비자와 세심하게 소통하면서 브랜드가 무엇을 지지하는지에 대해 명확히 입장을 밝히는 것이 필요하다는 것이다. 구전과 명성을 위해 브랜드가 직접 행동에 나서는 것이다. 그것이 바로 2019년과 2020년 코로나가 인류 문명을 관통하고 있는 시기에 크리에이티비티 산업의 화두로 떠오른 브랜드 액티비즘이다.

브랜드 액티비즘에 대해 재키 쿠퍼(Jackie Cooper) 에델만 수석고문은 "이제 물건만 파는 시대는 지났다. 브랜드는 오디언스를 대변하고 그들을 위해 행동에 나서야 한다. 시도하고 도전하는 데 있어서 실패를 두려워해서는 안 된다. 시도하지 않으면 그서 평범한 것에 머무르게 된다. 실패해도 교훈이 남게 된다는 것을 잊지 말자."며 '행동하는 용기'를 강조했다. 쿠퍼는 이어 "크리에이티비티는 비즈니스 문제에 대한 솔루션을 찾는 것이다. 단순히 아이디어나 크리에이티브 상품을 제안하는 것이 아니라 창의적 사고(creative thinking)가 핵심이다."라고 했다(Lions Live, 2020). 하지만 창의적인 사고가 중요하다는 것을 누군들 모르겠는가? 어떻게 해야 창의적으로 사고할까?

2020년 코로나 팬데믹 탓에 칸에서 페스티벌을 열지 못해 온라인으로 라이언즈 라이브에 참여한 크리에이티비티 산업의 리더들은 코로나 위기를 극복하기 위해 '크리에이티브 문화'의 형성이 우선 중요하다는 점을 잇달아 강조했다. 인도의 저명한 시인이자 영화작가이기도 한 프라순 조시는 "팬데믹 위기 속에서 크리에이티브 컬처가 무엇인지 잘 드러났다. 위기로 두려움을 느끼는 사람도 있지만 크리에이티브 문화가 있다면 오히려 새로운 길을 찾는 기회가 될 것이다."라고 했다.

페이스북의 마크 달시(Mark D'Arcy) CCO도 "크리에이티브 컬처는 호기심에 관한 것이다. 문제를 해결할 때 기존의 해결 방법을 그대로 적용하는 게 아니라, 아직 시도되지 않은 것에 대한 가능성을 믿고 새로운 방법을 시도해 보는 호기심이 중요하다."고 했다. WPP의 멜리사 루시에(Melissa Routhier) CCO에 의하면 호기심이 뛰어다니게 하는 크리에이티브 문화의 기반은 '자유로움'이다. 그녀는 "자유가 없을 때 호기심을 갖기란 어렵다. 크리에이티브 컬처란 누구나 각자의 독창적인 크리에이티비티를 있는 그대로 보여 줄 수 있는 환경을 말한다. 실패를 두려워하지 않는 자유와 용기를 낼 수 있는 자유가 중요하다."
고 했다(Lions Live, 2020).

코로나를 피해 방구석에 틀어박혀 자유롭고 심심해진 '재택 크리에이터'들의 호기심은 아무도 막을 수 없다. '자유 → 호기심 → 행동'의 과정을 거쳐 그들의 창의성은 무한대로 확산될 것이다. 인류 사회의 지속가능한 발전 목표(SDGs)를 위해 헌신하는 '행동하는 브랜드'의 모습이야말로 코로나 시대 소비자들이 열렬히 추종하고 사랑하는 브랜드가 될 터이다.

 07
# 언택트 시대에 필요한 광고인의 관점과 자세

박선미(대홍기획 Executive Director)

## 뉴노멀 시대를 맞이하는 당신의 관점은 무엇인가

"좋은 위기를 낭비하지 말라(Never waste a good crisis)." 팬데 믹(pandemic)이 시작된 후, 가장 많이 언급되었던 윈스턴 처칠 (Winston Churchill)의 명언을 꺼내며 마지막 장을 열고자 한다. 언택트 시대를 맞아 대부분의 비즈니스가 비슷한 상황에 직면 했겠지만, 그중에서도 큰 타격을 받은 곳 중 하나가 광고업계 일 것이다. 어렵게 경쟁 비딩을 통해 인연을 맺은 광고주가 광 고를 아예 안 하거나 광고비를 대폭 줄이겠다고 통보를 하는 사태가 줄줄이 이어졌다. 코로나19는 IMF 사태와 함께 광고의 역사에 큰 시련으로 남을 사건인은 분명히지만 긍정적으로 생각하면 광고인들은 이 어려운 시기를 맞아하게 된 것에 대해 감사히 여겨야 할 것이다. 앞으로 무엇을 어떻게 잘해야 할지 준비할 수 있는 기회를 갖게 되었으니 말이다.

그런데 과연 이러한 변화가 코로나 사태로 벌어진 것일까? 코로나19 이전의 마케팅 데이터를 살펴보면 O2O 앱을 활용한 언택트 서비스는 2030세대뿐만 아니라 중장년층까지도 이용이 확산되고 있는 추세였다(나스미디어, 2020). 이미 변화는 시작되고 있었다는 의미다. 코로나19 사태로 디지털 기능이 사회적으로 갑자기 중요해진 것이 아니라 시대의 흐름 속에서 코로나19가 디지털의 속도를 앞당겼을 뿐이라고 하는 국내외 전문가들의 의견도 많다. 이미 가고 있던 변화의 방향 속에서 변화의 속도가 모든 비즈니스의 승패를 좌우하게 되는 셈이다. 이 장에서는 언택트 시대를 헤쳐 나가야 할 광고인의 관점과 자세에 대해 살펴보고자 한다.


## 광고의 역할 재정의

2020년 내내 ATL(above the line) 중심의 광고와 이벤트, 프로모션 등 전통 비즈니스의 매출에 많은 수익을 의지했던 광고회사들은 크게 당황했다. 대부분의 광고주가 TV광고를 포함한 오프라인 마케팅 비용을 감축하거나 없애고 디지털 쪽으로 예산을 돌려 버리는 일들이 생겨났기 때문이다. 그러다 보니 상반기에는 자신의 목소리를 내는 온·오프라인 통합 브랜드 캠페인은 보기 힘들었다. 슬픔과 우울함에 가득 찬 군중의 심리를 위로하는 단발성 광고들이 대부분이었다. 이러한 상황 속에서 광고주나 광고업계 사람들에게는 큰 인식의 변화가 생겼다. 마케팅 수단은 다변화될 수밖에 없으며 디지털과 연계되지 않는 광고방식은 더 이상 통하지 않는다는 것이다. 특히 광고인들은 이번 사태를 겪으며 디지털 전환(digital transformation: DT)의 중요성 대해 몸소 깨닫게 되었다.

코로나19 직전까지만 해도 화상회의나 재택근무와 같은 스마트워크(smart work)가 우리나라 현실에서 가능하다고 생각한 기업들은 거의 없었다. 그런데 많은 회사가 상반기에 재택근무나 원격근무를 직접 경험하면서 인식을 바꾸기 시작했다. 대면보고를 중시했던 경영진들도 디지털 디바이스를 통한 회의 방식이나 보고 방식을 몸소 체험하며 스마트워크의 유용성을 확인하게 되었다. 협업에 다소 불편한 측면도 있지만 우려했던 것과는 달리 개인과 기업 모두 효율적인 면에서는 긍정적이라는 판단을 하게 된 것이다.

삼일회계법인의 이슈리포트(2020)에서는 스마트워크는 생산성이 7~22% 수준을 향상시킨다는 해외 연구 결과와 연간 1인당 354만 원의 효과가 있다는 국내 연구 결과를 발표했다. 이런 상황에서 스마트워크를 지속적인 시스템으로 유지해 가자는 기업 내부의 분위기도 형성되었고 다른 비즈니스 영역으로까지 연계하거나 확장할 수 있는 방법을 모색하고 있다. 이와 연관된 사회의 분위기가 사람들의 삶의 방식에도 많은 영향을 미칠 것이라는 예측도 쏟아졌다. 개인화된 라이프스타일이 일정한 패턴으로 생겨날 것이고 그에 따라 소비 행태도 달라질 것이며, 이는 곧 마케팅의 변화로 이어질 것이다. 모든 것이 커뮤니케이션의 디지털화와 서로 뗄 수 없는 연관성을 갖게 된다.

이런 흐름에 마주하다 보니 실무를 뛰는 마케터들과 광고인들은 걱정이 더 많아졌다. "앞으로도 코로나19 이전의 마케팅 활동들이 가능할까?" 하는 것이 그중 한 가지다. 마케팅에서는 온라인 판매를 더욱 강화시키고 불필요한 오프라인의 활동들을 억제하려는 움직임들이 강하게 나타나고 있다. 고객과 대면이 필요한 오프라인 매장의 숫자를 줄이고 오프라인 이벤트나 프로모션들을 없애거나 축소하여 디지털 방식의 마케팅으로 전환하고 있는 상황이다.

광고회사 내의 다양한 조직들도 DT를 어떻게 할 것인가를 두고 고민에 빠졌다. 서둘러 조직의 시스템을 바꾸거나 새로운 방안을 모색하기 위해 동분서주하는 모습들로 혼란스럽기까지 했다. 이전의 마케팅 방식이 다 무용지물이라고 말하는 광고주 내부의 목소리도 들려온다. 과연 앞으로 코로나19 이전의 마케팅과 광고의 방식은 의미가 없을 것인가?

사람마다 생각은 다르겠지만 이러한 의문에 대해 부정하는 시각들도 많이 존재한다.

사람이란 존재는 본능적으로 디지털 세상에서만 살 수 없으며, 따라서 디지털 마케팅만으로는 모든 것을 해결할 수 없기 때문이다. 전미영과 김난도(2011)는 사람이 누리고자 하는 생활에는 물질적 소비와 체험적 소비가 존재한다고 했다. 소비의 목적이 그 상품의 소유에 있는 단순구매의 경우, 굳이 체험이 완벽하지 않아도 어떤 방식으로든지 구매가 가능하다. 예컨대, 물이나 휴지와 같은 기본적인 소비를 요하는 물품은 온라인 구매로도 만족을 느낄 수 있다. 하지만 대부분의 사람이 쇼핑을 가치 있게 여기는 것은 오감의 촉감을 통해 특정 경험과 추억을 추구하게 되며 소비의 행복을 느끼는 순간이다. 체험적 소비가 더 중요하다는 의미다.

증강현실(AR)이나 가상현실(VR) 기술이 발달하여 실제 촉감에 가까운 소비 체험도 가능하다고 하는 전문가들의 견해도 있지만, 아무리 완벽해도 디지털 기술이 사람의 촉감을 완벽히 충족시키기는 어렵다. 실제로 많은 사람이 이번 사태를 겪으면서 오프라인의 소중함을 더 절실히 느끼는 계기가 되었다고 말한다. 학교에 가지 않고 온라인 수업을 하면서 친구와 학교의 소중함을 알게 되었고, 사람들과의 모임을 갖지 않으면서 만남의 소중함을 뼈저리게 느끼게 되었다. 백화점 명품 매장에는 마스크를 착용한 채로 우울한 나에게 선물을 하려는 쇼핑족들이 길게 줄을 늘어선 광경도 볼 수 있었다. 그뿐만이 아니다.

여행을 떠나고 싶어 비행기만이라도 타 보는 제주항공의 '비행기 속 하늘여행'이라는 상품은 최근까지 인기를 끌었다.

인간이라는 존재는 그야말로 서로의 접촉을 그리워하고 새로운 경험을 향유하고 싶은 동물이기에 비대면의 시대를 일시적으로 거치고 나면 다시 대면의 세상으로 돌아오게 마련이다. 다만 중요한 것은 이전과 똑같은 방법으로는 안 된다는 사실이다. 사람들이 온라인만으로 만족했던 경험들을 잘 유지시키기 위해 온라인 시스템을 더 강화시켜야 하고, 잃어버렸던 오프라인의 소중한 경험을 보다 더 특별하게 만들어야 줘야 할 때이다.

이런 상황에서 광고회사가 가장 먼저 챙겨야 할 관점은 무엇일까? 변화의 시대에는 하는 일에 대한 관점과 재정의가 가장 중요하다. 업의 비전이 확고해야 그 방향으로 나아갈 수 있기 때문이다. 광고 캠페인을 구상할 때도 광고주가 전달해 준 제품 중심으로 아이디어를 구상하는 것보다 한발 더 들어가 제품을 둘러싼 마케팅적인 측면, 브랜드의 관점에서 '문제를 발견'하는 것이 가장 중요한 때다. 통상 광고회사가 광고주의 특정 브랜드를 담당하는 경우는 평균 길어야 2~3년이다. 그런 만큼 어떤 관점으로 브랜드를 관리하느냐에 따라 브랜드 정체성이나 호감도에 차이가 나게 마련이다.

따라서 기본적으로 광고회사는 광고주의 브랜드 관리에 보다 더 큰 책임을 져야 하는 시대가 왔다. 얼마 전, 사내 디지털 교육 시간에 강사로 나선 디지털 부문장이 이런 말을 했다. "광고인들은 이제껏 '브랜드의 미래'를 만들어 준다고 생각하고 이상을 만드는 일에 집중했지만, 오늘의 광고인들은 '브랜드의 현재'를 만들어 주는 역할을 해야 한다."는 것이다. 광고인이 설정해야 할 업의 비전에 대해 공감하게 하는 대목이었다. 브랜드의 '현재'를 만든다는 것, 오늘날의 마케팅에서 매우 중요한 의미를 지닌다. 장기적으로 바라보고 누적된 이미지로 브랜드 관리를 하던 시대는 끝났기 때문이다.

단기적으로 브랜드의 현재를 일관되게 관리하는 것이야말로 브랜드가 장기적으로 자리를 잡는 기본 근력이 된다. 메타브랜드의 박항기(2020) 대표는 "브랜드 아이덴티티(identity)나 이미지(image)보다 '브랜드 리얼리티(reality)'가 보다 중요하다."고 했다. '소비자가 브랜드가 갖고 있는 장점뿐만 아니라 단점까지를 아우르는 실제적 정보'가 브랜드 리얼리티인데, 브랜드의 현재는 바로 브랜드 리얼리티를 관리해 준다는 것과 일맥상통한다. 따라서 브랜드가 보유하고 있는 현재의 장점을 살려 소비자와 어떻게 소통할 것이며, 현재의 단점을 파악하여 어떻게 위기를 관리할 것인가를 늘 염두에 두어야 한다. 즉, 브랜드 리얼리티가 현실에서 브랜드를 돋보이게 하고 잘 팔리게 하는 힘이 된다는 말이다. 소비자들이 브랜드의 접촉점에서 체험하고 느끼는 브랜드의 실제 정보들이 호감을 형성해야 하고 판매로 연결되어야 한다.

디지털 시대의 다양한 채널 속에서 그야말로 좋은 브랜드를 다방면에서 잘 팔리게 도와주는 것이 광고의 역할이다. 참 어려운 일이 아닐 수 없다. 치열한 경쟁상황 속에서 브랜드 아이덴티티를 구축하는 것도 어려운 일인데 실제의 광고 활동들이 판매로 연결되어야 한다니 말이다. 하지만 이는 모든 광고인이 지속적으로 유념하여 지켜가야 할 방향임에 분명하다. 브랜드의 리얼리티를 관리하는 관점이 뉴노멀 시대의 마케팅상에서는 더 큰 힘을 발휘하게 될 것이다. 치밀하고 전략적인 브랜드의 실제적 관리를 통해 1:1 개인화 마케팅의 선순환 구조를 만드는 것, 제대로 된 광고의 역할은 여기에서부터 시작된다.

구체적으로 어떻게 광고가 움직여야 할까? 뉴노멀 시대를 맞이했다고 하여, 광고 크리에이티브가 새로운 형태로 드라마틱하게 변화할 것인가? 사실 아무것도 변한 것은 없다. 이미 코로나19 사태가 시작되기 전부터 광고 현업에서는 많은 일들이 생겨났다. 전통 미디어를 통한 일방적인 소구를 강조하지 않게 되었고, 디지털 미디어 내에서 이미 다양한 콘텐츠와의 경쟁이 시작되었다. 광고 크리에이티브는 모든 콘텐츠의 경계를 넘어 차별화를 향해 다양한 채널에서 많은 시도를 펼쳐가고 있다.

이러한 흐름의 중심에는 다양한 디지털 솔루션을 활용하여 판매 데이터를 분석하고 고객의 성향과 취미를 예측해 개인화 마케팅으로 유도하기 위한 광고가 있다. 많은 변화를 향해 달려가고 있었음에도, 비대면 시대를 경험하며 마케팅과 광고 영역은 또 다른 대전환을 맞이하게 될 것이라는 가정이 힘을 얻고 있다. 거대한 전환을 맞이할 때 스티브 잡스(Steve Jobs)의 '리버럴 아츠(liberal arts)'가 많이 언급되고는 한다. 스티브 잡스가 애플의 혁신을 발표하면서 '애플은 기술과 리버럴 아츠의 교차점에 서 있다'고 설명하여 많은 사람이 주목한 개념이다. 곧 세상을 살며 유연하게 대처할 수 있는 창의적 기술로서의 교양을 의미하며, 이는 문화인류학과 기술 사이에서 사람들이 어떻게 변하는지 관찰했다는 의미를 담았다(중앙대학교, 2018). 일본의 경영컨설턴트 야마구치 슈(山口周, 2020)는 리버럴 아츠에 대해 인문학과는 약간 차원이 다른 '기초교양(基礎教養)'이라고 설명했다. 눈앞의 세상에서 상식으로 통용되어 아무도 의심을 갖지 않는 전제나 프레임에 대해 한 발짝 물러서 객관화하여 바라보는 일이라는 것이다.

핵심을 요약하면 근본부터 다시 한번 생각해 보는 태도이다. 이는 변화와 위기의 시대일수록 본질의 의미를 되살펴 봐야 한다는 관점으로 해석할 수 있다. 광고의 시각으로 돌려 말하면, 광고인들은 소비자와 브랜드의 본질에 대해 다시 생각해 보고 광고의 역할에 대해 재정의해야 한다는 의미가 된다. 이와 연결하여 소비와 브랜드의 본질에 대하여 질문을 던져 본다. 언택트 시대를 겪으면서 사람들은 소비에 대해 어떤 의미를 갖게 되었을까?

2020년에 새롭게 등장한 소비 트렌드 언어를 살펴보니 '홈퍼니싱(home-furnishing)' 혹은 '홈트레이닝(home-training)', '가족과 함께', '집콕 놀이', '배달음식', '혼자 즐기는 놀이', 넷플릭스나 유튜브와 같은 '영상 플랫폼' 등이 많은 자료에서 나타났다(나스미디어, 2020). 사회적 거리두기의 영향 때문에 이러한 트렌드들이 급격히 생겨난 것이라 판단할 수 있다. 더불어 이러한 현상에 대해 코로나19 이전 생활에 가깝게 다가서기 위한 노력이라고 단순하게 볼 수도 있을 것이다.

우리는 이 트렌드 안에서 사람들이 원하는 소비의 근원적 의미를 엿볼 수 있다. 사람들은 굳이 집에서 왜 운동을 하고, 왜 놀고, 왜 잘 먹고, 왜 즐기고, 왜 영상을 봐야 할까? 이 의미를 거슬러 또 거슬러 파헤치다 보면 아마도 '행복해지기 위해서'라는 인간의 삶에 대한 근원적인 결론에 이를 것이다.

결국 소비의 본질은 '행복'이기 때문이다. 소비가 일어나는 것은 소비자의 행복에 대한 열망에서 비롯되는 것이다. 이를 뒷받침하는 연구들이 제법 많다. 그중 하나로 최인철(2018)은 『굿라이프』에서 소비가 인간의 행복감에 미치는 매개변수는 '의미'와 '재미'라고 했다. 사람들은 소비할 대상에 대하여 의미와 재미를 갖게 되었을 때 행복감을 느끼게 된다는 것이다. 언택트 상황은 사람들에게 행복의 변수를 크게 낮춘 요인이 되었기에 대체재를 찾으려는 노력들이 앞서 나열한 홈 시리즈의 소비 트렌드가 된 것이라고 해석할 수 있다.

이 지점에서 브랜드가 사람들에게 해 줘야 하는 역할이 보인다. 한마디로 의미와 재미를 더해 사람들에게 소비의 행복을 주는 것이다. 곧 브랜드의 본질은 '소비를 통한 사람들의 행복에 힘을 실어 주는 실체'인 것이다. 이어서 '크리에이티브를 통해 행복의 가치를 전하고, 브랜드의 실체를 관리하는 것'이 광고의 역할이다. 뉴노멀 시대를 맞아, 광고회사에서 종사하는 광고인들은 광고의 기본을 다시 생각해 보는 기회가 되었으면 한다.

## 광고인의 진정성 철학

디지털 시대가 열리면서 미디어 채널은 많아졌고, 마케팅 타깃은 세분화되었다. 언제부터인가 대놓고 하는 광고는 사람들로부터 외면받기 시작했다. 광고와 다른 콘텐츠들과의 경계는 이미 사라졌고, 치열한 경쟁상황에서 주목을 끌기 위한 마케팅의 방법론들이 무수히 등장했다. 광고의 소재는 풍성해졌고 개인기로 다져진 인플루언서(influencer)를 직접 활용하거나 채널별 특징을 살린 개성 있는 자체 콘텐츠들이 그 자체로 광고가 되기도 한다. 최근에는 인공지능(AI) 기술이나 온라인상의 행동 프로파일을 바탕으로 수집한 개인정보 데이터를 통해 타깃의 성향과 소비 행태를 분석하고 판매로 유도하는 개인화 마케팅이 중요한 화두가 되었다(김병희, 2021). 보다 적극적으로 소비자의 행동에 관여하게 되는 퍼포먼스 마케팅이 주목받게 된 이유이기도 하다.

그런데 이 과정에서 브랜드의 본질을 잊는 경우가 생겼다. 판매를 유도하기 위한 첫 단계로 소비자의 주목과 흥미를 끌어내려는 접근이 주류를 이루다 보니, 브랜드의 아이덴티티와 어울리지 않는 광고 콘텐츠가 파다하게 늘어난 것이다. 판매는 늘었는데 브랜드가 쌓아온 수년간의 정체성이 무너졌다거나 브랜드 호감도가 떨어져서 그 회복에 고민하는 광고주들도 제법 있다. 쉽게 표현하자면, 브랜드가 본래 추구하고자 하는 개성은 세련됨인데 온라인상에서 콘텐츠로 보여지는 실체는 지나치게 저렴해 보이는 경우가 생기는 것이다. 이러한 마케팅 활동은 때로는 소비자의 머릿속에 브랜드가 아니라, 인플루언서의 이미지나 가격의 혜택만을 남기기도 한다. 메시지 측면에서도 무분별한 유행어를 남용하거나 언어유희를 활용하여 판매로 유도하려다 브랜드가 오랜 시간 간직해온 고유의 언어를 잃어버리는 일이 종종 생기기도 한다.

파편화된 채널로 광고를 집행하더라도 브랜드 고유의 방향성, 즉 핵심 메시지는 반드시 필요하다. 다양한 타깃에게 같은 메시지를 전달하는 것이 아니라 자극적인 판매 언어를 활용하면서도 그 광고가 전달하는 메시지가 브랜드와 얼마나 연관성이 있는지 고민해야 한다. 아울러 데이터를 통해 소비자의 취향을 저격할 때에도 브랜드와의 연결고리를 찾아 메시지를 개발하는 것이 중요해졌다(현재 종합광고회사에서 이 부분까지 신경 쓰는 마케터나 광고 전문가가 없는 듯해 안타깝다).

　다양한 콘텐츠의 채널관리나 운영은 대부분 광고주가 온라인 전문 광고회사를 통해 직접 작업을 하거나 종합광고회사가 외주시스템으로 협업하여 담당하고 있는 실정이다. 브랜드 정체성은 이러한 업무 방식과 과정에서 주로 흔들리게 된다. 또한 다양한 채널들에 대한 업무 내용과 작업 비용 등의 이유로 종합광고회사는 ATL을 주로 담당하게 되면서 디지털 영역의 섬세한 전문성을 놓치게 되고, 광고주의 브랜드를 통합하여 관리하기는 어려운 실정이다.

　먼저, 이 부분을 개선하기 위해서는 광고주부터 관점이 달라져야 한다. 마케팅을 단편적으로 쪼개서 펼쳐갈 것이 아니라, 통합적인 측면에서 브랜드를 바라보고 통합 브랜딩의 관점하에 세분화 전략을 펼치는 내부 전문가가 있어야 한다. TV광고, 매장 프로모션, 오프라인 이벤트, 퍼포먼스 광고, 이 모든 것을 단편적으로 분리해서 진행할 것이 아니라, 브랜드 정체성에 맞추어 통찰력 있는 빅 아이디어를 고안하고 채널의 목적에 맞게 전개해 가는 것이 중요하다. 광고회사도 마찬가지다. 전문성을 세분화하여 업무를 진행하는 것도 방법이지만 그와 별도로 통합관점의 역량을 내부에 축적하여 경쟁력을 강화시켜야 하는 것도 중요하다.

　브랜드를 통합적으로 관리하기 위해 광고인들이 갖춰야 할 기본적인 시각은 무엇인가? 브랜드는 사람과 같다. 인간적인 특성을 가지고 있다(Plummer, 1985). 오랜 시간 사람들의 사랑을 받아온 국내외 브랜드들을 사람의 개성으로 빗대어 분류해 보니 대략 9가지의 개성으로 나타난다. 쿨한 사람, 의식 있는 사람, 삶의 스토리가 남다른 사람, 따뜻한 사람, 철학이 있는 사람, 재미있는 사람, 능력이 출중한 사람, 겸손한 사람, 열정 넘치는 사람 정도로 구분할 수 있겠다(김상훈, 박선미, 2019).

여기에서 재미있는 것은 소비자들은 자신의 자아정의(self defining) 과정의 일부로 자신의 자아개념과 일치하는 브랜드의 인성을 좋아하게 된다는 사실이다(Batra, Myers, Aaker, 1996). 즉, 자기와 닮은 브랜드들을 선호한다는 의미다. 요즘 소비자들은 브랜드가 고유의 인성을 일관성 있게 지켜 가는 것을 중시한다. 브랜드의 겉모습과 내면이 일치하는지, 브랜드가 소비자에게 약속한 대로 행동하고 있는지, 부정 이슈에 직면했을 때 어떤 모습으로 소비자에게 대응하는지에 대해 실시간으로 정보를 구하고 정보를 공유한다. 소비자들은 그 모든 것을 비판하고 확산시킬 수 있는 권력을 갖고 있기 때문에 만약 브랜드가 자신의 철학과 위배되는 모습을 보인다거나 상술을 부리면 그 브랜드는 소비자로부터 예외 없이 지탄받고 외면받게 된다.

특히 뉴노멀 시대에는 소비자들이 디지털 채널들과 더 활발히 접촉하게 될 기회를 맞이할 것이므로 브랜드의 인성관리가 어느 때보다 중요해질 것이다. 진정성 마케팅이 주목받게 된 것도 바로 이러한 이유 때문이다. 진정성 마케팅의 기본 관점은 앞서 언급한 브랜드의 본질에 집중하라는 의미와 일맥상통한다. 흔히 사람들은 진정성과 마케팅에 대해 모순되는 의미의 결합이 아니냐고 의문을 갖기도 한다. 이에 대해 김상훈과 박선미(2019)는 『진정성 마케팅』의 머리말에서 마케팅의 본질은 '진정성'이라며 그 근원적 개념을 제시한다. 좋은 제품을 어떻게 제대로 알릴 것인가 하는 것이 본래 마케팅의 사명인데, 경쟁이 치열해지면서 사람들이 점점 브랜드에 과대포장을 하고 상술에만 집착하다 보니 브랜드에 진정성이 사라진 것이 문제라고 지적한다.

　브랜드의 진정성을 지켜야 한다는 마케팅 본연의 의미, 브랜드를 관리하는 광고인에게는 가장 중요한 관점임을 깨닫게 하는 대목이다. 우리는 마케팅 본래의 의미를 되살려 브랜드 관리를 처음부터 제대로 다시 하라는 의미에서 진정성 마케팅을 톺아볼 필요가 있다. 앞서 브랜드는 사람들의 행복에 힘을 실어주는 대상이라고 했다. 결국 마케팅과 광고는 브랜드로 하여금 사람들을 행복하게 하는 매력적인 인격체가 되도록 그 현실을 관리해 주는 활동이다.

　뉴노멀 시대, 브랜드의 진정성을 관리하는 광고인들의 역할은 더 중요해질 것이다. 캠페인을 구상할 때, 원점으로 돌아가 브랜드를 날것의 상태에서 바라보는 과정이 선행되어야 한다. 앞서 진행했던 광고의 연장에서 또 다른 크리에이티브의 옷을 입히는 것이 아니라, 이 브랜드가 무슨 정체성을 갖고 있는지, 어떤 개성을 갖고 있는지, 브랜드가 소비자에게 전달할 가치는 무엇인지, 그 본질을 한번쯤 생각하고 아이디어를 전개하는 과정을 가져야 한다.

이것을 통해 광고인들이 놓지 말아야 하는 것은, 어떤 마케팅 채널에서도 브랜드 개성을 일관되게 유지시키는 것이다. 다양한 채널에 맞춰 브랜드가 매번 이랬다 저랬다 다른 사람이 되는 것이 아니라, 같은 사람이 채널의 특성에 맞춰 옷을 갈아입는 것과 같다. 2020년 코로나19가 기승을 부리기 시작했을 무렵에 해외에서 진행되었던 버거킹 캠페인을 살펴보고자 한다(매드타임즈, 2020). 브랜드가 가지고 있는 고유의 개성을 잘 살려 국경을 넘어 다양한 채널에서 전개했던 사례이다.

먼저, 독일의 버거킹에서는 코로나로 금지되었던 매장 서비스를 재개함에 따라 고객을 서로 6피트(1.8미터) 떨어진 곳에 두는 이른바 '사회적 거리두기 왕관(social distancing crown)' 캠페인을 실시했다. 매장에서 음식을 즐기는 동안 사회적 거리두기를 연습하도록 하는 방법을 제시했는데 버거킹의 상징인 대형 왕관을 크게 만들어서 주문하려고 줄을 선 고객들에게 나눠 주었다. 왕관을 쓰고만 있어도 자연스럽게 다른 사람과 약 2미터의 거리를 둘 수 있게 하는 재치있는 아이디어로 평가받았다. 많은 사람이 캠페인에 직접 참여하여 왕관을 직접 만들기도 하며 왕처럼 사회적 거리두기를 즐기는 모습을 소셜 네트

07 언택트 시대에 필요한 광고인의 관점과 자세

워크상에서도 전파시켰다.

이탈리아의 버거킹에서도 기존의 시그니처 버거를 개조하여 '사회적 거리두기 와퍼(social distancing whopper)'를 만들었다. 일반적으로 버거에 넣는 생양파의 양을 세 배로 늘려서 내가 먹은 양파 냄새가 스스로의 장벽을 만들 수 있도록 하는 재미있는 프로모션을 실시했다.

가장 먼저 매장 앞에 포스터를 내걸고 "안전 주의, 당신의 이웃으로부터 항상 1미터 거리를 유지하세요."라는 메시지와 함께 "위험을 피하는 핵심 요소는 이웃과의 거리를 유지하는 것입니다. 특히 코가 빨간 이웃을 조심하세요."라는 카피를 넣어 맥도날드의 마스코트를 빗대어 표현했다. 고객들에게 사회적 거리두기 참여를 권장하는 한편, 경쟁사인 맥도날드를 멀리하라는 의미를 담아 즐거움을 전했다.

또한 아랍에미리트연합국(UAE)의 버거킹에서는 '페이컷(Pay Cut)'이라는 스마트한 프로모션을 진행했다. 코로나19로 인해 직장인들의 월급이 많이 깎인 상황을 감안하여 배달 앱으로 주문하면 깎인 월급만큼 할인해 주는 행사였다. 새로운 배달 앱을 홍보하기 위한 이 프로모션은 온라인 동영상, 라디오, 포스터, 인스타그램 스토리 등의 채널을 통해 펼쳐졌으며 고객들에게 많은 공감대를 형성했다.

버거킹은 사람으로 비유하자면 재미있는 친구라고 할 수 있다. 즉, 버거킹의 브랜드 개성은 유쾌함이다. 칸에서 여러 차례 그랑프리를 수상한 버거킹의 CMO(Chief Marketing Officer)인 페르난도 마차도(Fernando Machado)는 '놀이(playful)'와 '목적 의식(purposeful)'의 경계를 유연하게 오가며 효과적인 브랜딩을 이끌어 내기로 유명하다(퍼블리, 2019).

유쾌한 브랜드 고유의 개성을 일관되게 지켜 가면서 고객에게 전달해야 하는 메시지를 효과적으로 정돈하여 다양한 채널을 통해 고객을 동참시킨다. 그것도 다양한 국가에서 일관되게 말이다. 버거킹의 마케터들과 크리에이터들이 지속가능한 브랜

[그림 7-1] 독일의 버거킹 / 이탈리아의 버거킹 / 포스터

출처: https://theprojectsworld.com/wp-content/uploads/2020/05/ccelebritiesburger-king-14-1034×641.jpeg
https://images.assettype.com/afaqs%2F2020-05%2F75966f83-fe77-412b-a5451de3146cca6d%2FBurger_king.jfif?auto=format&q=35&w=1200
https://i0.wp.com/camaignsoftheworld.com/wp-content/uploads/2020/05/social_distancing_whopper_1.jpg?ssl=1

07 언택트 시대에 필요한 광고인의 관점과 자세

[그림 7-2] 버커킹 페이컷

출처: http://www.madtimes.prg/news/photo/202008/5379_11114_2235.png

광고인의 진정성 철학

드 가치를 만들어 내는 것은 브랜드가 고객을 어떻게 행복하게 하는지 알고 있기 때문이다. 브랜드에 대한 올바른 관점과 마케팅 크리에이티브를 담당하는 개인의 신념이 하나가 되었을 때 진정성은 비로소 힘을 발휘하게 된다. 브랜드 관리를 위한 광고인의 공통된 철학을 진정성으로 정해 보는 것은 어떠한가?

## 브랜드의 팬덤을 만드는 크리에이터

뉴노멀 시대, 브랜드 관리의 진정성과 함께 가장 중요한 것은 브랜드의 팬(fan)을 만드는 것이다. 브랜드의 팬덤(brand fandom)을 만드는 크리에이터의 능력이 중요해졌다. 어떤 광고주의 마케팅 담당자는 이렇게 말했다. 가격을 살짝만 낮추기만 해도 제품을 사는 사람들이 늘어나고 이러한 팬들을 더 확보하기 위해서 세일 정책은 중요하다는 것이다. 가격이라는 것은 중요한 요소임이 분명하다. 더구나 요즘같이 어려운 시대에는 더 그렇다. 하지만 단순 소비성 제품일 경우에는 당연히 가격이 경쟁력이 될 수 있으나 가격만으로는 '팬'이 될 수는 없다.

기존 마케팅에서 가장 중요시했던 충성고객과 팬은 다르기 때문이다. 충성고객은 반복 구매자일 뿐 팬이 될 수 없다. 그런데 요즘은 충성고객이 흔치 않다. 소비자는 같은 가격에 조금이라도 다른 가치가 돋보이는 제품을 만나면 언제든지 떠날 수

07 언택트 시대에 필요한 광고인의 관점과 자세

있는 존재다. 스마트폰, 디지털 플랫폼에 익숙한 MZ세대가 시장의 변화를 이끄는 소비의 중심축으로 떠오르며 브랜드를 바라보는 시각이 달라졌고 구매에 대한 접근 방식도 바꾸고 있기 때문이다.

브랜드가 팬심을 확보하려면 소비자와 감정(emotion)의 밀도를 높여 주는 것이 매우 중요하다. 브랜드 팬심이 형성되면 소비자는 브랜드와의 연계감을 갖게 될 뿐더러 브랜드에 강한 애착을 느끼며 더 나아가 브랜드를 보호해 주는 역할을 한다. 더 나아가 자기 주변의 인물들을 같은 팬으로 끌어 모으기도 하여 팬심을 견고히 다지기도 한다.

팬덤에 대해 이야기할 때 많은 전문가가 한국을 대표하는 아이돌 그룹 BTS(Bulle Tproof Boys)를 많이 언급한다. 방탄소년단의 세계적인 인기 현상은 거대 자본이나 기존의 대중미디어와 같은 단일 권력이 이 아이돌 브랜드를 지배하지 않았기 때문에 팬덤을 이룰 수 있었다(이지영, 2018). 이 부분을 브랜드 관리의 관점으로 빗대어 생각해 보면 설득력이 있다. BTS는 대형 기획사의 후광에 힘입어 데뷔하자마자 주목을 받은 아이돌 그룹이 아니었다. 수년간 실력을 다져가면서 디지털상의 다양한 네트워크로 팬들과의 돈독한 관계를 형성하여 정상의 궤도에 올랐다. 멤버들은 각자 아미(army)라 불리는 팬들과 실시간 소통을 하고 팬들은 BTS의 일거수일투족을 공유하고 그들을 위한 콘텐츠를 창조했다. 팬들은 그들을 수직적 관계의 우상이 아니라, 친구 또는 조력자와 같은 수평적 관계로 생각했다. 디지털 시대에 어울리는 소통의 아이콘으로서 그들만의 팬덤은 디지털 네트워크를 통해 국경을 넘어 거대해졌다.

광고가 BTS에게서 배울 점은 디지털 시대에 브랜드가 소비자와 감성을 교류하고 소통의 연대를 만들어 가는 방법이다. 아울러, 놓치지 말아야 할 것은 소비자가 선택한 브랜드만이 팬덤을 형성시킬 수 있다는 것, 더 나아가 팬덤이 브랜드의 호감을 넘어 브랜드와 연결된 모든 산업의 시스템까지도 변화시킬 수 있다는 것이다. 그런데 많은 대중을 팬으로 만들기란 어렵다. 사람들의 선호와 취향이 다양해진 만큼, '나'라는 브랜드와 가장 잘 맞는 사람이 누구인가를 먼저 선별해야 한다. 나이와 같은 인구통계학적인 접근이 아니라 문화와 취향을 기준으로 한 타깃팅이 중요해졌다는 것이다(김병규, 2020).

그 다음이 더 중요하다. 브랜드가 매력적인 인품으로 타깃에게 다가서야 한다. 앞서 사람들은 자신의 자아개념과 일치하는 브랜드를 좋아하게 된다고 했는데, 이러한 브랜드의 인품은 다양한 소비자 접점에서 보여지게 된다. 그 접점 중 하나가 광고다. 브랜드의 인성 관리에 광고 크리에이티브가 한몫을 하게 되는 이유다. 우선, 크리에이티브 디렉터는 브랜드의 인성에 맞는 크리에이티브를 만들기 위해 아이디어를 큐레이션 하는 능력을 제대로 갖춰야 한다. 예전처럼 제품을 중심으로 하여 광고 콘텐츠를 만드는 것이 아니라 브랜드의 유전자에 근거하여 캠페인 콘텐츠를 구상하는 눈을 가져야 한다는 의미다. 이 것이 통합 커뮤니케이션의 기본이 된다. 이 관점으로 팀원들이 전개한 아이디어들을 큐레이션 하여 채널에 맞게 분배하고, 한 단계 더 나아가 선별된 아이디어들이 각 채널들의 특성에 잘 부합되도록 발전시켜야 한다.

예컨대, 동영상 채널에서는 브랜드의 철학을 흡입력 있게 표현하고, 인스타그램에서는 브랜드 인성에 맞는 비주얼 요소들로 제품의 메시지를 전개하며, 페이스북 프로모션 페이지에서는 이 브랜드의 행동이 브랜드 철학에 근거하고 있는지 소비자 참여를 통한 콘텐츠를 만들어 교감해야 한다. 또한 퍼포먼스 마케팅으로 연결되는 콘텐츠에서도 메시지를 세일즈 화법으로 변형하되, 이 브랜드가 가진 본질을 제품의 속성과 잘 연관 지어 메시지를 구상하는 것이 중요하다.

흔히 ATL 영역에서 성장한 광고 크리에이터들은 디지털 콘텐츠에 선을 긋기 십상이다. 주로 동영상 광고만 만드는 일에 집중하고 디지털 영역의 일을 하찮게 보거나 귀찮다고 생각하는 경향이 있다. 하지만 브랜드라는 꽃을 잘 키우고 관리하는 사람으로서 자신의 영역과 역할을 확장하는 것이 필요할 때다. 뉴노멀 시대에는 바로 이러한 크리에이터가 브랜드의 팬을 만들게 될 것이다. 브랜드의 팬을 만드는 사람, 뉴노멀 시대의 크리에이터에 대한 정의로 어떠한가?

## 크리에이티브 인사이트의 중요성

회사 내, 크리에이터들의 아이디어 수집과정을 살펴보면 이전과는 많은 변화를 실감하게 된다. 콘셉트를 향한 진지한 대화는 일찌감치 사라졌고, 책에서 얻은 사고의 통찰보다 온라인 서핑을 통해 눈으로 신속하게 많은 것을 찾는 행태가 대부분이다. '생각하기'보다 '찾기'가 대세를 이루게 되었다. 온라인 동영상 콘텐츠가 늘어나면서 비주얼 임팩트가 어느 때보다 중요해졌고, 디지털 광고들이 점점 늘어나면서 더 짧아진 데드라인에 맞추려다 보니 광고주의 시간적 요구에 대응하기 위해서라는 현실적인 변명이 더 어울린다.

그런데 광고인들이 더 긴장해야 하는 현실이 있다. 세상 사람 모두가 크리에이터가 되었다는 사실이다. 온라인 세상에서는 크리에이터가 따로 없다. 더구나 요즘에는 광고주들이 몸소 크리에이티브에 나서기도 한다. 이미 몇 년 전부터 유통이나 제조업의 광고주는 이커머스(e-commerce) 시장이 확대되자 라이브 커머스(live commerce)를 직접 시도하기 시작했다. 또한 자체의 상품들을 묶어 구독채널과 같은 아이디어 플랫폼들을 제공하기 위해 내부에 크리에이티브 조직을 만들어 운영하고 있기도 하다.

누구나 즐거운 스낵 콘텐츠(snack contents)를 창조해 내는 시대이기도 하고, 비전문가들이 만드는 콘텐츠의 패러디 소재가 광고보다 주목받기도 하고 더 빠르게 유행이 되기도 하는 현상이 빈번하게 일어나고 있다. 디지털 콘텐츠를 만드는 데 있어서는 전문가의 영역이 따로 없다고 말하는 사람도 있다. 현실적으로 광고 플랫폼은 일반인들이나 마케터나 광고인들에게 똑같은 조건인 셈이다. 따라서 누구나 공통적으로 이야기하는 것은 크리에이티브가 승부수라는 사실이다.

크리에이티브라면 광고 전문가들이 가장 잘할 수 있는 영역이기도 하다. 그런데 디지털 시대에는 무엇이 크리에이티브인가? 무조건 즐겁고 튀는 아이디어가 크리에이티브일까? 결과물로 노출되는 단발적인 콘텐츠로 크리에이티브를 판단하면 안 된다. 인사이트(insight)를 발견하고 깊이 있는 캠페인을 전개하는 것, 시대가 변해도 크리에이티브를 확실하게 설명하는 불변의 진리이다. 또한 발견한 인사이트에 따라 그 캠페인이 포함하고 있는 내용도 바뀌어 갈 수도 있다. 캠페인의 전개방식에 따라 단순히 광고를 넘어, 새로운 아이디어 플랫폼을 제시하거나 상품까지도 새로 만들 수도 있다는 의미다.

광고인이 광고회사에 입사해서 가장 많이 듣는 이야기가 인사이트라는 단어다. 그러나 현업에서 인사이트가 무엇인지 혼란스러워하거나 개념조차 잡지 못하는 광고인들도 있다. 인사이트(insight)란 사물이나 사람, 사건, 현상을 통찰력 있게 바라보는 것이다. 동일한 현상을 이제까지와는 다른 방법으로 새롭게 해석하는 일이다. 중요한 것은 새로운 해석을 하기 위해서 '본래 있는 현상을 제대로 보는 관점'부터 갖춰야 한다(다시 본질에 집중하라는 이야기로 돌아간다).

광고인들은 이 불확실성의 시대에 접어들어, 정작 본인들이 잘하는 본래의 것을 간과하고 있는지도 모른다. 온라인상에서 유행하는 표현을 무작정 비슷하게 흉내 내어 아이디어로 제시하는 크리에이터들도 늘었고, 디지털과 데이터라는 타이틀 만으로 주목받는 전문가들도 내부에 생겼다. 그러다 보니 인문학적인 관점에서 인사이트를 발견하고 캠페인을 제시하는 크리에이터들은 뒷전으로 밀릴 수밖에 없는 상황이다. 혼란의 시기에 크리에이티브의 역량을 분산시키는 것도 방법이지만, 보다 잘할 수 있는 고유영역에 집중하는 것도 현명한 방법이 된다. 깊은 생각의 뿌리에서 발현되는 광고 캠페인을 만들 수 있는 전문가들이 점점 귀해지고 있기 때문이다.

핵심을 말하자면 자극적이고 단발적인 스낵 콘텐츠들이 판치는 디지털 세상에서 생각하게 하는 캠페인에 집중해야 제대로 된 승부를 거둘 수 있다는 의미다. 콘셉트와 논리 그리고 브랜드와의 연관성을 캠페인의 중심에 두고 생각의 날을 세우는 것이 답이다. 브랜드의 메시지가 소비자의 내면의 심리타점을 적중하기 위해 더 집중해야 한다(문영숙, 김병희, 2015). 아울러, 데이터 분석과 디지털 기술도 생각의 단초를 제시하거나 아이디어를 위한 도구일 뿐이라는 것을 유념해야 한다. 깊이 있는 캠페인은 세상의 움직임 속에서 태어난다. 어떤 이야기가 지금 세상에서 화제가 되고 있는지, 목표 커뮤니케이션 타깃들은 어떤 주제에 집중하고 반응하는지 꼼꼼히 살피고 광고전문가들은 자신만의 생각을 숙성시키는 시간을 길게 가져야 한다. 이 과정을 거쳐 탄생한 자신만의 비유와 해석은 크리에이티브를 창출하는 뼈대가 되기 때문이다.

## 세상의 움직임으로부터 광고가 배워야 할 것

모든 세대는 청년기의 경험을 통해 자신만의 가치관과 행동 방식을 결정하게 된다. 자기 시대의 문제의식을 평생 안고 살아가며 그것이 인생관이 되기도 한다. 따라서 공감대를 형성하는 캠페인의 힘은 그 시대의 정신을 어떻게 다루는가에 달려 있다. 크리에이티브 인사이트를 발견하기 위해서 시대정신을 포착하는 것은 매우 중요하다. 깊이 있는 캠페인을 만들기 위해서는 이 점을 더 깊이 고려해야 한다. 특히 현재 민감한 시대 문제와 직접 마주하고 있는 청년기세대, MZ세대들에게 마케팅을 하기 위해서는 더욱더 그렇다.

오늘날의 MZ세대들은 브랜드가 자신들이 처한 현재의 상황을 잘 이해하고 있거나, 자신들의 가치관과 잘 맞는다고 느끼는 브랜드에게 더 공감을 한다 이런 이유에서 광고 캠페인을 만들 때 소비자의 움직임에 어떤 인사이트가 있는지 관찰하고 발견하는 것이 중요하다. 요즘 환경문제는 세대를 넘어 모두에게 중요한 이슈다. 플라스틱 제로, 쓰레기 제로, 오염 제로 등의 환경문제에 대한 공동의식이 제로 마인드(zero mind)로 이어져 많은 사람에게 참여의 목적을 제공했다. 최근 들어 소셜네트워크상에서 #해시태그 운동이 활발히 진행되는 것도 바로 그런 이유에서다.

2020년 여름, 많은 사람이 참여했던 해시태그 운동 '#이 비의 이름은 장마가 아니라 #기후위기입니다' 캠페인이 하나의 좋은 사례다. 이 캠페인은 길어진 폭우가 단순한 장마가 아니라 이상 기후 현상임을 경고하고 이 문제의 원인을 해결해야 한다는 취지의 온라인 참여운동이었다. 사람들은 이 캠페인을 통해 온

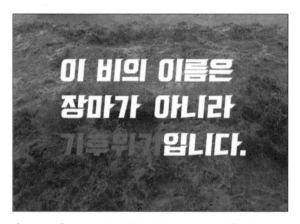

[그림 7-3] #이 비의 이름은 #장마가 아니라 #기후위기입니다
출처: https://img.khan.co.kr/news/2020/08/09/l_2020080901000 921600070461.jpg

07 언택트 시대에 필요한 광고인의 관점과 자세

실가스 배출 제로(zero)의 실현이 가능하도록 우리 모두가 동참해야 함을 강조했다. 환경 변화의 심각성을 시민들 스스로가 자각하게 한 것에서 생겨난 움직임이었다.

기업이 움직이지 않으니 소비자들이 먼저 기업을 행동으로 이끈 사례도 있다. '음료 팩에 빨대가 왜 필요하지?' 이 생각에 동의하는 소비자들이 음료 패키지에 붙은 일회용 빨대를 모아 모 유가공업체로 보내는 능동적인 참여를 벌였다. 이 운동은 점차 2차, 3차에 걸쳐 다른 회사의 일회용 포장용기 반납운동으로 이어졌고, 기업으로 하여금 더 빠른 혁신을 이끌도록 했다. 일명 제로 웨이스트(zero waste)라고도 불리는 이런 활동은 텀블러와 같은 다회용기를 사용함으로 해서 쓰레기를 줄이는 것보다 애초에 만들지 말자는 소비자 실천을 중심으로 시작되었다. 이렇듯 환경에 대해 자발적인 소비자의 참여를 이끌어 낼 수 있었던 것은 환경보호라는 이슈가 특별한 이벤트가 아닌 우리 모두의 기본적 일상이 됐다는 것을 뜻한다(대홍기획, 2020).

뉴노멀 시대에는 환경보호나 건강, 인간의 삶에 대한 근원적 행복을 위한 문제의식이 적극적으로 대두될 것이다. 먼저 앞장서서 자연을 지키고 그에 동참하는 브랜드나 기업에게 소비자는 공감한다는 사실을 유념해야 한다. 특히 MZ세대들이 중요하게 느끼는 공정성에 대한 이슈는 향후에도 지속적으로 언급될 것이다. 따라서 광고에서는 직접적인 소재로 다루기보다, 혹시라도 진행하는 캠페인이 공정성과 연관하여 부정이슈의 논란거리가 되지 않을지 다양한 각도로 검토하는 과정을 거치는 것이 필요하다.

참여를 위한 움직임(movement)은 소비자에 의해서 탄생한다. 또한 그 뿌리는 동시대를 살고 있는 사람들의 공감 정신에서 나오기 때문에 광고인이라면 아이디어의 중심에 반드시 시대의 화두를 두어야 함을 잊지 말아야 한다.

소비자에게서 인사이트를 발견하기 위한 방법 중 또 하나는 소비자의 크리에이티브를 관찰하는 것이다. 그들의 크리에이티브를 존중하고 그들에게 놀이의 터전을 마련해 주는 것이다.

텔레비전 광고가 중심이 되었던 시기에는 히트 광고를 만들기 위해 비주얼 임팩트를 주로 강조했었다. 그다음 디지털 시대로 넘어오면서 바이럴이 되는 콘텐츠를 만드는 것이 중요해졌다. 광고인들은 네티즌들이 자발적으로 공유할 수 있는 영상을 만들기 위해 노력했다. 일부러 동영상 초반에 호기심을 주는 장치를 마련하거나, 유명 셀럽들이 본인의 스타일과는 전혀 다른 모습으로 주목을 끌게 하는 방법이 그것이다. 하지만 이렇게 만들어도 다 바이럴이 되지는 못하기 때문에 콘텐츠를 개발하는 것과는 별도로 조회 수를 높이기 위해 다양한 방법을 동원한다.

이렇듯 광고인들이 계획하여 생산하는 바이럴 콘텐츠와는 달리, 소비자의 우연한 시작에서 탄생하는 바이럴이 있다. 바로 밈(meme)이라는 것이다. 2020년 한해 SNS를 주로 활용하는 Z세대들 사이에서 밈이라는 개념이 화제가 되었다. 밈은 재미와 중독성을 갖고 있는 콘텐츠가 소셜상의 누군가에 의해 자발적으로 생산되고 2차, 3차 패러디로 복제되면서 엄청난 파급력을 갖게 되는 콘텐츠를 의미한다. 엄밀히 말하자면 밈은 바이럴 콘텐츠와는 개념이 다르다.

본래 밈(meme)이라는 용어는 영국의 생물학자 리처드 도킨스(Clinton Richard Dawkins)가 1976년에 펴낸『이기적 유전자(The Selfish Gene)』라는 책에서 처음 소개했다. 유전적 방법이 아닌 모방을 통해 습득되는 문화행위라는 뜻이다(네이버, 2020). 밈은 익명의 누군가에게서 시작되어 그것을 즐기는 자들의 결속을 통해 더 견고해진다. 주로 과거에 방영되었지만 주목받지 못했던 콘텐츠, 혹은 누군가 자발적으로 문화현상에 존재하는 특정 이슈를 발굴하여 재생산하는 콘텐츠이기 때문에 태생 자체에서 확산력을 가질 수밖에 없다.

2020년에 '#1일 #1깡'이라는 말이 유행어처럼 한동안 온라인을 도배했었다. 본래 2017년 가수 비가 발매한 '깡'이라는 음악

**[그림 7-4] 밈 현상**
출처: https://img.tf.co.kr/article/home/2020/05/29/20203514159082083200.jpg

에서 시작되었는데, 당시에는 과한 안무와 허세가 심한 가사라고 사람들에게 혹평을 들었다가 한 여학생이 깡의 커버 댄스를 선보이며 디지털상에서 다시 주목받게 된 일이 생겼다. 오리지널 뮤직 비디오의 당사자인 비는 이 현상에 대해 즐겁게 놀아주시길 바란다며 쿨한 반응을 보였다. 이어, 깡의 뮤직비디오에는 뒤늦게 찾아온 사람들의 수많은 댓글이 달리며 커뮤니티처럼 변했고 댓글창이 하나의 놀이공간이 되었다.

2002년의 드라마 〈야인시대〉에 등장했던 김영철의 대사 '사딸라'는 누구에게서 시작된 것인지 알 수 없다. 극중에서 김두한은 미군과의 임금협상에서 '사딸라'를 외쳤고 그것으로 어설프게 합의를 이끌게 되는 장면이 나온다. 김영철의 중후한 목소리에서 나오는 '사딸라'라는 다소 가벼운 어감이 네티즌들에게 즐거움을 주었고 재생산되며 하나의 놀이가 되었다. 밈을 활용한 마케팅, 밈노믹스(meme+economics) 현상에도 주목할 필요가 있다(한경닷컴사전, 2020). 밈노믹스란 브랜드가 밈의 유행어에 편승하여 밈의 주인공을 광고의 모델로 활용하여 광고로 만든 사례들을 말한다. 사딸라의 김영철은 버거킹의 광고모델로 시작하여 유사한 제품들의 코믹 광고에 이어서 등장하여 밈의 혜택을 톡톡히 봤다.

그러나 광고로 밈의 소재를 활용할 때 유의해야 할 점이 있다. 광고로 활용하더라도 놀이로써 즐거움의 요소가 가미되어 있다면 Z세대들은 기꺼이 받아들이지만, 밈의 인기에 공짜로 편승하려는 꼼수들은 논란이 되기도 한다. 새우깡은 비를 모델로 삼아 #1일 #1깡이라는 유행어의 주인공이 되어 판매효과까지 톡톡히 보았다. 반면에, 모 음료 브랜드는 직접 가수 비의 깡을 쓴 것이 아니라 모델비를 아끼려고 비슷한 이미지를 차용했다가 네티즌의 뭇매를 맞고 바로 광고를 내리기도 했다. 소비자의 크리에이티브로 완성한 밈을 손쉽게 이용하여 마케팅 수익을 독점하는 브랜드에 대해서 공정성이 결여됐다고 본 것이다. 따라서 광고에서 무작정 밈을 흉내 내고 활용하는 것보다 Z세대가 추구하는 밈의 본질이 무엇인지를 살펴볼 필요가 있다.

농심 켈로그의 '첵스 파맛 사건'은 광고에서 시작된 밈이다. 처음 시작은 2004년으로 거슬러 올라간다. 그 당시 어린이들을 타깃으로 '첵스나라 대통령선거'의 투표를 통해 켈로그의 맛을 결정하는 이벤트를 실시했다. 그 결과 초코맛이 파맛을 물리치고 선정되어 제품으로 출시되었다. 수년이 지난 후, 특정 사이트의 네티즌들이 결집하여 첵스에 대파를 넣겠다고 공략했다가 당선되지 못했던 차카를 다시 지지하기 시작했다. 이미 제품화되어 수년간 인기리에 잘 팔리는 초코맛 체키를 독재자 대통령이라고 몰아가며 실제 청와대 국민청원까지 올라가는 일도 생겼다. 이러한 밈에 힘입어 첵스 파맛은 2020년에 제품으로 탄생하게 되었다.

흔히 광고에서 바이럴 콘텐츠를 만들 때는 어떤 부분에서 바이럴 효과가 있을 것이라는 설계를 통해 아이디어를 구상한다. 동시에 공유하기 프로모션을 동시에 진행하며 정해진 클릭(Click) 수만큼 바이럴을 유도하기도 한다. 하지만 첵스 파맛의 예를 살펴보면 담당 광고팀은 이 아이디어를 구상했을 때 이 사건들을 전략적으로 계획하고 만들지는 않았을 것이다. 여기서 밈과 바이럴의 차이를 알 수 있다. 일반적으로 재미있고 독특한 콘텐츠는 그 자체 콘텐츠만 봐도 바이럴이 된 이유를 누구나 쉽게 알 수 있지만, 밈은 밈이 탄생하게 된 배경의 스토리를 알아야 동참할 수 있고 즐길 수 있다.

첵스 파맛의 경우는 대선구도의 어설픈 상황설정이 밈의 거리가 되지 않았을까 추측해 본다. 즉, 어린이들이 파맛을 당연히 좋아할 리가 없는데도 불구하고 초코맛과 경쟁구도로 설정한 투표 이벤트가 밈으로 탄생할 만한 거리를 제공했을 것이다. 물론 '거리'의 제공이 쉽지는 않겠지만, 레트로 열풍과 같이 Z세대가 근래에 좋아하는 트렌드 속에 얽혀 있는 유명인들이나 오래된 콘텐츠들을 연구해 보면서 광고 콘텐츠가 밈의 씨앗이 될 수 있도록 놀이의 장을 마련해 주는 것이 중요하다.

그 무엇이 밈이 될지는 누구도 예측하기는 힘들다. 그러나 분명한 것은 밈은 네티즌 누군가의 즐거운 움직임에 의해서 또다시 형성될 것이라는 기대감을 준다는 것이다. Z세대의 네티즌은 광고라 할지라도 그것이 충분히 즐길 거리가 된다면 함께 놀아 볼 준비가 되어 있는 자들이다. 광고 캠페인이 소비자들로 하여금 놀이의 터전으로 재탄생된다면, 그야말로 매력적인 일이 될 것이다.

마지막으로 크리에이티브 인사이트를 발견하기 위해서 크리에이터가 마케터의 시각도 가져야 한다. 요즘은 광고주가 창의적 조직으로 탈바꿈하고 있기 때문에 이에 발맞춰 광고전문가들은 마케터의 관점에서 광고주와 호흡을 함께해야 전문가로서 입지를 굳힐 수 있다. 오래 전에 신문, 우유, 요구르트와 같은 정기 배달이 요즘에 이르러 다시 핫하다. 매월 일정 비용을 지불하면 뉴스와 정보지식 기반의 콘텐츠, 혹은 다양한 생활용품들을 이용할 수 있는 구독경제가 활발해진 것이다.

세계적으로도 구독시장은 올해 626조 원이 될 정도로 성장했다(서울신문, 2020). 가장 대표적인 사례로 넷플릭스를 들 수

[그림 7-5] 구독채널: 배상면주가 '술담화', 현대 차 '셀렉션', 롯데제과 '월간과자'
출처: https://img.seoul.co.kr/img/upload/2020/09/01/SSI_20200901174513.jpg.

있는데, 개인이나 가족단위로 매월 일정 비용을 지급하고 무제한으로 양질의 스트리밍 영상 콘텐츠를 소비할 수 있어 전 세대를 넘어 쿨한 서비스 브랜드라는 평가를 받고 있다. 이처럼 최근에는 국내 광고주가 마케팅으로 구독을 활발하게 제공한다. 대표적인 예로 매월 전통주가 어울리는 안주와 함께 찾아오는 배상면주가의 '술담화'에서 다양한 자동차를 구독할 수 있는 현대 '셀렉션', 다양한 과자가 잡지처럼 집으로 오는 롯데제과의 '월간 과자'에 이르기까지 무궁무진한 아이템들을 구독할 수 있는 현실에 몇 년 사이 변화한 사람들의 소비감성을 느낄 수 있다.

여기에서 광고회사는 소외감을 느끼지 않을 수 없다. 이제껏 마케팅에서 중요 역할을 해 왔던 광고 크리에이티브가 광고주의 크리에이티브에 밀려 버렸기 때문이다. 광고 선배들이 늘 이런 이야기를 했다. 광고전문가들은 광고주보다 반보만 앞서가야 한다고 말이다. 너무 앞서가도 안 되고 딱 반보만큼이라 했다. 시간이 흐른 지금 곱씹어도 이 말은 맞다. 광고인들의 관점이 광고에서 마케팅으로 조금만 이동하면 가능한 일이다. 예컨대, 구독 채널을 위한 상품 큐레이션을 함께 기획하고 그 콘텐츠에 새로운 아이디어를 더해 줄 수 있다면 크리에이티브 역량은 더 창의적으로 확장될 수 있다.

광고주의 마케팅을 위해 아이디어 길잡이가 되어 함께 호흡을 하는 것만이 광고 전문가로서의 입지를 확고히 할 수 있는 시대이다. 마케팅의 일부만 담당했던 역할에서 벗어나 마케팅

07 언택트 시대에 필요한 광고인의 관점과 자세

의 새로운 툴을 개발해 주는 파트너가 되는 것, 뉴노멀 시대에 지속가능한 광고인의 길이다.

## 크리에이티브 자산 만들기

어떤 시대가 와도 광고에 있어서 가장 중요한 것은 '크리에이티브'다. 흔히 광고인들이 캠페인을 구상할 때 브랜드 자산을 지켜 간다는 것에는 동의하면서 크리에이티브의 자산(Creative Asset)을 지키는 것에는 그다지 신경 쓰지 않는다. 물론 변화가 중요한 때이므로 캠페인마다 크리에이티브를 다양하게 전개하는 것이 더 급하기 때문이기도 하다.

온라인으로 진행한 디지털 마케팅 세미나에서 BBDO 싱가포르의 관 타이 힌(Tay Guan Hin) CCO는 뉴노멀을 위한 새로운 콘텐츠에 있어서 '크리에이티브의 전략'이 매우 중요하다고 언급했다. 그는 크리에이티브 전략이란 곧 크리에이티브 자산을 만드는 것이며 그것을 위해 몇 가지 핵심 조건들을 제시했다. 크리에이티브 자산은 브랜드 자산에서 계승해야 하는 데 가장 중요한 것은 브랜드가 갖고 있는 비주얼 코드나 개성과 같은 것을 현재의 시점에 맞도록 재탄생시키는 것이다. (실제로 모든 광고주가 자기 브랜드의 긍정적인 자산을 잘 활용하는 광고 캠페인을 좋아한다). 그가 제시한 크리에이티브 자산이 조건을 살펴보자.

- 브랜드 자산을 활용하여 '현재의 상황'에 맞는 크리에이티브를 만드는 것이다. 현재의 상황이란 앞서 언급한 시대정신과 살짝 맥이 닿기도 하지만 엄밀히 말하자면 요즘의 분위기에 맞추라는 것이다. 예컨대, 팬데믹을 통해 상실감이 큰 소비자들에게 브랜드가 광고나 홍보를 위한 소구를 하는 것보다 소통을 해야 하며, 마음의 회복력에 대한 메시지를 전달하는 것이 좋다는 의미다.

- 공감력을 높이는 것이다. 이는 시대를 막론하고 광고 마케팅에서는 기본 조건이지만, 특히 뉴노멀 시대에는 특히나 공감력이 중요한 크리에이티브의 자산이 될 것이라고 강조했다. 따라서 소비자들에게 미래지향적인 라이프스타일을 상상하게 하는 것보다 오늘을 사는 우리의 모습을 그대로 책임감 있게 보여 주는 방법이 현명하다. 사람들의 이해와 공동의 주제에 대한 균형감을 살리는 것이 중요하기 때문에 화려한 포장, 고퀄의 동영상과 같은 표현의 형식보다 내용의 진정성이 더 중요하다는 말도 덧붙였다.

뉴노멀 시대는 급격한 성장보다 위기관리가 더 시급하므로 힘센 추진력보다 따뜻한 공감력이 모든 현안의 해법이 될 것이다(한겨레, 2020). 이제 공감력은 광고 캠페인에서뿐만 아니라 모든 사회에 통용되는 기본적 통념인 셈이다. 여기서도 잊지 말아야 할 것이 있다. 공감력을 높이되 브랜드 메시지를 유

07 언택트 시대에 필요한 광고인의 관점과 자세

지하는 것이다. 누구나 공감하는 메시지라고 해서 브랜드와 아무런 연관성이 없다면 크리에이티브 자산이 되지 못한다. 좋은 사례로 이케아(IKEA)의 캠페인을 소개한다. 스페인에서 만든 이케아의 영상광고에서 집이 화자가 되어 '집에 머물러라'라는 잔잔한 메시지 소구를 했다. 코로나가 한창 기승부릴 때 이 카피 메시지는 집의 소중함을 전달했는데, 홈퍼니싱(home-

[그림 7-6] 스페인 이케아#StayHome
출처: https://www.youtube.com/watch?v=1HCD3dz218s

furnishing) 회사의 브랜드 자산을 잘 활용한 점이 공감력을 높이는데 한몫을 했다. 카피 메시지부터 소개한다.

카피)

Hello, I am your house. Your home.

I'm still the place where your children have grown up, where you have celebrated good news and taken refuse from the bad.

I'm the place where you can be yourself.

Do you remember when we first met?

Come on. Feel me. Smell me. Enjoy me.

We can turn everything around.

Maybe this is the time to rearrange the future, or get our heads in order.

I'm your home and I'll be here for you, no matter what.

IKEA # Stay home.


안녕, 나는 너의 집이야. 너의 집.

난 아직도 너의 아이들이 자랐던 곳이고

네가 좋은 소식을 축하하고 나쁜 것들을 거절했던 곳이야.

나는 네가 네 자신이 될 수 있는 곳이야.

너는 우리가 언제 처음 만났는지 기억하니?

자, 나를 느껴 봐.

나의 냄새를 맡아 봐.

나를 즐겨 봐.

우리는 모든 것을 되돌릴 수 있어.

아마 지금이 미래를 재정비할 시간이거나

이 모든 것을 현실로 받아들여야 하는 시간일 거야.

난 네 집이고 무슨 일이 있어도

널 위해 여기 있을게.

이케아 # 집에 있어라.


한편, 독일 이케아에서는 집에서 머무르는 사람들을 위한 즐거운 놀이 포스터들을 만들었다. 모든 가구를 장난감처럼 배치하고 흑백의 매뉴얼을 제안하여 모두가 즐거운 마음으로 '집콕'하는 방법을 제시했다. 이케아의 상품을 활용하여 집에서 즐길 수 있는 다양한 놀이들은 고객들을 위한 단순 서비스 개념이

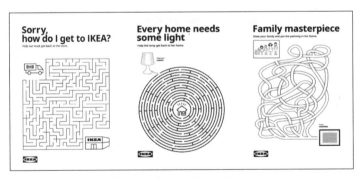

[그림 7-7] 독일 이케아 캠페인

출처: https://www.besradsontv.com/files/print/2020/Apr/114393 1586234456
sorry%20how%20do%20i%20get%20to%20ikea.png

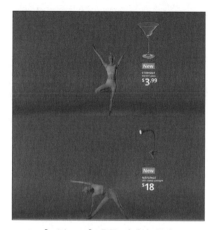

[그림 7-8] 호주 이케아 요가

출처: https://www.youtube.com/watch?v=6wkFnRNJeJM

[그림 7-9] 에콰도르 피자헛

출처: https://www.adeevee.com/aimages/202007/27/pizza-hut-have-fun-staying-at-home-online-422909-thumb-adeevee.jpg

07  언택트 시대에 필요한 광고인의 관점과 자세

아니라 판매와도 섬세하게 연결시켰다는 점이 흥미롭다. 특히 스마트한 아이디어라고 생각되는 부분은 브랜드가 갖고 있는 카탈로그라는 자산을 크리에이티브 자산으로 활용한 것이다.

호주 이케아에서 만든 동영상광고는 더욱 기발하다. 코로나로 집에서 홈트레이닝을 하는 사람들이 쉽게 따라할 수 있는 요가영상을 만들었다. 다양한 이케아 제품의 모양과 흡사한 요가 동작들을 완벽하게 보여 주며 모든 동작을 완성한 뒤에는 제품의 가격을 화면 한편에 띄워 준다. 잔잔하면서도 진중한 여성의 목소리가 요가동작을 설명하며 신비로운 푸른빛의 배경이 어색함을 주는데, 반전의 유쾌함으로 남는다. 이케아는 브랜드가 보유하고 있는 '홈퍼니싱'이라는 기본 자산을 크리에이티브 캠페인의 자산으로 연계하여 확장했다. 이케아와 유사한 사례로, 에콰도르의 피자헛도 주목할 만하다. 배달용 피자박스를 축구게임, 보드게임, 레이스게임 등의 놀이 도구로 제공했고 아이들이 그림을 그리며 놀 수 있는 캔버스로도 변신시켰다.

뉴노멀 시대에 대다수의 광고주가 코로나가 가져온 수익의 불안감으로 인해 비용절감을 지속적으로 유지할 것이다. 이런 측면에서 크리에이티브 자산을 만들어 간다는 것은 캠페인의 중요한 해법이 될 수 있다. 광고비에 대한 효율성을 의미하기 때문이다. 이는 곧 브랜드가 쌓아온 인지도나 호감도를 이어갈 수 있고 크리에이티브를 통해 브랜드를 체험하게 되므로 소비자와 브랜드가 더 밀접한 일체감을 느낄 수 있게 된다는 것을 뜻한다.

광고전문가들은 이 부분을 숙지하고 그들의 현실에 함께 동참해야 한다. 이를 위해서는 소비자를 위한 캠페인에 앞서 광고주를 위한 공감대를 먼저 형성하는 것이 중요하다. "그 사람이 되어 본다"라는 오래된 광고 카피가 있다. 광고주의 입장이 되어 보는 것, 소비자가 되어 보는 것, 뉴노멀 시대에 광고인의 첫 번째 마음가짐이 되었으면 한다.

## 01 언택트 환경에서 광고 크리에이티브의 지향점

김난도, 전미영, 이향은, 이준영, 김서영, 최지혜, 서유현, 이수진(2017).
트렌드 코리아 2018. 서울: 미래의창.

김병희(2014). 에디슨 발상법: 창의주성 개념에 의한 광고 아이디어 발
상법의 탐색. 광고PR실학연구, 7(1), 7-31.

김상훈, 박선미(2019). 진정성 마케팅. 서울: 21세기북스.

김수경(2020. 6. 23.). "코로나19 위기 속에서 절대 잊지 말아야 할 것:
칸라이언즈 온라인 축제 라이언즈 라이브 온에어, 페이스북 안토
니오 루치오 CMO, 마크 달시 CCO 대담". 뉴데일리.

김영찬(2021). "뉴노멀 시대의 마케팅 전략". 김병희 외. 디지털 시대의
광고학신론(pp. 121-149). 서울: 학지사.

나스미디어(2020. 4.). "새로운 소비 방식 언택트(Un-tact): 코로나19로
보는 산업별 관련 서비스 및 마케팅". 나스리포트, 304호.

뉴데일리경제(2020. 3. 25.). 코로나19에 집콕족 확산… OTT · 앱 이용
자 급증.

네이버 지식백과(2020). 웜홀(wormhole). https://terms.naver.com/
entry.nhn?docId=2211793&cid=42107&categoryId=42107

안희경(2020. 6. 25.). "7인의 석학에게 미래를 묻다 8: 유발 하라리–
코로나 이후, 과거 이루지 못한 개혁을 감행할 시간". 경향신문.

알베르 카뮈 저, 김화영 역(2011). 페스트(세계문학전집 267). 서울: 민
음사.

은현주(2020. 5. 21.). "기발한 크리에이티비티, 공감 얻으려면… 하이
네켄이 밝힌 전략 사다리". 브랜드브리프.

이성복(2020. 11. 23.). "이성복의 사자후: 2008 · 2010 · 2020, 크리에
이티비티를 위한 변론". 브랜드브리프.

이재영, 곽동균, 황유선, 김경은(2020. 4. 27.). 코로나19가 방송 · 미디어
산업에 미치는 영향 및 시사점. KISDI Premium Report, 20(4), 1-34.

정흥균(2020). 코로나바이러스 감염예방을 주제로 한 TV공익광고의
의미작용 연구. 상품문화디자인학연구, 62, 249-260.

지그문트 바우만 저, 권태우, 조형준 역(2013). 사랑하지 않을 권리 리퀴
드 러브: 현대의 우울과 고통의 원천에 대하여. 서울: 새물결.

한영주(2020. 6. 24.). "코로나(COVID-19) 일상과 미디어 이용 변화:
미디어 시장에 남겨진 과제들". Brunch. https://brunch.co.kr/
@0ju416/12


Balis, Janet (2020. 4. 6.). "Brand Marketing Through the Coronavirus
Crisis". *Harvard Business Review*. https://hbr.org/2020/04/
brand-marketing-through-the-coronavirus-crisis

Bauman, Zygmunt (2000). *Liquid Modernity*. Malden, MA: Polity
Press.

Diaz, Ann-Christine (2020. 3. 18.). "These Famous Logos Have Been Remade for the Coronavirus Age: Slovenia-Based Creative Jure Tovrljan Incorporated 'Social Distancing' and Other Measures to Famous Marks". *Adage*. https://adage.com/creativity/work/jure-tovrljan-coronavirus-logos/2245061

DiResta, A. E., Williford, K. T., Cohen, D. A., & Genn, B. A. (2020. 4. 20.). "The Impact of COVID-19 on Your Advertising and Marketing Campaigns". *Holland & Knight Alert*. https://www.hklaw.com/en/insights/publications/2020/04/the-impact-of-covid19-on-your-advertising-and-marketing-campaigns

e-Marketer (2020. 4. 6.). "How COVID-19 Is Affecting TV and Video Streaming".

e-Marketer (2020. 5. 18.). "Americans' TV Time Will Grow for First Time Since 2012".

Harrington, John (2020. 4. 23). "COVID-19 Has Transformed Creative Campaigns, But Is Now the Time to Take More Risks?" *PRweek*. https://www.prweek.com/article/1681157/COVID-19-transformed-creative-campaigns-time-risks

Jones, Katie (2020. 4. 7.). "How COVID-19 Has Impacted Media Consumption, by Generation". *Visual Capitalist*. https://www.visualcapitalist.com/media-consumption-COVID-19/

Jones, Katie (2020. 4. 9.). "This is how COVID-19 has changed media habits in each generation". *World Economic Forum*. https://www.weforum.org/agenda/2020/04/covid19-media-consumption-generation-pandemic-entertainment/

Kim, Byoung Hee (2012). "Creotaxis in Advertising: A Migratory Response Elicited by Creative Advertising". *Proceedings of the 2012 International Advertising and Integrated Marketing Communications Conference*. Anaheim: CA. 46-49.

Li, Cathy, & Hall, Stefan (2020. 6. 8.). "This is how COVID-19 is affecting the advertising industry". *World Economic Forum*. https://www.weforum.org/agenda/2020/06/coronavirus-advertising-marketing-covid19-pandemic-business/

Litsa, Tereza (2020. 5. 19.). "How Consumers' Attitudes to Advertising Changed Since COVID-19". *ClickZ*. https://www.clickz.com/how-consumers-attitudes-to-advertising-changed-since-COVID-19/261594/

Sheehan, Mary (2020. 4. 13.). "The Dos and Don'ts of Advertising During COVID-19". *Adobe*. https://theblog.adobe.com/the-dos-and-donts-of-advertising-during-COVID-19/

Taylor, Charles (2020. 4. 1.). "How Brands Can Successfully Engage With Consumers Quarantined Due To COVID-19". *Forbes*. https://www.forbes.com/sites/charlesrtaylor/2020/04/01/how-brands-can-successfully-engage-with-consumers-quarantined-due-to-COVID-19/#34f1eab03fc2

## 02 언택트 시대와 크리에이티브 산업의 변화

박홍원(2018). 정치의 미디어화: 이론적 검토 및 전망. **언론정보연구**, 55(2), 5-44.

Cha, J. (2017). Crowdfunding for video games: factors that influence the success of and capital pledged for campaigns. *International Journal on Media Management, 19*(3), 240-259.

Fowles, J. (1996). *Advertising and Popular Culture* (Vol. 5). Sage.

Grindstaff, L., & Murray, S. (2015). Reality celebrity: Branded affect and the emotion economy. *Public Culture, 27*(1 (75)), 109-135.

Presbrey, F. (2000). The history and development of advertising. *Advertising & Society Review, 1*(1).

Sarkar, C., & Kotler, P. (2018). *Brand Activism. From Purpose to Action.* USA: Idea Bite Press.

https://adage.com/

https://www.adweek.com/

https://www.canneslions.com/

https://www.effie.org/

http://www.msi.org/


## 03 언택트 시대의 매체 이용과 광고 크리에이티브

나스미디어(2020). 2020 인터넷 이용자 조사 NPR. 나스미디어 (NASMEDIA).

닐슨미디어코리아(2020). 2020 상반기 미디어 리포트. 닐슨미디어코리아.

안광호, 이유재, 유창조(2011). **광고관리.** 경기: 학현사.

정보통신정책연구원(2017). KISDI STAT Report 17~08호. 정보통신정

책연구원.

정보통신정책연구원(2019). 2019 한국미디어패널조사. 정보통신정책
연구원.


Jeong, S. H., & Hwang, Y. (2016). Media multitasking effects on
cognitive vs. attitudinal outcomes: A meta-analysis. *Human
Communication Research, 42*, 599-618.

Segijn, C. M., & Voorveld, H. A. M. (2020). A first step in unraveling
synced advertising effectiveness. *International Journal of
Advertising.* https://doi.org/10.1080/02650487.2020.1778279

Wang, Z., Irwin, M., Cooper, C., & Srivastava, J. (2015).
Multidimensions of media multitasking and adaptive media
selection. *Human Communication Research, 41*, 102-127.


## 04 언택트 시대의 소비자 행동에 대한 이해

김광석(2020. 4. 21.). "언택트가 표준이 된 시대… 언택트 서비스가 경
쟁력". 중앙일보. https://news.joins.com/article/23758944

김동준, 최현준, 조환기(2020). 호텔산업의 언택트 마케팅 사례연구. **호
텔경영학연구, 29(4)**, 129-144.

김영현(2020. 6. 11.). "국경분쟁에 인도 내 반중감정 고조…중국
산 불매운동 확산". 연합뉴스. https://www.yna.co.kr/view/
AKR20200611097300077

김용균(2017). "무인화 추세를 앞당기는 키오스크". 주간기술동양(정
보통신기술진흥센터), 1790, 15-24.

박현길(2019). 언택트(Untact)? 마케팅, 53(8), 30-42.

송호철(2020). 뉴 노멀 시대, 언택트(Untact) 솔루션과 업무지속계획 (BCP)의 필요성. 전자공학회지, 47(6), 37-41.

유승목(2021. 1. 19.). "코로나 피난처 된 넷플릭스…한국인 1년간 5000억 긁었다". 머니투데이. https://news.mt.co.kr/mtview.php?no=2021011908090184216

이정은(2021.1.14.). "온라인 수업만 11개월째…무너진 미국 공교육 1번지 페어팩 카운티". 동아일보. https://www.donga.com/news/Opinion/article/all/20210114/104913095/1

이준영(2020). 코로나가 시장을 바꾼다: 넥스트 노멀 시대 소비 트렌드 7. 서울: 21세기북스.

이희진(2019. 7. 14.). "대화로 주문하는 것보다 간편…대학가 대세는 언택트". 세계일보. http://m.segye.com/view/20190708513999

잡코리아(2020. 6. 19.). 성인 10명 중 7명 '언택트 문화 긍정적'. 잡코리아. https://www.jobkorea.co.kr/goodjob/tip/view?News_No=17154&schCtgr=120002&Page=1&Tip_Top=1

전승화, 김정호(2020). "언택트(Untact) 산업확산의 이론적 배경과 전망". 신산업경영저널.

최환진, 조용석, 한규훈, 박승배, 엄남현, 김찬석, 김효숙, 지준형, 이상열(2016). 트리플 미디어 마케팅과 광고 기획. 서울: 중앙북스.

한국리서치(2020. 6. 01.). 위축된 삶, 지속될 영향, 실용적 적응. 코로나19 시대, 소비자 생활과 소비활동에 대한 영향과 전망. 한국리서치. https://www.hrc.co.kr/renewal/newsletter/data/wrn98.pdf

홍세정(2020). 방식은 달라도 가치가 모여 실현하는 착한 소비, 한국리서치 여론 속의 여론. https://hrcopinion.co.kr/archives/16471

Davis, F. D. (1989). Perceived usefulness, perceived ease of use, and user acceptance of information technology. *MIS quarterly, 13*(3), 319-340.

Frattini, F., Bianchi, M., De Massis, A., & Sikimic, U. (2014). The role of early adopters in the diffusion of new product: Differences between platform and nonplatform innovations. *Journal of Product Innovation Management, 31*(3), 466-488.

He, H., & Harris, L. (2020). The impact of COVID-19 pandemic on corporate social responsibility and marketing philosophy. *Journal of Business Research, 116*, 176-182.

Linton, R. (1981). The concept of culture. In Harold H. Kassarjian and Thomas S. Robertson, Perspectives in Consumer Behavior, 3rd ed., Glenview III: Scott, Foresman and Company, 489-491.

Prensky, M. (2001). Digital natives, digital immigrants. *Horizon 9*(5), 1-6.

Rogers, E. M. (1962). *Diffusion of innovation*. NY: Free Press of Glencoe.

## 05 언택트 시대의 콘텐츠 전략과 인사이트

김병희(2021). 디지털 시대의 광고 마케팅 기상도. 서울: 학지사.

나스미디어(2015). "유통업계는 진화 중, 지금은 옴니채널 시대". 나스리포트.

나스미디어(2020). "새로운 소비방식, 언택트(Un-tact)─코로나19로 보는 산업별 관련 서비스 및 마케팅". 나스리포트.

나스미디어(2020). "언택트 시대의 쇼핑 트렌드, 라이브 커머스(Live Commerce)". 나스리포트.

메조미디어(2020). "숏폼 콘텐츠 트렌드".

메조미디어(2020). "디지털 시대, 일상이 된 언택트 트렌드".

메조미디어(2020). "포스트 코로나 시대의 미디어 플래닝 포인트".

메조미디어(2020). "메조미디어 2021 트렌드 리포트".

서울경제(2020). "작년 모바일 광고비 4.6조… 방송 광고 제쳤다". 2020. 12. 28.

이어령(2006). 디지로그: 선언. 서울: 생각의 나무.

한규훈(2019). "모바일 광고의 이해와 크리에이티브". 윤일기 외. 디지털 시대의 광고 크리에이티브(pp. 287-332). 서울: 학지사.

한규훈(2021). "광고 디자인과 영상 콘텐츠 제작". 김병희 외. 디지털 시대의 광고학신론(pp. 409-436). 서울: 학지사.


Altstiel, T., Grow, J. M., & Jennings, M. (2020). *Advertising Creative: Strategy, Copy, and Design* (5th ed.). CA: SAGE Publications.

Kotler, P., Kartajaya, H., & Setiawan, I. (2017). *Marketing 4.0: Moving from Traditional to Digital.* NJ: John Wiley & Sons.

Ries, A., & Trout, J. (2002). *The 22 Immutable Laws of Marketing.* NY: HarperBusiness.

Scott, D. M. (2017). *The New Rules of Marketing & PR* (6th ed.). NJ: John Wiley & Sons.

## 06 지속가능한 발전 목표와 브랜드 액티비즘

제임스 허먼 저, 이성복 역(2012). 상 받은 광고가 11배 잘 팔린다. 서울: 문예마당.

필립 코틀러 저, 안진환 역(2010). 마켓 3.0. 서울: 타임비즈.

James Hurman (2016). The Case For Creativity(증보판). Cannes Lions.


뉴데일리경제. www.newdailybiz.co.kr. 뉴데일리

브랜드브리프. www.brandbrief.co.kr. A&F KOREA

Lions Live. www.canneslions.com. Cannes Lions

THE WORK. www.lovethework.com. Cannes Lions

WARC. www.warc.com. WARC

## 07 언택트 시대에 필요한 광고인의 관점과 자세

김병규(2020). 노 브랜드 시대의 브랜드 전략: 플랫폼이 당신의 브랜드를 먹어 치우기 전에 알아야 할 것들. 서울: 미래의 창.

김병희(2021). 디지털 시대의 광고 마케팅 기상도(학지컴인사이트총서1). 서울: 학지사.

김상훈, 박선미(2019). 진정성 마케팅. 서울: 21세기북스.

나스미디어(2020. 4.). 새로운 소비방식 언택트(Untact): 코로나19로 보는 산업별 관련서비스 및 마케팅. 나스이슈트렌드리포트, 304호.

네이버 지식백과(2020). 밈(Meme). https://terms.naver.com/entry.nhn?docId=1224073&cid=40942&categoryId=32326

대홍기획 (2020. 11.). 데일리 트렌드 종합본. 전략솔루션본부.

매드타임즈(2020. 5. 27.). 버거킹이 팬데믹 기간 동안에 유머를 사

용하여 전 세계에 광고하는 방법. http://www.madtimes.org/news/articleView.html?idxno=4721

문영숙, 김병희 (2015). 소비자 인사이트. 서울: 커뮤니케이션북스.

박항기(2020. 10. 7.). 브랜드 리얼리티가 브랜드 아이덴티티보다 중요하다. BrandLAB. https://blog.naver.com/peterhote/222108876302

삼일PWC (2020. 4. 8.). COVID-19가 가져올 구조적 변화: 디지털 경제 가속화. 삼일이슈리포트.

서울신문(2020. 9. 2.). '띵동 구독하신 자동차, 명절선물, 게임' 왔어요. 기획특집. http://www.seoul.co.kr/news/newsView.php?id=20200902018011

야마구치 슈(2020). 뉴타입의 시대. 서울: 인플루엔셜.

이지영(2018). BTS 예술혁명. 서울: 파레시아.

전미영, 김난도(2011). 재화소비와 경험소비에서 나타나는 소비자행복 수준 비교. 소비자정책교육연구, 7(2), 55-75.

중앙대학교(2018. 11. 14.). [AIH에세이] 스티브잡스 인문학과 보통 인문학의 차이. 작성자 AIH_NEWS인문콘텐츠연구소. http://aihumanities.org/ko

최인철(2018). 굿라이프: 내 삶을 바꾸는 심리학의 지혜. 서울: 21세기북스.

퍼블리(2019. 7. 16.). 2019 칸 광고제: 글로벌 브랜드의 생존 전략을 보다. https://publy.co/content/3509

한겨레(2020). 뉴노멀-미래: 가부장 사회로 미래를 맞아도 될까. 곽노필 칼럼(10월 12일). http://www.hani.co.kr/arti/opinion/column/965277.html

한경닷컴사전(2020). 경제용어사전. https://dic.hankyung.com/

economy/view/?seq=12254

Aaker, J. (1997). Dimensions of brand personality. *Journal of Marketing Research, 34*, 347-356.

Batra, R., Myers, J. G., & Aaker, D. A. (1996). *Advertising management* (5th ed.). Upper Saddle River, NJ: Prentice Hall.

Belk, R. W. (1988). Possessions and the extended self. *Journal of Consumer Research, 15* (September), 139-168.

Biel (1993). "Converting Image into Equity", in Aaker D and Biel A (Eds)··· *Brand Equity and Advertising*, 67-82. Hillsdale, NJ: Lawrence Erlbaum Associates.

Freling, T. H., & Forbes, L. P. (2005). An empirical analysis of the brand personality effect. *Journal of Product & Brand Management, 14*(7), 404-413.

Keller (1993). "Conceptualising, Measuring and Managing Customer-Based Brand Equity". *Journal of Marketing, 57*(1), 1-22.

Plummer, J. T. (1985). How personality makes a difference. *Journal of Advertising Research, 24*(6), 27-31.

## 인명

찾아보기

# 저자 소개

### 김병희(Kim Byoung Hee)

현재 서원대학교 광고홍보학과 교수로 재직 중이다. 서울대학교를 졸업하고, 한양대학교 광고홍보학과에서 광고학 박사학위를 받았다. 한국PR학회 제15대 회장과 한국광고학회 제24대 회장으로 봉사하였으며, 제1기 정부광고자문위원회 위원장과 서울브랜드위원회 제3대 위원장으로 봉사하였다. 그동안 『디지털 시대의 광고 마케팅 기상도』(학지사, 2021)를 비롯한 50여 권의 저서를 출판했고, 광고와 PR에 관련된 100여 편의 논문을 썼다. 한국갤럽학술상 대상(2011), 제1회 제일기획학술상 저술 부문 대상(2012), 교육부·한국연구재단의 우수 연구자 50인(2017) 등을 수상하였고, 정부의 정책 소통에 기여한 공로를 인정받아 대통령 표창(2019)을 받았다.

이메일: kimthomas@hanmail.net

### 유승철(Yoo Seung Chul)

현재 이화여자대학교 커뮤니케이션·미디어학부에서 '융합 미디어 트랙' 및 '미디어 공학–창업 트랙' 담당 교수로 재직 중이다. 텍사스대학교(The University of Texas at Austin)에서 석사 및 박사학위를 받았다. (주)제일기획에서 다년간 뉴미디어 및 광고/PR실무를 경험하였으며, 로욜라대학교(Loyola University Chicago)에서 디지털/인터랙티브 광고 담당 교수로 근무하기도 했다. 2015년부터 한국광고홍보학회, 한국광고학회, 한국광고PR실학회, 한국PR학회, 한국헬스커뮤니케이션학회, 한국소비자심리학회, 한국스포츠미디어학회에서 이사로 활동하고 있다.

이메일: communication@ewha.ac.kr

### 정세훈(Jeong Se Hoon)

현재 고려대학교 미디어학부 교수로 재직 중이다. 서울대학교를 졸업하고, 미국 펜실베이니아대학교(University of Pennsylvania)에서 커뮤니케이션학 박사학위를 받았다. 한국광고학회 및 한국언론학회 이사 및 한국언론학보

편집위원으로 봉사하였다. 광고학연구, 광고홍보학보, 한국언론학보 등 국내 학술지와 *Journal of Advertising, Journal of Advertising Research, Journal of Communication, Human Communication Research, Media Psychology* 등 해외 학술지에 매체 이용 및 효과 관련 논문 80편 이상을 게재하였다.

이메일: sjeong@korea.ac.kr

### 김동후(Kim Dong Hoo)

현재 중앙대학교 광고홍보학과 교수로 재직 중이다. 서강대학교를 졸업하고, 텍사스대학교(The University of Texas at Austin)에서 광고 전공으로 석사 및 박사학위를 받았다. 노스캐롤라이나대학교(The University of North Carolina at Chapel Hill)와 인하대학교에서 광고 담당 교수로 재직 이후 중앙대학교로 부임하였다. 리서치 관심분야는 소비자 심리, 브랜드 커뮤니케이션, 뉴미디어이고, *International Journal of Advertising, Computers in Human Behavior, Journal of Brand Management, Psychology & Marketing* 등 다수의 저널에 논문을 발표하였다.

이메일: dan.dongfu@gmail.com

### 한규훈(Han Kyoo-Hoon)

현재 숙명여자대학교 홍보광고학과 교수로 재직 중이다. 서강대학교 신문방송학과를 졸업한 후 광고 현업 활동 기간을 거쳐 미국 미주리대학교(University of Missouri)에서 광고학 석사, 조지아대학교(University of Georgia)에서 광고학 박사학위를 받았다. 광고대행사 코래드에서 CF 프로듀서, 제일기획 브랜드마케팅연구소에서 책임연구원으로 일했으며, 한국광고홍보학회 회장, 2017 대한민국 광고대상 심사위원장, 방송광고활성화위원회 전문위원, 숙명여자대학교 홍보실장 등을 역임하였다. 여러 공공기관에서 홍보자문위원으로 활동했으며, 광고 및 마케팅 분야에서 다수의 연구논문을 국내외에 발표하였다.

이메일: hanque@sookmyung.ac.kr

이성복(Lee Sung Bok)

현재 인터넷언론사 뉴데일리경제 대표로 있다. 서울대학교 불어불문학과를 졸업하고, 고려대학교 언론대학원에서 석사학위를 받았다. 조선일보에서 14년 간 기자생활을 히 였다. 1995년 디지틀조선 창립과 chosun.com 창간 때부터 편 집장 등으로 온라인 저널리즘 일선에서 일하였다. 이명박 정부 대통령실 국정 홍보비서관을 지냈고, 1996년부터 칸라이언즈 한국사무국인 칸라이언즈코리 아 대표를 맡고 있다. 번역서 및 저서로『불안은 영혼을 잠식한다』(영화감독 파 스빈더의 평전 · 한나래, 1994),『말론 브랜도냐 디카프리오냐』(할리우드 배우 111인 평전 · 문예마당, 1998),『상 받은 광고가 11배 잘 팔린다』(제임스 허먼 · 문예마당, 2012) 등이 있다.

이메일: sblee@canneslions.co.kr


박선미(Park Sun Mi)

현재 대홍기획의 자문역이다. 1992년 카피라이터로 광고 생활을 시작하여 여 러 광고회사에서 다양한 히트 캠페인을 만들어 왔다. 대홍기획에서 크리에이티 브 디렉터, 제작 총괄 본부장, 통합 캠페인 본부장, 자회사 엠허브 대표이사를 역 임하였다. 뉴욕페스티벌을 비롯한 다양한 국내외 광고제에서 심사위원으로 활 동하였고, 2013년 대한민국 유공광고인 국무총리 표창, 2016년 한국광고홍보인 협회 '올해의 광고인상' 등을 받았다. 현재 문화체육관광부, 언론재단, 한국광고 총연합회의 자문으로 활동 중이며, 저서에『진정성 마케팅』(공저, 21세기북스, 2019)과『커리어 대작전』(공저, 북스톤, 2020)이 있다.

이메일: yuki306@naver.com/instagram@sunmi9823

**학지컴인사이트총서 003**

# 언택트 시대의 광고 크리에이티브
## Advertising Creativity in the Untact Era

2021년 4월 20일 1판 1쇄 인쇄
2021년 4월 30일 1판 1쇄 발행

지은이 • 김병회 · 유승철 · 정세훈 · 김동후 · 한규훈 · 이성복 · 박선미
펴낸이 • 김진환
펴낸곳 • ㈜**학지사**

　　　　　04031 서울특별시 마포구 양화로 15길 20 마인드월드빌딩
대표전화 • 02-330-5114　　팩스 • 02-324-2345
등록번호 • 제313-2006-000265호

홈페이지 • http://www.hakjisa.co.kr
페이스북 • https://www.facebook.com/hakjisa

ISBN 978-89-997-2408-4　03320

정가 15,000원

**출판 · 교육 · 미디어기업 학지사**

간호보건의학출판 **학지사메디컬** www.hakjisamd.co.kr
심리검사연구소 **인싸이트** www.inpsyt.co.kr
학술논문서비스 **뉴논문** www.newnonmun.com
원격교육연수원 **카운피아** www.counpia.com